RELIGIÃO E A DEMOCRACIA BRASILEIRA

Dados Internacionais de Catalogação na Publicação (CIP)
(Câmara Brasileira do Livro, SP, Brasil)

Smith, Amy Erica
  Religião e a democracia brasileira : dos bancos das igrejas para as urnas / Amy Erica Smith. – Petrópolis, RJ : Vozes, 2023.
  Bibliografia.
  ISBN 978-65-5713-657-7

  1. Brasil – Política e governo – 1985 2. Cristianismo e política – Brasil 3. Democracia – Brasil 4. Evangelicalismo – Aspectos políticos – Brasil 5. Igreja Católica – Atividade política 6. Mudança social – Aspectos políticos – Brasil
  I. Título.

22-116360   CDD-261.70981

Índices para catálogo sistemático:
1. Brasil : Religião e política : Teologia social
261.70981

Cibele Maria Dias – Bibliotecária – CRB-8/9427

AMY ERICA SMITH

RELIGIÃO E A DEMOCRACIA BRASILEIRA

Dos bancos das igrejas para as urnas

EDITORA VOZES

Petrópolis

© 2022, Editora Vozes Ltda.
Rua Frei Luís, 100
25689-900 Petrópolis, RJ
www.vozes.com.br
Brasil

Todos os direitos reservados. Nenhuma parte desta obra poderá ser reproduzida ou transmitida por qualquer forma e/ou quaisquer meios (eletrônico ou mecânico, incluindo fotocópia e gravação) ou arquivada em qualquer sistema ou banco de dados sem permissão escrita da editora.

CONSELHO EDITORIAL

Diretor
Gilberto Gonçalves Garcia

Editores
Aline dos Santos Carneiro
Edrian Josué Pasini
Marilac Loraine Oleniki
Welder Lancieri Marchini

Conselheiros
Elói Dionísio Piva
Francisco Morás
Ludovico Garmus
Teobaldo Heidemann
Volney J. Berkenbrock

Secretário executivo
Leonardo A.R.T. dos Santos

Editoração: Maria da Conceição B. de Sousa
Diagramação: Sheilandre Desenv. Gráfico
Revisão gráfica: Alessandra Karl
Capa: WM design

ISBN 978-65-5713-657-7

Este livro foi composto e impresso pela Editora Vozes Ltda.

Para Tibi, Oscar e Adam
Com muito amor
Și cu drag

Sumário

Tabelas e figuras, 9

Agradecimentos, 13

Parte I – Introdução, 21

1 Introdução, 23
2 Clérigos, congregados e políticos religiosos, 65
3 Métodos e estudos de casos, 104

Parte II – O que o clero pensa, diz e faz, 125

4 O que o clero pensa e diz: ensinamentos religiosos e opiniões políticas, 127
5 O que o líder religioso faz: incentivo à política partidária e eleitoral, 161

Parte III – Como os fiéis respondem, 193

6 Influência da Igreja nas visões de políticas e no partidarismo dos cidadãos, 195
7 Influência da Igreja no comportamento de voto, 222
8 Influência da Igreja no apoio do cidadão à democracia, 253

Parte IV – Representação, 283

9 O triângulo representacional, 285
10 Conclusão: mobilizando o povo de Deus, 309

Posfácio, 335

Apêndice A – Lista de grupos focais e observações em Igrejas, 339

Apêndice B – Protocolo do grupo focal, 343

Apêndice C – Codificação variável e informações sobre estudos, 345

Referências, 347

Índice remissivo, 379

Tabelas e figuras

Tabela 1 Amostra de estatísticas, estudo dos líderes religiosos, 113

Tabela 2 Características associadas ao apoio dos líderes religiosos à atividade política (todas as tradições religiosas combinadas), 186

Figura 1 Afiliação religiosa no Brasil, 40

Figura 2 Características dos brasileiros que escolhem afiliações religiosas não católicas, 46

Figura 3 Relações de influência e representação dentro de grupos religiosos, 101

Figura 4 Alterações na afiliação, divulgação e concorrência (respostas de líderes religiosos), 114

Figura 5 Crenças religiosas essenciais nos locais do estudo quantitativo congregacional, 122

Figura 6 Prioridades nos ensinamentos relacionados a políticas, por tradição religiosa, 134

Figura 7 Ameaça da concorrência afeta ensinamentos essenciais e relacionados a políticas, mas apenas entre católicos, 142

Figura 8 Neutralidade ou viés inferido do Estado, 152

Figura 9 Determinantes da neutralidade inferida ou do viés do sistema político, 155

Figura 10 Discussão do líder da igreja sobre campanhas eleitorais, 167

Figura 11 A ameaça de concorrência afeta a defesa legislativa e o apoio a candidatos, 180

Figura 12 O impacto quase experimental do tratamento de agravos no apoio do clero ao ativismo político, 189

Figura 13 Afiliação religiosa e preferências políticas, 203

Figura 14 Afiliação religiosa e apoio ao Partido dos Trabalhadores, 207

Figura 15 Agrupamento em visões de política em oito congregações e locais da comunidade, 213

Figura 16 Determinantes da variação nas visões de políticas, 217

Figura 17 Campanha e debate eleitoral em oito congregações, Juiz de Fora (2014), 231

Figura 18 Mensagens congregacionais e participação nas urnas em Juiz de Fora (2008) e no Brasil (2014), 236

Figura 19 Impacto experimental das campanhas do clero e posturas de questões de candidatos sobre o cidadão, 243

Figura 20 O impacto das características religiosas dos candidatos, por normas seculares dos entrevistados, 246

Figura 21 Atitudes em relação ao sistema político em oito congregações, 260

Figura 22 Determinantes de atitudes em relação ao Estado e ao regime democrático, 262

Figura 23 Afiliação religiosa e atitudes intergrupais, 267

Figura 24 Religião, frequência à igreja e tolerância política, 271

Figura 25 Participação em protestos por afiliação religiosa, ao longo do tempo, 278

Figura 26 Opiniões políticas dos legisladores federais, por religião, 294

Figura 27 Diferenças entre católicos e evangélicos em relação a políticas, para clérigos, cidadãos e legisladores, 298

Figura 28 Frequência à igreja e exposição ao clientelismo, por religião, 304

Agradecimentos

Como sempre em um projeto deste âmbito, contraí enormes dívidas com pessoas e instituições ao longo da pesquisa e redação deste livro. Em primeiro lugar, reconheço, com gratidão, várias fontes de financiamento externo. Uma bolsa de pós-doutorado da Fulbright financiou minha pesquisa no Brasil entre julho e novembro de 2014, e um pequeno subsídio de pesquisa da American Political Science Association ajudou a financiar os estudos quantitativos e qualitativos que realizei naquele período. Uma Concessão de Pesquisa e Viagem da Faculdade Regional do Centro de Estudos da América Latina e do Caribe da Universidade de Wisconsin-Milwaukee financiou uma visita de planejamento em 2014, antes de minha longa viagem de pesquisa. Um subsídio para melhoria da dissertação de doutorado da Fundação Nacional de Ciência (Concessão 0921716) ajudou a dar suporte ao estudo das eleições locais de 2008 e o estudo do painel eleitoral do Brasil de 2010.

Em meio à linha entre o financiamento interno e externo está o apoio que recebi do Instituto Kellogg de Estudos Internacionais (Kellogg Institute for International Studies) da Universidade de Notre Dame, onde fui bolsista visitante no ano acadêmico de 2016-2017. O Instituto Kellogg forneceu apoio material para a redação e pesquisa ao longo desse ano, além de oportunidades para apresentar e realizar meu trabalho. O Instituto também financiou uma oficina de livros na Notre Dame em abril de 2017. Sou extremamente grata ao diretor Paolo Carozza e à diretora adjunta Sharon Schierling, e à equipe profissional verdadeiramente excepcional e muito amada do Instituto, incluindo Denise Wright, Judy Bartlett, Karen Clay, Therese Hanlon e Elizabeth Rankin.

Finalmente, internamente na Universidade Estadual de Iowa (Iowa State University, ISU), esta pesquisa foi apoiada por três pequenas subvenções da Faculdade de Humanidades e Ciências (College of Liberal Arts and Sciences) em 2012-2013, 2014-2015 e 2016-2017, e por duas bolsas de viagem ao exterior advindas da reitoria. Pela ajuda na união de todos esses recursos, sou muito grata a meu catedrático, Mack Shelley, que se comprometeu a... bem, como alguém diria em português, "dar um jeitinho". Mack sempre está seguro de que podemos encontrar uma maneira de fazer com que todas as fontes de financiamento e planos de viagem e pesquisas funcionem. Também me sinto endividada com duas profissionais de suporte administrativo altamente capazes do Departamento de Ciência Política da ISU, Shirley Barnes e Donna Burkhart, que trabalharam comigo – às vezes mais me aturando – para tentar garantir que as pessoas fossem pagas.

Também tenho dívidas de gratidão a várias pessoas e instituições pelo acesso a dados. Agradeço ao Projeto de Opinião Pública da América Latina (American Public Opinion Project, Lapop) e seus principais apoiadores (Agência dos Estados Unidos para o Desenvolvimento Internacional, Banco Interamericano de Desenvolvimento e Universidade Vanderbilt) por disponibilizarem os dados do Barômetro das Américas. Sinto-me especialmente grata pelo acesso avançado à pesquisa brasileira de 2017. Agradeço, também, a Tim Power e César Zucco pelo acesso antecipado aos Estudos Legislativos Brasileiros (Brazilian Legislative Studies, BLS) de 2013 e por apresentarem a mim e a Taylor Boas esses dados por meio de um convite para uma oficina em Oxford em 2014. Por fim, Lucas Mingardi, Rafael Mucinhato e Sergio Simoni, doutorandos na Universidade de São Paulo, por gentilmente compartilharem comigo dados que compilaram minuciosamente sobre as afiliações religiosas de todos os deputados brasileiros desde o retorno à democracia até o período legislativo de 2007-2010.

No Brasil, tive muita sorte por ter a ajuda e a amizade de muitas pessoas. Minha dívida mais antiga é com Ana Paula Evangelista Almeida, com quem trabalho desde 2008. Nossos caminhos se cruzaram pela primeira vez quando ela e Rafaela Reis – na época estudantes altamente competentes no Departamento de Ciências Sociais da Universidade Federal de Juiz de Fora (UFJF) – trabalhavam como minhas assistentes de pesquisa, supervisionando uma equipe de outros entrevistadores de graduação em um estudo sobre a eleição local de 2008 em Juiz de Fora. Quando voltei à mesma cidade em 2014 e 2017, Ana Paula trabalhou como minha coordenadora de pesquisa e supervisora de trabalho de campo. Muitos dos dados apresentados neste livro trazem consigo as marcas dos dedos de Ana Paula. Ela é superinteligente, intelectualmente curiosa, trabalhadora, criativa, engraçada, generosa e frugal com o dinheiro de outras pessoas. Nosso trabalho foi uma verdadeira parceria e aprendi muito com ela. Estou muito satisfeita por ela em breve concluir seu doutorado em sociologia rural. Ela já é uma excelente professora.

Eu me beneficiei de muitos outros excelentes assistentes de pesquisa no Brasil. Dois que se destacam são Rafaela Reis (a supervisora acima mencionada em 2008, e agora professora da UFJF) e Mariana Gonzales, que trabalhou no estudo de 2014. Sinto-me particularmente grata a Mariana por seus resumos/transcrições extraordinariamente bons dos grupos focais que conduzimos. A pesquisa de 2014 também se beneficiou da assistência de Pedro Makla, Suelen Masson, Linecker Mauler, Marlon Moreira e Aylla Prata em Juiz de Fora; Paulo Vítor Del Rey da Silva e Júlia Vieira dos Santos no Rio de Janeiro; e Suiany Silva de Moraes, Tuany Sousa e Erivaldo Teixeira em Fortaleza. Meus agradecimentos a Jakson Alves de Aquino, professor da Universidade Federal do Ceará, e a Cesar Zucco, professor da Fundação Getúlio Vargas (FGV), no Rio, pela ajuda na procura de estudantes assistentes de pesquisa nessas duas cidades. Obrigada também a Cesar e Dani pela hospitalidade na FGV.

Nas etapas preliminares desta pesquisa, vários estudantes ajudaram nas revisões de literatura. Agradecimentos a Luíza Helena Almeida, da Universidade de Brasília, e Joe Gettemy e Marisa Wilson, da Universidade Estadual de Iowa. O trabalho de Joe se distinguiu por sua curiosidade intelectual e excelente capacidade de linguística.

Na UFJF, sou grata pela comunidade intelectual e pela ajuda prática de Magali Cunha (professora da Universidade Metodista de São Paulo que atuava como visitante na UFJF), bem como dos professores Emerson Sena Silveira e Marta Mendes da UFJF.

Há três colaboradores com quem tenho escrito e pensado sobre política brasileira durante grande parte da minha carreira acadêmica. Barry Ames (meu orientador de dissertação), Taylor Boas e Matt Layton influenciaram o modo como penso sobre o comportamento político no Brasil. Minhas dívidas com esses três são de ordem prática e intelectual. Matt e Barry leram e prepararam o manuscrito. Taylor foi meu colaborador na coleta de dados para os dois estudos on-line realizados via recrutamento no Facebook em 2012 e 2014, e ele e eu coescrevemos um artigo usando os dados do BLS, explorando a congruência de opiniões entre eleitores e políticos evangélicos. Taylor e eu, em particular, andamos por caminhos paralelos e, por vezes, sobrepostos, enquanto trabalhamos para entender a religião e a política no Brasil.

Além de Barry e Matt, outras quatro pessoas participaram de minha oficina de livros no Kellogg. Sou muito grata a Mark Brockway, Reverendo Bob Dowd, Emma Rosenberg e Guillermo Trejo pela leitura do manuscrito e por seus conselhos perspicazes.

Também sou profundamente grata ao sempre gentil e inteligente Dave Campbell, bem como a seus coeditores nesta série da Cambridge; e a Sara Doskow, em Cambridge, que tem sido um modelo de profissionalismo. Dois revisores anônimos me ajudaram a melhorar tremendamente este manuscrito – obrigada por sua paciência e discernimento.

Partes do que por fim se tornaria este livro foram apresentadas em várias instituições, incluindo palestras na Universidade de Oxford, Universidade de Purdue, Universidade de Notre Dame, Universidade de Western Ontario e Banco Interamericano de Desenvolvimento. Também apresentei este trabalho em formato de conferência na reunião de 2012 da Associação de Estudos Latino-Americanos, nas Reuniões Anuais de 2013 das Associações de Ciência Política Americana e do Sul e na Reunião de 2015 da Associação de Ciência Política do Meio-Oeste. Realizei a oficina deste trabalho em grupos de leitura no ISU e no Kellogg, e do grupo online de Gênero e Psicologia Política.

Além das pessoas que eu já mencionei, no Kellogg eu sofri (sim, isso mesmo) com extensos comentários de muitas pessoas inteligentes, incluindo Juan Albarracín, Márcio Bahia, David Campbell, Rodrigo Castro Cornejo, Lauren Honig, Ann Mische e Maggie Triyana. Também recebi *feedback* útil em um ambiente de oficina de Hernán Flom, Stuart Kirsch, Victor Maqque, George Tsebelis e Samuel Valenzuela. Fora do Kellogg, sou grata pelos comentários em vários pontos deste longo projeto advindos de Paul Djupe, Cornelia Flora, Ken Greene, Fran Hagopian, Jonathan Hassid, Erin Heidt-Forsythe, Greg Love, Dave Peterson, Tim Power, Rachel Riedl, Heather Rice, Robert Urbatsch e L.J. Zigerell. Aaron Javsicas e Robin Globus Veldman deram um *feedback* extenso e muito útil sobre uma versão inicial do prospecto, e Jay McCann e Liz Zechmeister fizeram comentários perspicazes sobre uma versão posterior dele. De maneira mais geral, Jay, Liz e Paul têm sido exemplos de amizade e orientação ao longo desses anos. Embora David Samuels não tenha comentado sobre este projeto, debates com ele sobre partidarismo e o comportamento de voto no Brasil influenciaram meu pensamento enquanto eu escrevia o livro.

As versões anteriores de partes deste livro foram publicadas previamente em dois artigos: Smith, Amy Erica, 2016. "Quando o clero é ameaçado: líderes católicos e protestantes e ativismo político no Brasil". *Política e religião*, 9 (3), p. 431-455; e Smith, Amy Erica, 2017. "Conversa democrática na Igreja: religião e socialização política no contexto da desigualdade urbana". *Desenvolvimento Mundial*, 99, p. 441-451, nov. Agradecimentos à Cambridge University Press e à Elsevier.

Lílian Costa Magalhães, que eu conheci em 2014, tornou-se uma boa amiga, e ela e sua filha, Luiza, então com sete anos, foram maravilhosas anfitriãs em 2017. Por fim, minha gratidão pelo tempo que passei com Elisângela Andrade, uma querida amiga que conheci em 2008 e que se tornou babá dos meus filhos quando voltei em 2014. Elisângela faleceu em julho de 2015.

E, por fim, agradeço a minha família "de verdade". Tibi Chelcea esteve comigo desde a minha primeira visita a uma paróquia católica na cidade de Juiz de Fora em 2008. Ele passou nove meses comigo no Brasil em 2008-2009 e quatro meses em 2014. Com notável bom humor, ele lidou com minhas viagens para pesquisa, minhas conferências, minha distração geral e tendências de vício em trabalho, e nunca deixou de confiar em mim e no meu trabalho. Tenho muita sorte de ter "agarrado" esse gentil e alegre feminista para me aturar e cuidar de nossos dois meninos todos esses anos. Minha mãe, Esther Smith, e sogra, Adina Chelcea, também foram pilares de nossa pequena vila, ajudando no cuidado com as crianças, gatos, plantas etc. Oscar e Adam juntaram-se à nossa família nessa jornada e foram para Juiz de Fora em 2014 e South Bend em 2016-2017. Eles são as distrações mais maravilhosas do trabalho. Este livro é dedicado a Tibi, Oscar e Adam.

Parte I

Introdução

1
Introdução

Em 7 de novembro de 2017, opositores conservadores da "ideologia de gênero" atearam fogo a uma boneca da teórica feminista americana Judith Butler na rua em frente ao instituto de arte Sesc Pompeia, na cidade de São Paulo, enquanto a própria Butler estava dentro das instalações do instituto, ministrando uma palestra. Erguendo uma boneca em tamanho natural com um sutiã rosa e um chapéu de bruxa sobre a cabeça, os manifestantes atearam-lhe fogo aos gritos de "Queima, bruxa!" O protesto aparentemente incluía católicos conservadores e evangélicos.

Embora os crucifixos católicos estivessem em destaque durante o protesto, os grupos evangélicos foram os responsáveis por grande parte do impulso por trás dos protestos. Nos dias que antecederam a palestra, um grupo do Facebook e um site liderados pelo clero da Assembleia de Deus da cidade de Ilha Solteira (estado de São Paulo) direcionaram o tráfego para uma petição online que coletou 366.000 assinaturas em oposição à visita de Butler (J. Gonçalves, 2017). Enquanto o protesto era divulgado na mídia como uma tentativa de encerrar a conferência, uma pesquisa realizada com manifestantes no próprio evento descobriu que a maioria não tinha como objetivo interromper a palestra de Butler (Calegari, 2017). Em vez disso, eles esperavam estimular um debate sobre gênero, sexualidade e o papel das escolas públicas na educação sexual.

Gênero e sexualidade se tornaram talvez as questões mais importantes que impulsionam um período recente de conflito democrático de motivação religiosa no Brasil – o que chamamos aqui de "guerras culturais" do Brasil. Pastores[1], congregados e representantes protestantes estão bem mais à direita dos católicos e dos não religiosos em questões como direitos dos transgêneros ou educação sexual em escolas públicas. Enquanto isso, conservadores religiosos e eleitores seculares lutam para proibir ou legalizar completamente o aborto, o que atualmente é legal apenas em condições de estupro, incesto ou perigo para a vida da mãe. No que tange essa questão, os católicos às vezes se encontram à direita dos evangélicos. E católicos, evangélicos e não religiosos assumem posições opostas em relação a uma terceira questão: os direitos das comunidades religiosas no contexto de um Estado formalmente laico. Os conflitos respingam nas eleições, pois um crescente bloco de votação evangélica favorece os conservadores religiosos, especialmente os candidatos correligionários.

No entanto, uma fonte típica de divisão religiosa e política está conspicuamente ausente: o partidarismo. No notadamente fraco e fragmentado sistema partidário do Brasil –

---

1. Por uma questão de um equilíbrio entre a padronização textual e os termos que são utilizados por cada grupo religioso, optamos por referirmos às lideranças evangélicas como pastores, considerando que há entre eles os missionários, apóstolos e bispos, isso de acordo com a terminologia de cada Igreja. A palavra clero será utilizada geralmente para se referir às lideranças católicas. Liderança religiosa será o termo empregado para fazer referência a ambos, geralmente por se referir ao contexto e não a um acontecimento específico.

com 28 partidos eleitos para a Câmara dos Deputados, em 2014 – nem católicos nem evangélicos têm uma sólida representatividade partidária. A correlação entre religião e partidarismo é próxima de zero. Isso contrasta marcadamente com os Estados Unidos. Embora Hunter (1992) tenha popularizado, pela primeira vez, o termo "guerras culturais" para descrever o conflito entre cidadãos religiosos e seculares nos Estados Unidos, estudos posteriores demonstram que a polarização cultural nos Estados Unidos está fortemente ligada aos partidos democratas e republicanos.

Este livro trata das causas e consequências das guerras culturais do Brasil. Como se desenvolveu o conflito na ausência de liderança partidária? E como as guerras culturais afetaram a democracia pós-1985 no Brasil? Mais urgentemente, a política religiosa ameaça ou ajuda a fortalecer uma democracia que agora enfrenta graves desafios à sua legitimidade? Argumentaremos que as respostas não se encontram nos partidos, mas no clero, em sua interação e, às vezes, liderança sobre congregados e políticos. Os líderes religiosos têm uma complexa mistura de motivações para se envolverem na política, as quais incluem ideais religiosos e políticos, mas também ansiedade em relação à competição entre religiões. A política religiosa leva à polarização da política brasileira e a empurra para a direita, enquanto contribui para a fragmentação partidária; no entanto, também aprimora a representação democrática e estabiliza a democracia, dando aos líderes religiosos uma participação no sistema.

Antes de prosseguirmos, algumas definições se fazem necessárias. O que é uma "guerra cultural"? Como sabemos se o Brasil (ou qualquer outro país) está em meio a uma?

Definimos "guerras culturais" como conflitos democráticos generalizados e prolongados dentro das sociedades, entre grupos sociais que consideram suas visões de mundo como fundamental e mutuamente incompatíveis[2]. Por conflito democrático, queremos dizer que os guerreiros da cultura usam principalmente arenas e armas democráticas: eleições, debates sobre políticas e persuasão para influenciar a opinião pública. Isso não exclui a violência física, mas os surtos de violência geralmente são periféricos e não estratégicos. Por "generalizados e prolongados", estamos dizendo que uma escaramuça isolada não constitui uma guerra cultural. Pelo contrário, muitos grupos na sociedade escolhem lados, os níveis de hostilidade são elevados e o conflito se estende por várias batalhas. Alguns grupos podem ter como objetivo o domínio social ou político final, outros podem querer uma mudança discreta de políticas.

Quem são os guerreiros da cultura? As visões de mundo concorrentes que levam às guerras culturais são tipicamente delineadas pelas religiões, o que significa conjuntos de ideias e práticas que as comunidades desenvolvem para descrever forças transcendentes e derivar prescrições para o comportamento humano. Guerras culturais frequentemente envolvem conflitos entre os dois polos em um *continuum* de devoção religiosa: "seculares" *vs.* "conservadores religiosos". No entanto, guerras culturais também podem ocorrer

---

2. A segunda metade dessa definição é semelhante à de Hunter (1992), enfatizando grupos concorrentes definidos por visões fundamentais de mundo. No entanto, pensar nas guerras culturais em um contexto comparativo revela suposições que provavelmente estão implícitas na definição de Hunter. Ou seja, eu difiro de Hunter no que tange a ênfase dos métodos – política democrática – e a extensão do conflito.

entre membros de diferentes comunidades religiosas – por exemplo, evangélicos e católicos, ou muçulmanos e cristãos. No Brasil, as guerras culturais acontecem em duas frentes simultaneamente: entre cidadãos religiosos e seculares, e entre evangélicos e católicos. Às vezes, evangélicos e católicos são aliados e, outras vezes, estão em conflito.

No Brasil, oponentes da guerra cultural concordam sobre muitas questões além da sexualidade, da família e das relações Igreja-Estado. No entanto, embora a discordância possa ter um alcance bastante estreito, ela é profunda. As opiniões sobre questões contestadas são profundamente defendidas e expressas em termos sagrados, rígidos e em preto e branco – os guerreiros da cultura creem haver ameaças existenciais ou uma luta contra forças malignas sobrenaturais. A discordância se intensifica e resulta em conflito quando reforçada pelas linhas divisórias da identidade religiosa.

Voltando a nosso primeiro quebra-cabeça: o que impulsiona as guerras culturais do Brasil, se não os partidos? Este livro adota uma abordagem centrada nos líderes religiosos. Dois choques desencadearam o ativismo dos padres e pastores. O primeiro é uma mudança para a esquerda na sociedade brasileira e nas políticas públicas sobre questões relacionadas a sexualidade, gênero e papéis dos membros da família. Os líderes religiosos conservadores consideram políticas tais como a legalização do casamento entre pessoas do mesmo sexo em duas decisões judiciais (em 2011 e 2013) como profundamente ameaçadoras à ordem social. O segundo choque envolve uma crescente fragmentação do cenário religioso – uma mudança do catolicismo monolítico em direção à não adesão religiosa e ao evangelismo – que intensificou a concorrência entre religiões pelo que chamarei de "almas e dinheiro".

As ideias e os interesses do grupo motivam os líderes religiosos. Por um lado, as evidências experimentais apresentadas na parte II mostram que católicos e evangélicos mantêm posições inflexíveis em uma questão muito importante, a homossexualidade, ancorando os católicos ao centro e evangélicos à direita nessa questão. O apoio abstrato ao regime democrático também é alto e imperturbável. Por outro lado, a competição para atrair e manter almas também afeta o comportamento e as atitudes do líder religioso. Nas guerras culturais de duas frentes, o clero católico enfrenta o secularismo e o evangelismo; cálculos estratégicos em resposta à ameaça de perda de membros às vezes levam os católicos a enfatizar certas questões da "guerra cultural". Em outros momentos, as pressões de afiliação atraem evangélicos e católicos ao ativismo, ou reprimem os discursos evangélicos e católicos quando o líder religioso teme controvérsias. Enquanto isso, os padres e pastores que consideram seu grupo como sendo tratado de maneira injusta perdem a fé na legitimidade do sistema político.

O líder religioso influencia o comportamento e as atitudes dos fiéis? Se sim, como? A parte III deste livro mostra que o líder religioso pode influenciar as atitudes, a participação, o comportamento de voto e as disposições democráticas dos cidadãos. No entanto, a influência é parcial, afetando algumas atitudes e comportamentos mais do que outros, e assimétrica, afetando alguns cidadãos mais do que outros. A grande maioria dos cidadãos possui normas democráticas seculares que os levam a resistir a alguns tipos de influências do líder religioso. Ele é mais influente em questões vistas como preocupações religiosas fundamentais, como as relacionadas a sexualidade e família, e menos eficazes para orientar outras atitudes, assim como as escolhas de voto. Cidadãos e grupos religiosos doutrinalmente conservadores são mais facilmente influenciados do que outros, no entanto, na denominação pentecostal mais politicamente eficaz, a Igreja Universal do Reino de Deus (Iurd), a influência está longe de ser automática. No início dos anos 2000, os líderes da Iurd projetaram que apenas 20% dos seus eleitores apoiavam candidatos do seu endogrupo (Conrado, 2001). A influência parcial e assimétrica do líder religioso empurra a política brasileira para a direita, pois os conservadores religiosos são mais suscetíveis a esta influência.

O líder religioso também afeta as atitudes democráticas dos cidadãos. Por um lado, o líder religioso transmite aos cidadãos seu próprio e sólido apoio à democracia. Por outro lado, os padres e pastores que veem o sistema político como tendencioso contra seu endogrupo religioso minam a confiança dos congregados nesse sistema. Além disso, o líder religioso que promove visões dualistas de conflito social entre o bem e o mal pode contribuir para a intolerância para com exogrupos, como ateus e homossexuais.

A parte IV argumenta que os líderes religiosos também têm uma influência substancial sobre os políticos que eles decidem apoiar. Nos sistemas eleitorais e partidários altamente permissivos do Brasil, centenas de candidatos concorrem na maioria dos distritos legislativos, e os líderes religiosos têm grande liberdade para colocar os candidatos de sua escolha nas urnas.

Além disso, os candidatos religiosos atribuem seu apoio eleitoral mais à sua base religiosa do que ao partidarismo em massa, organização do partido de elite ou vínculos com grupos sociais abastados. Assim, quando os candidatos religiosos são eleitos, eles estão fortemente vinculados aos seus patronos religiosos. A influência das instituições religiosas é intensificada quando seus representantes eleitos são eles próprios profissionais religiosos.

Essa discussão fornece muitas das ferramentas necessárias para resolver nosso segundo quebra-cabeça: como as guerras culturais estão influenciando a democracia brasileira? Afirmamos que a política movida pelos líderes religiosos aprimora e enfraquece a representação. Nas teorias clássicas da ciência política, os líderes partidários devem ajudar os cidadãos a entender como as questões se encaixam: "o que combina com o quê" (Converse, 1964). Os partidos podem ser amplamente incapazes desse tipo de liderança de opinião no Brasil fora dos estreitos calços dos eleitores que se identificam fortemente com determinado partido (Samuels e Zucco, 2014, 2018). Ao atuar como líderes de opinião, no entanto, os padres e pastores podem ajudar a alinhar as opiniões dos conservadores religiosos, tanto eleitores quanto legisladores (Boas e Smith, 2019).

Ao mesmo tempo, eles fortalecem a direita do Brasil de maneira mais geral (Power e Rodrigues-Silveira, 2018). E, no contexto dos maciços escândalos de corrupção da "Operação Lava Jato" que se desenrolaram em todo o Brasil desde 2014, os intermediários religiosos têm outra externalidade positiva. A dependência do líder religioso como intermediário eleitoral reduz a necessidade dos candidatos por grandes doações de campanhas vindas de indivíduos abastados – os tipos de transferências que aparecem com destaque em escândalos de corrupção e que levam à super-representação dos interesses comerciais.

No entanto, a política movida pelo líder religioso também tem implicações problemáticas para a representação. Lembre-se de que a liderança religiosa tem influência parcial, influenciando algumas atitudes, mas não outras. Por outro lado, o líder religioso está mais alinhado com a gama de pontos de vista dos políticos religiosos, como veremos na parte IV. Assim, em muitas questões, os políticos religiosos são, pode-se dizer, melhores representantes do clero que constituem intermediários do que os cidadãos religiosos que votaram neles. O fato de as guerras culturais brasileiras serem lideradas por padres a pastores também provavelmente exacerba a fragmentação partidária. Quando cada líder religioso tem sua própria base de apoio, há poucos incentivos para a coordenação. Os analistas costumam observar que as alianças de elites evangélicas são "pulverizadas" em um número muito grande de candidatos e partidos – escolhidos com base mais em laços personalistas do que em critérios ideológicos claros (Dantas, 2011; Freston, 1993; Lisboa, 2010). Como afirmam Power e Rodrigues-Silveira, "em termos partidários, os pentecostais são altamente diaspóricos" (2018). Os organizadores evangélicos reconhecem os benefícios que poderiam alcançar com a ação coletiva, especialmente a capacidade de vencer as eleições para cargos executivos, em que é necessário reunir coalizões majoritárias de eleitores. Todo ciclo eleitoral apresenta muitos apelos à unidade evangélica e até mesmo à criação de partidos evangélicos unificados. No entanto, a pulverização do apoio a candidatos evangélicos reflete a pulverização de instituições religiosas evangélicas. O problema não é apenas o fato de não haver incentivos para resolver o problema da ação coletiva evangélica. Em vez disso, a natureza das instituições evangélicas realmente cria desincentivos à coordenação, uma vez que grupos religiosos que subordinam sua própria identidade ou marca a um coletivo evangélico mais amplo podem prejudicar suas perspectivas para um crescimento competitivo da Igreja em longo prazo.

As guerras culturais motivadas pelos líderes religiosos têm implicações democráticas ainda mais amplas. Quando o líder religioso sente que seu grupo religioso é tratado de maneira injusta, seus fiéis passam a ver o sistema político como menos legítimo. A política movida pelo líder religioso também pode corroer a tolerância aos direitos políticos de ateus e homossexuais. No entanto, ela também ajuda a estabilizar o regime democrático estressado e fraturado do Brasil. A competição democrática fornece aos líderes religiosos uma participação no sistema, e o padre ou pastor transmite a seus congregados os seus altos níveis de apoio à democracia. Eles também incentivam muitas formas de participação eleitoral, não eleitoral e na sociedade civil. Ao mesmo tempo em que a confiança do cidadão na democracia, no sistema político e nas eleições tem despencado nos últimos anos, a confiança nas autoridades religiosas que investem nas regras do jogo democrático vem ajudando a manter a estabilidade do sistema democrático. Com o tempo, a credibilidade em declínio dos políticos poderia levar os cidadãos a dar maior credibilidade às visões políticas dos líderes religiosos.

Este livro contribui com os estudos acadêmicos sobre representação, partidarismo, e religião e política. Primeiro, ele elucida as causas e consequências das guerras culturais, examinando como esses conflitos se desenvolveram em um contexto institucional e religioso muito diferente dos estudados até o momento. A grande maioria dos trabalhos acadêmicos sobre as guerras culturais tem se concentrado nos Estados Unidos. Alguns estudiosos também examinaram o ativismo internacional dos conservadores religiosos dos Estados Unidos, particularmente na África (Bob, 2012; Kaoma, 2014). Mais pertinente ao presente estudo, uma literatura rica, mas relativamente pequena, traça como partidos, ativistas religiosos e elites políticas influenciam debates políticos sobre questões como aborto e homossexualidade em uma ampla gama de democracias ricas e altamente institucionalizadas (Ang e Petrocik, 2012; Bean, 2014b; Engeli, Green-Pedersen e Larsen, 2013; Grzymała-Busse, 2015; T.A. Smith e Talonavicular 2003; Studlar e Burns, 2015). Uma conclusão importante emerge deste último conjunto de trabalhos: instituições partidárias e elites políticas afetam fortemente os resultados de potenciais conflitos religiosos e culturais. Quando partidos políticos, funcionários eleitos ou burocratas de alto nível ignoram amplamente as clivagens ortodoxo-progressistas no eleitorado, essas clivagens têm menos probabilidade de influenciar a política. Em contraste, quando um ou mais grupos de elites se aliam a forças ortodoxas ou progressistas, é mais provável que qualquer clivagem ideológica latente se manifeste por meio de disputas partidárias.

No entanto, essa conclusão explica mal o caso brasileiro, em que os partidos políticos falharam em criar fortes vínculos com grupos religiosos, com a importante exceção dos vínculos entre um partido de esquerda, o Partido dos Trabalhadores (PT) e a Igreja Católica na década de 1980.

Além disso, no contexto político secular pluralista do Brasil, nenhuma facção de burocratas capturou o processo político para beneficiar um único grupo religioso. A abordagem voltada para o líder religioso que desenvolvemos neste livro explica melhor o recente período de conflitos políticos e sociais do Brasil. Ao mesmo tempo, ela sugere lições mais amplas sobre a influência mútua dos conflitos religiosos e eleitorais. Assim como os partidos podem capturar e exacerbar clivagens sociais latentes para obter ganhos eleitorais, em países com sistemas partidários permissivos como o do Brasil, os grupos religiosos usam as ferramentas da política democrática para auxiliar na competição entre religiões.

O livro também tem implicações para um longo debate entre estudiosos da política comparada sobre as causas do multipartidarismo. Em linhas gerais, o debate gira em torno de duas possíveis explicações: uma focada na natureza e no número de divisões sociais fundamentais (p. ex., Sartori, 1976), e outra centrada no funcionamento mecânico das instituições eleitorais, bem como os incentivos que elas criam para o comportamento estratégico (p. ex., Duverger, 1972). Não presumimos que as clivagens sociais criem partidos automaticamente. No entanto, sugerimos que quando organizações concorrentes da sociedade civil não são apenas aliadas de partidos preexistentes, mas na verdade coordenam candidaturas, os incentivos das organizações à desunião no nível da sociedade civil podem minar os incentivos à ação coletiva eleitoral. Assim, esse argumento reúne elementos de abordagens baseadas em clivagens e em incentivos de competição para entender os sistemas partidários.

Finalmente, este livro contribui para os estudos sobre religião e política comparadas, sintetizando abordagens em vários domínios. Primeiro, estudos anteriores distinguem entre explicações de "lado da demanda" e "lado da oferta" sobre o comportamento do líder religioso – isto é, entre explicações focadas nas circunstâncias sociais e políticas que estimulam mudanças doutrinais e aquelas focadas nos cálculos estratégicos dos padres e pastores. Argumentamos que explicar a atividade política do líder religioso requer considerar a interação entre os dois lados, tanto o da oferta quanto o da demanda religiosa, pois os cálculos estratégicos do clero respondem a mudanças nas condições sociais e políticas. Segundo, os estudiosos debatem o poder explicativo relativo das ideias políticas baseadas em teologia, por um lado, e dos interesses institucionais, por outro, como incentivos ao comportamento do líder religioso. Argumentamos aqui, no entanto, que tanto ideias quanto interesses institucionais importam. Além disso, as ideias influenciam os cálculos dos interesses do grupo, restringindo o leque de alternativas que podem ser consideradas estrategicamente. Terceiro, os estudos mais ricos sobre religião e política da América Latina geralmente desenvolveram explicações em nível micro do comportamento político ou do clero católico ou dos pastores protestantes. Raramente os pesquisadores incorporaram as motivações e os comportamentos desses dois grupos em um único estudo. Compreender plenamente os incentivos ideológicos e institucionais que o líder religioso enfrenta, no entanto, exige a incorporação dos dois grupos dentro de uma única estrutura teórica.

No entanto, antes de irmos mais além, vamos apresentar os protagonistas desta história. Quais são os principais grupos religiosos do Brasil? Quais cidadãos entram em quais grupos? Como eles têm participado da política brasileira? A maior parte do restante deste capítulo aborda essas questões.

Os protagonistas: indivíduos e grupos evangélicos e católicos

Ventos da mudança. Na grande Igreja Metodista Vila Bela, de classe média, um pastor africano convidado estava proferindo um sermão na quarta-feira à noite. A congregação estava cheia.

As portas estavam abertas para a rua. Ventiladores elétricos localizados no alto das paredes próximos ao teto mantinham uma brisa fresca circulando pela sala e davam vida aos ornamentos coloridos que decoravam a congregação em homenagem ao convidado. Ao final do sermão de uma hora sobre a luta contra o diabo, o pastor chamou todos os membros da congregação até a frente do cômodo para que eles recebessem bênçãos individuais. Longas filas indianas serpenteavam pelo santuário enquanto uma música alegre tocava, os ornamentos balançavam e o pastor convidado abençoava cada pessoa individualmente. Cerca de dez pessoas caíram ao chão em transe quando foram abençoadas. Os assistentes, obviamente em alerta, pulavam cada vez que uma pessoa caía para se certificarem de que ela seria acomodada confortavelmente e ficaria fora do caminho das outras [CO2][3].

---

3. Ao longo do texto, códigos numéricos iniciando com "CO" e "FG" denotam visitas específicas a congregações e outros locais de campo, conforme listado no apêndice A.

Algumas semanas antes, cerca de trinta pessoas tinham se reunido para um grupo de oração na paróquia católica de Santo Ignácio, em um bairro operário de Juiz de Fora, por mais de duas horas em uma noite de quinta-feira. Não houve missa ou padre, embora um dos participantes tenha se levantado para demoradamente expressar uma reflexão sobre como o Espírito Santo havia mudado sua vida. Principalmente, porém, o grupo apenas cantou e rezou com as mãos estendidas para cima. Cerca de uma hora depois, uma brisa ganhou força, passando pelas portas e janelas abertas, um alívio em uma noite quente no meio de uma seca. E, então, ouviu-se o estrondo de um trovão, e uma chuva começou a cair repentinamente, tamborilando no telhado, e o cheiro empoeirado de ozônio refrescou o ar. Quando o grupo de oração terminou, a chuva estiou um pouco, mas quando desci a colina até o ponto de ônibus, eu já estava completamente encharcada. Este não é o metodismo de sua avó, e não é o catolicismo de seu avô. O metodismo é tipicamente classificado como uma denominação protestante histórica, e a imagem comum das missas católicas e cultos metodistas é bastante séria. Um mês antes do sermão do pastor convidado na Igreja Metodista de Vila Bela, porém, eu havia perguntado a um pastor metodista afiliado como ele classificava a congregação, se era como protestante tradicional, evangélica ou pentecostal. Ele respondeu que "a maioria das pessoas vê nossa Igreja como uma Igreja protestante tradicional, mas hoje é muito pentecostal". O pastor acreditava que o pentecostalismo seria mais "justificado biblicamente". Ele ressaltou que o pentecostalismo havia mudado até o catolicismo [CO23].

Então, quais são esses grupos? Ao longo deste livro, utiliza-se o termo evangélico para a maior e mais importante minoria religiosa do Brasil. Esse conjunto altamente diversificado de comunidades religiosas inclui as denominadas protestantes históricas, evangélicas e pentecostais. As denominações protestantes históricas – frequentemente chamadas de protestantes *mainline* (de linha principal) nos Estados Unidos – são as que resultam da Reforma Protestante e da subsequente fragmentação das denominações ao longo de vários séculos. Exemplos incluem os luteranos, metodistas, presbiterianos, anglicanos, congregacionalistas e batistas[4]. Mais recentemente, algumas congregações protestantes optaram por serem não denominacionais.

Os acadêmicos também usam o termo evangélico em um sentido mais restrito, para se referirem a um subconjunto de protestantes identificados por suas crenças e comportamentos. Bebbington (1989) definiu o cristianismo

---

4. Dentro do protestantismo histórico, grandes tradições religiosas, como o presbiterianismo ou o metodismo, tendem a ser fragmentadas em muitas denominações, cada uma com sua própria identidade organizacional e estruturas hierárquicas de tomada de decisão. Por exemplo, três das muitas denominações presbiterianas nas Américas incluem a Igreja Presbiteriana dos Estados Unidos (Presbyterian Church of the USA, Pcusa), a Ordem da Aliança dos Presbiterianos Evangélicos (que opera amplamente nos Estados Unidos, em concorrência com a Pcusa), e a Igreja Presbiteriana do Brasil. As denominações que constituem uma tradição podem variar muito em termos de posições teológicas e políticas. Em algumas tradições, as denominações constituintes continuam em grande parte a manter uma identidade compartilhada e a trabalhar em conjunto em uma federação maior. Na Igreja Anglicana, por exemplo, as denominações são, em sua maioria, organizadas territorialmente (por país ou grupo de países). As denominações anglicanas nacionais participam de um organismo global conhecido como Comunhão Anglicana, que não tem existência legal, mas mantém uma identidade unificada e compartilha grande parte de sua doutrina.

evangélico de forma influente com base em quatro crenças: "conversionismo" (crença na necessidade de ter uma afirmação adulta de compromisso religioso); "crucicentrismo" (ênfase na morte e ressurreição de Jesus para salvar a humanidade); "biblicismo" (aderência ao sentido literal e explícito da Bíblia); e "ativismo" (crença na necessidade de expressar ativamente a fé e converter os outros). Robbins (2004) discute ainda dois compromissos comportamentais distintos: o ascetismo moral, ou ênfase em códigos de comportamento conservadores, e o evangelismo contínuo ("ativismo" no esquema de Bebbington)[5]. Indivíduos, congregações e denominações protestantes podem ou não ser evangélicos. No Brasil, a esmagadora maioria dos pastores protestantes, tanto em congregações não denominacionais quanto aqueles afiliados às tradições históricas protestantes, aderem a essas características. Os pastores evangélicos também enfatizam aspectos sobrenaturalistas da fé cristã e visualizam o divino como uma presença agêntica e intervencionista na sociedade (Bohn, 2004; Mariz e Machado, 1997; Pew Research Center, 2006).

A Figura 1 mostra que os censos esporádicos do século XIX registraram extremamente poucos evangélicos. Na época posterior à independência do Brasil de Portugal, o catolicismo romano constituía-se oficialmente como um monopolista religioso, por ser a religião do Estado. Isso não quer dizer que todos eram católicos na prática. Muitas pessoas não seguiam uma religião, é claro. Mais signi-

---

[5]. Robbins discute isso como traços definidores do pentecostalismo e protestantismo carismático. No entanto, eles se aplicam ao evangelismo de maneira mais ampla.

ficativamente, muitos praticantes de religiões de influência africana tradicionais e sincréticas de escravos e ex-escravos, como a Umbanda e o Candomblé, disseram aos pesquisadores do censo que eram católicos. Ainda assim, os números do censo contam a história do poder político e social do catolicismo romano.

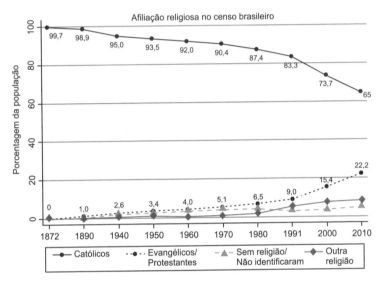

Figura I Afiliação religiosa no Brasil

Durante a maior parte do século XX, a proporção da população que se identificava como católica romana caía lentamente, enquanto ondas de missionários protestantes, evangélicos e pentecostais gradualmente se estabeleciam em várias partes do país (Mendonça, 2006; Oro, 2006). Nas últimas três décadas do século XX, no entanto, o ritmo da mudança se acelerou. Como o "centro de gravidade" do cristianismo global mudou para o sul nas últimas décadas (Jenkins, 2002, p. 2), o pentecostalismo e o evangelismo varreram o Brasil junto com os países em desenvolvimento (Freston, 2004;

A.B. Fonseca, 2008; Garrard-Burnett, 2009; Pew Research Center, 2006).

A Figura 1 descreve uma impressionante mudança demográfica que os estudiosos geralmente datam de cerca de 1970, uma mudança sustentada do catolicismo romano em direção às denominações evangélicas, pentecostais e protestantes (Levine, 2009, 2012). Um estudioso da década de 1990 afirmou que 10 mil brasileiros abandonavam o catolicismo a cada dia (Stockwell, 1995). Em 1970, 90 de cada 100 brasileiros disseram ao censo que eram católicos. Quarenta anos depois, apenas 65 em cada 100 o fizeram. No mesmo período, o número de evangélicos, protestantes e pentecostais quadruplicou. Portanto, havia 18 católicos para cada protestante, evangélico ou pentecostal no Brasil em 1970; em 2010, havia três. Apesar de os católicos continuarem superando os protestantes no Brasil ainda por muitos anos, simplesmente extrapolar as linhas das tendências sugere que o censo de 2020 pode registrar cerca de dois católicos para cada protestante no país.

Os primeiros missionários protestantes eram revivalistas e evangélicos não pentecostais. Grande parte do crescimento do protestantismo no século XX, porém, veio do pentecostalismo. O pentecostalismo surgiu dos movimentos revivalistas nos Estados Unidos no início do século XX (Robbins, 2004). Teologicamente, os pentecostais enfatizam a presença imediata do Espírito Santo e promovem "dons" espirituais ou milagres, como curar, expulsar o diabo e falar em línguas (Chesnut, 2003b; Gaskill, 2002; Pew Research Center, 2006; Steigenga e Cleary, 2007). O termo deriva de um milagre descrito no Livro dos Atos dos Apóstolos da Bíblia, no qual os discípulos de Jesus falaram em outras línguas (glossolalia) no dia da festa judaica de Pentecostes, logo após a morte de Jesus. Em termos práticos, os cultos pentecostais são muito animados. Duas ondas anteriores de conversões pentecostais no início e meados do século XX foram associadas a um crescimento relativamente lento (Anderson, 2004). A partir da década de 1970, as denominações neopentecostais – outra ramificação do pentecostalismo – começaram a se espalhar rapidamente, tal como a Iurd. Nas décadas de 1970 e 1980, o neopentecostalismo deu mais contribuições teológicas ao cristianismo global. Primeiro, a teologia da prosperidade sustenta que aqueles que creem serão divinamente recompensados com bênçãos materiais, incluindo saúde física e mental, bem como prosperidade financeira. A doutrina geralmente tem uma ênfase maior no sobrenatural nos países mais pobres (Autero, 2015; Martin, 2006; Mora, 2008; Offutt, 2015). Essa doutrina é altamente controversa, mesmo dentro do pentecostalismo, e muitas denominações pentecostais mais antigas a rejeitam fortemente. Segundo, a noção de guerra espiritual postula que as lutas diárias resultam de encontros com espíritos malignos ou demônios contidos localmente que podem ser expulsos (Robbins, 2004). Deidades de religiões não cristãs – incluindo, no caso brasileiro, as da Umbanda e do Candomblé – são frequentemente reformuladas como espíritos malignos.

Tecnicamente falando, alguns indivíduos e congregações pentecostais não são evangélicos, no sentido mais restrito que aqui foi definido há pouco (Løland, 2015; Pew Research Center, 2011). Para propósitos práticos, porém, veremos que os pastores pentecostais e evangélicos/protestantes tendem a pensar e agir de maneiras muito semelhantes. Em pesquisas com cidadãos, é difícil distinguir com segurança os protestantes/evangélicos históricos dos pentecostais, porque muitos adeptos usam esses termos de maneira inconsistente ou se consideram parte de ambos os grupos.

Tais têm sido o sucesso e a importância cultural do pentecostalismo, que grupos protestantes não pentecostais e partes da Igreja Católica se tornaram pentecostalizados (Bom, 2015; Chesnut, 2003a, 2003b). A Renovação Carismática Católica (RCC) constituiu o novo produto de maior sucesso da Igreja em resposta ao pentecostalismo (Chesnut, 2003b; Souza, 2007). Chesnut estimou que em 2000 mais da metade dos católicos praticantes eram carismáticos (2009). O movimento foi responsável por quase toda a rápida expansão da presença da Igreja na mídia, orientada em torno de padres cantores, como o Padre Marcelo Rossi (Carranza, 2006; Mariz, 2006). Essa é a transformação a que o pastor citado na introdução desta seção estava se referindo. Os cultos nas tradições religiosas pentecostalizadas tornaram-se mais animados, e há uma ênfase maior nos milagres e no imediatismo de experiências espirituais e de êxtase. Além disso, alguns grupos protestantes históricos também adotaram a teologia da prosperidade.

Ainda outra razão pela qual o evangelismo e o pentecostalismo têm impactos além do que sua proporção da população pode sugerir é a devoção relativa de seus seguidores. Nas pesquisas do Barômetro das Américas de 2014, 56% dos evangélicos/pentecostais disseram ter assistido a cultos mais de uma vez por semana, enquanto apenas 14% dos católicos o fizeram. No total, 80% dos evangélicos/pentecostais iam à igreja pelo menos uma vez por semana, em comparação com 37% dos católicos. Com base nesses números, Smith (2018) estima que o evangélico médio gasta bem mais do dobro do número de horas por ano na igreja do que o católico médio. Além dos dois principais grupos de cristãos considerados neste estudo, a análise inclui uma categoria extremamente diversa de *outras religiões*, incorporando pouco menos de 5% da população brasileira em 2010. Essa categoria inclui dois ramos muito pequenos do cristianismo não protestante, as Testemunhas de Jeová e os Santos dos Últimos Dias, além de outras religiões com maior representatividade do mundo, como o Judaísmo, o Islamismo e o Budismo. A maior proporção de *outros*, no entanto, pertence a religiões sincréticas que são em grande parte criações locais, incluindo o Espiritismo, o Candomblé e a Umbanda. Essas duas últimas religiões de influência africana se desenvolveram em comunidades de escravos e são culturalmente importantes no Brasil, mas sua representação é baixa, em parte porque muitos praticantes também afirmam ser cristãos. Com o crescente poder político dos evangélicos, essas religiões sincréticas têm sido cada vez mais alvos de discriminação por parte dos evangélicos (Phillips, 2015). Finalmente, a taxa de não adesão religiosa vem se elevando lentamente no Brasil. 8% dos entrevistados no censo de 2010 relataram não ter religião. Ainda assim, a esmagadora maioria das pessoas desse grupo diz que acredita em Deus, e algumas até frequentam a igreja regularmente.

Os demógrafos concluem que brasileiros de todas as idades e gerações estão se tornando mais evangélicos e menos católicos (Coutinho; Golgher, 2014; Jacob; Hees; Waniez, 2013). Ainda assim, as mudanças se aceleraram particularmente entre os jovens, o que é um indicador importante. Segundo o Barômetro das Américas de 2007, 65% das pessoas de 16 a 25 anos se identificavam como católicas. Apenas sete anos depois, em 2014, o Barômetro das Américas registrava apenas 51% deles nessa categoria. No ano em que a maioria dos dados apresentados neste livro foi coletada, o catolicismo estava prestes a se tornar uma religião minoritária entre seus jovens adultos. Em 2017, 45% dessa faixa etária se identificavam como católicos, assim como 44% das pessoas de 26 a 35 anos.

Quem escolheu outra afiliação que não o catolicismo? A resposta será útil nos capítulos a seguir, pois procuramos entender como a necessidade de atrair e manter membros afeta o comportamento dos líderes religiosos. A Figura 2 analisa dados das rodadas de 2008, 2010, 2012, 2014 e 2017 do Barômetro das Américas. Ao lado da figura estão as variáveis independentes, ou seja, as características dos indivíduos, seus locais de residência e o ano da pesquisa, as quais podem influenciar a afiliação religiosa relatada por uma pessoa. Todas as variáveis independentes aqui (e ao longo do livro) são codificadas em uma escala de 0 a 1 para facilitar a comparação dos tamanhos relativos dos efeitos de cada variável. Quando o ponto correspondente a cada variável independente está à direita da linha 0, essa variável independente torna mais provável que alguém relate a afiliação religiosa dada, em vez de católica. Quando o ponto está à esquerda da linha 0, é menos provável que eles escolham essa afiliação do que católico. As linhas ao redor do ponto (ou fios de bigode) representam intervalos de confiança de 95%. Quando o intervalo de confiança de 95% não se sobrepõe à linha 0, dizemos que a variável é estatisticamente significativa.

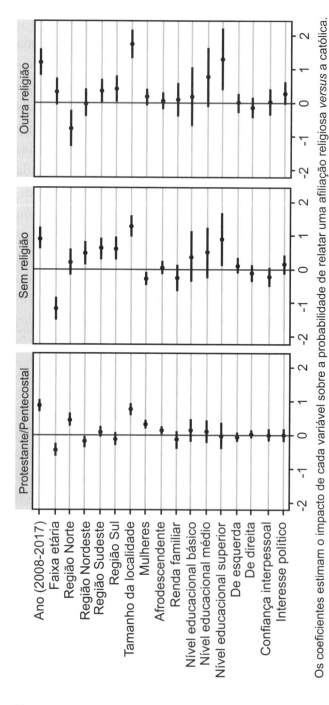

Figura 2 Características dos brasileiros que escolhem afiliações religiosas não católicas

O contexto – localização, tempo e faixa etária – é o fator mais importante que determina quem escolhe uma afiliação religiosa que não seja o catolicismo. A linha superior dos coeficientes na figura mostra que, ao longo desses nove anos, os entrevistados se tornaram muito mais propensos a relatar que, fora a católica, havia três afiliações religiosas. A faixa etária é codificada nas categorias de "16 a 25" a "mais de 65 anos" e depois recodificada para ir de 0 a 1. Os idosos eram menos propensos a dizer que eram protestantes, pentecostais, evangélicos ou não religiosos, em vez de católicos, no entanto, era mais provável que eles fossem membros de outras religiões. A região do país também influencia fortemente a afiliação religiosa. E abandonar o catolicismo é um fenômeno decididamente urbano. As pessoas que vivem em localidades maiores têm muito mais probabilidade de escolher as três afiliações religiosas não católicas do que as pessoas que vivem em áreas pequenas e rurais.

As variáveis inferiores na figura incluem uma série de características demográficas e atitudes pessoais. Essas variáveis têm relativamente pouca importância na determinação de quem abandonou o catolicismo. As mulheres eram um pouco mais propensas do que os homens a escolher o protestantismo, o pentecostalismo e outras religiões em vez do catolicismo, apesar de elas serem menos propensas do que os homens a dizerem que não tinham religião. As pessoas que se identificaram como afrodescendentes tinham uma probabilidade um pouco maior de se identificar como protestantes/pentecostais, não como católicas. A renda familiar não influenciava nessa escolha, mas as pessoas com educação universitária foram um pouco mais propensas a dizer que não eram religiosas ou que eram membros de outra religião. Finalmente, aqueles que abandonaram o catolicismo mantiveram atitudes políticas e sociais semelhantes aos que permaneceram. Identificação ideológica, confiança em outras pessoas e interesse político não importavam muito para a escolha da religião de uma pessoa.

O drama
Ativismo político entre evangélicos e católicos sob o regime democrático do Brasil

Embora evangélicos e católicos estejam presentes no Brasil há séculos, a cortina se abre na história atual em 1986. Dois eventos, ou choques, nas décadas de 1970 e 1980, compõem o cenário. Primeiro, no final dos anos de 1970, uma explosão de criatividade religiosa produziu o neopentecostalismo e levou ao estabelecimento de denominações como a Igreja Universal do Reino de Deus (Iurd). Essa inovação forçou grupos religiosos mais antigos a se adaptarem para competir. Segundo, foi o retorno do Brasil à democracia em 1985, após um regime militar de 21 anos. Embora o Estado brasileiro tenha sido constitucionalmente laico por não haver religião oficial, as condições de competição enfrentadas pelos grupos religiosos eram cada vez mais abertas e relativamente uniformes. No mercado religioso cada vez mais livre do Brasil, as posições políticas que o clero adota e promove são impulsionadas pela competição estratégica entre comunidades católicas e evangélicas por adeptos e recursos financeiros – o que chamo de "almas e dinheiro" no próximo capítulo.

Durante a maior parte de sua história, até a época em que a cortina se abre, os evangélicos do Brasil eram vistos como clientelistas e apolíticos (Burdick, 1993a; Chesnut, 1999; Corten, 1999; A.D. Fonseca, 2014; Garrard-Burnett, 2009; Pierucci e Prandi, 1995; Robbins, 2004; Santos, 2009). Nas décadas de 1980 e 1990, no entanto, um dito evangélico clássico de que "os crentes [evangélicos] não mexem com política" deu lugar a um novo *slogan* político: "Irmão vota em irmão" (Freston, 1993). Os evangélicos emergiram como força política nas eleições de novembro de 1986 para a Assembleia Nacional Constituinte, realizada em 1987-1988 (Bohn, 2007; Freston, 1993; Mariano e Pierucci, 1992; Oro, 2006). A Assembleia Constituinte incluiu 18 representantes pentecostais e 15 evangélicos não pentecostais (de um total de 559), com destaque para a mais antiga e maior denominação pentecostal, a Assembleia de Deus. Essa primeira corte começou a funcionar pela primeira vez como uma bancada evangélica (Frente Parlamentar Evangélica), promovendo os posicionamentos evangélicos (Dantas, 2011). Posteriormente, nos anos de 1990, a Iurd começou a desenvolver um método altamente disciplinado de campanha dentro das congregações, utilizando simbolismo religioso e estratégias eleitorais intensas para maximizar o impacto eleitoral (Conrado, 2001; Oro, 2003a, 2003b).

A trajetória do ativismo político da Igreja Católica no Brasil difere acentuadamente daquela dos grupos evangélicos. Na transição do Brasil para a democracia, o catolicismo era conhecido pelo ativismo político de esquerda. Embora a Conferência Nacional dos Bispos do Brasil inicialmente apoiasse o regime militar, em meados da década de 1970, ela se voltou contra o regime e serviu como a força de oposição mais importante na sociedade civil (Serbin, 2000). Os líderes católicos não apenas fizeram campanha ativamente pela democracia, mas também os padres inspirados na teologia da libertação organizaram Comunidades Eclesiais de Base (CEBs) para promover a consciência política e a organização entre os pobres (Bruneau, 1980, 1982; Gill, 1994, 1998; Mainwaring, 1986). Alguns estudiosos sugerem que esse ativismo foi uma resposta à competição incipiente com os protestantes (Gill, 1994, 1995; Hagopian, 2008). Gill argumenta: "Para impedir que católicos nominais escolham concorrentes, o episcopado defendeu (ou pelo menos tolerou) reformas inovadoras que melhor atendessem a esses indivíduos" (1995, p. 405). Nesse período, a Igreja desenvolveu laços com o PT (Keck, 1992; Mainwaring, 1986; Mir, 2007; Tuñon, 2018).

Após a transição para a democracia, no entanto, a Conferência Nacional dos Bispos do Brasil (CNBB) passou a ficar mais silenciosa. Gill (1995) argumenta que essa transição também foi estimulada pela pressão institucional para reforçar o apoio do Estado às despesas institucionais da Igreja. Os líderes católicos hoje evitam posturas abertamente partidárias. Normas bem aplicadas proíbem o clero de concorrer a cargos e desencorajam a politicagem durante as campanhas, embora as cartas pastorais divulgadas nas paróquias geralmente promovam normas cívicas apartidárias como participação e votação embasada. A Igreja também tem discretamente mantido posições de poder político. Por exemplo, isso tem sido a força orientadora por trás do ecumênico Fórum Nacional Permanente do Ensino Religioso (Fonaper), que defende políticas relacionadas à educação religiosa pública ao abrigo da Constituição de 1988 (L.A. Cunha, 2009).

Linhas de batalha: questões, mas não os partidos

Apenas um pequeno número de questões domina as guerras culturais do Brasil. Gênero e sexualidade talvez sejam os mais proeminentes, como ilustra uma anedota do ativismo evangélico local. Os participantes de dois grupos focais diferentes descreveram o recente esforço de *lobby* das congregações evangélicas contra o já antigo concurso anual *Miss Gay* da cidade de Juiz de Fora. Em 2014, jornais locais anunciaram que o evento havia sido cancelado devido à falta de recursos públicos. No entanto, nos bastidores, congregações e seus pastores desempenharam um papel fundamental. Como um participante disse: "Foi a união de Igrejas evangélicas que impediu Juiz de Fora de se tornar uma cidade *gay*". Outro observou: "Toda a comunidade evangélica orou muito por isso" [FG3, FG4].

No cenário nacional, os currículos das escolas públicas relacionados a gênero e sexualidade estão no topo das agendas. Em 2011, a Presidente Dilma Rousseff foi forçada a cancelar o que os oponentes ridicularizavam como um *kit gay*: um currículo do ensino médio promovendo a tolerância à homossexualidade. Seis anos depois, o Ministério da Educação adotou um novo currículo nacional que, depois de muito *lobby* de todos os lados, acabou por eliminar todas as referências a gênero e sexualidade nas primeiras versões: tanto a linguagem anti-homofobia quanto provisões para educação religiosa sobre gênero e sexualidade (Ferreira e Mariz, 2017). Lideranças religiosas, legisladores e cidadãos também debatem muitas outras questões relacionadas a gênero e sexualidade: desde a legislação contra discursos de ódio até o casamento e adoção por pessoas do mesmo sexo (Dantas, 2011; Vianna, 2015). Como um indicador de crescente intolerância, os assassinatos de indivíduos LGBT atingiram 30%, chegando a uma máxima histórica de 445 entre 2016 e 2017, estando entre os mais altos do mundo (Cowie, 2018; Jacobs, 2016).

O aborto também motiva a participação política de grupos religiosos. Aqui, porém, as visões evangélicas têm sido historicamente mais diversificadas do que as dos católicos. Por exemplo, o Bispo Edir Macedo, fundador e líder da Iurd, apoia o direito ao aborto. Como ele disse a seus biógrafos: "Sim, sou a favor do aborto. A Bíblia também é" (Lemos e Tavolaro, 2007). Essa postura pode explicar parcialmente o apoio de Macedo ao PT entre 2002 e 2014. Entretanto, Macedo é um ponto fora da curva. Até a maioria dos clérigos da Iurd discorda de Macedo. Sobrinho de Macedo, o bispo da Iurd Marcelo Crivella afirmou sua oposição ao aborto em campanhas bem-sucedidas para o senado do estado do Rio de Janeiro em 2002 e 2008 e, em seguida, para prefeito da cidade do Rio de Janeiro em 2016. Crivella também afirmou que abortos fracassados produzem filhos homossexuais (Polêmica Paraíba, 2016)[6]. Enquanto isso, a oposição ao aborto é sólida na Conferência Nacional dos Bispos do Brasil (CNBB). No nível da opinião pública, a postura de Macedo é igualmente excepcional. Menos de um em cada dez cidadãos – menos de um em cada vinte evangélicos e pentecostais – acha que a lei deve ser mais liberal. Além disso, apesar de historicamente haver pouca diferença entre evangélicos e católicos nessa questão, os evangélicos estão rapidamente se tornando mais conservadores[7].

---

6. Outro exemplo do desacordo dos pastores da Iurd com a posição de Macedo é encontrado em CO42.
7. Resultados do Estudo do Painel Eleitoral Brasileiro de 2014. Cf. capítulo 6 para uma discussão mais aprofundada.

Uma terceira questão que polariza regularmente as discussões de grupos religiosos sobre política envolve os papéis e direitos públicos de grupos religiosos (Mariano, 2011; Ranquetat Júnior, 2016). Restrições à evangelização são um estorvo frequente. Como apenas um exemplo, em 2014, o senador federal Magno Malta, um pastor batista, liderou uma investida bem-sucedida contra uma proposta de mudança regulatória que teria proibido Igrejas de fazer proselitismo com participantes de programas de tratamento de drogas com fundos públicos (Malta, 2014). Grupos religiosos também brigam por política tributária. Por exemplo, em 2015, os legisladores evangélicos negociaram com êxito a isenção das Igrejas do controverso imposto do CPMF (Neto, 2015). Enquanto isso, grupos seculares questionam a isenção das Igrejas dos impostos de renda, da previdência social e sobre vendas.

Ao mesmo tempo, os não evangélicos temem cada vez mais ataques de evangélicos. Por exemplo, como prefeito, o Bispo Marcelo Crivella, implementou novas regras de agendamento baseado em evento que os críticos dizem-lhe permitir discriminar eventos de religiões afro-brasileiras. Uma anedota do ativismo evangélico local ilustra a tensão entre grupos. Uma participante do grupo focal evangélico narrou a história da congregação metodista de um amigo em uma cidade diferente. Uma comunidade católica vizinha começou a construir um crucifixo relativamente grande do lado de fora da propriedade deles. A imagem de Jesus na cruz violava as sensibilidades religiosas dos metodistas. Assim, a congregação se organizou para conseguir que a Câmara de Vereadores da cidade impedisse a construção do crucifixo, com o argumento de que seria um risco para o trânsito [FG3].

Além do triunvirato do aborto, homossexualidade e relações Igreja-Estado, outras questões podem se destacar. O ensino sobre evolução pode estar se tornando outra linha divisória no conflito político-religioso, à medida que as ideias criacionistas estão cada vez mais entrando nos currículos das escolas públicas (Oliveira e Cook, 2018). Em maio de 2017, a Universidade Presbiteriana Mackenzie anunciou que abriria um centro de pesquisa promovendo a teoria do *design* inteligente. O apoio veio do *Discovery Institute*, um *think tank* conhecido pelo ativismo antievolução nos Estados Unidos (Demartini, 2017). A abertura desse instituto pode ser um precursor de futuros conflitos religiosos sobre a política educacional.

No entanto, os partidos têm sido, na melhor das hipóteses, coadjuvantes nesses dramas. No nível de massa, a afiliação religiosa é praticamente não correlacionada à afiliação partidária, apesar dos laços do PT com a esquerda católica em seus primeiros anos. Desde 2015, o vínculo antigo entre partidarismo e afiliação religiosa ressurgiu até certo ponto. No meio do escândalo da Operação Lava Jato, o PT perdeu cerca da metade de seu apoio no nível de massa. Com o *impeachment* da Presidente Dilma Rousseff, os evangélicos foram um pouco mais rápidos em pular fora da onda do PT do que católicos e adeptos de outras religiões[8]. Ainda assim, a extrema fraqueza da associação renovada entre católicos e o PT – em 2017 11% dos católicos, mas 7% dos protestantes/evangélicos se identificavam com o partido – apenas ressalta a ausência geral de vínculos entre partidos e grupos religiosos.

---

8. Entre as rodadas do Barômetro das Américas em 2012 e 2017, o apoio ao PT caiu de 17% para 9%.

Apesar da ausência de partidarismo, as posições temáticas influenciam o comportamento eleitoral. A campanha presidencial nacional de 2010 mobilizou comunidades evangélicas e católicas. No último mês da campanha do primeiro turno, surgiram vídeos de uma entrevista em que Dilma Rousseff, a então candidata que liderava as pesquisas, parecia apoiar a descriminalização do aborto. As informações se espalharam rapidamente pela mídia evangélica e católica, sermões, DVDs distribuídos em casas de culto, correntes de e-mails e vídeos do YouTube (Lisboa, 2010; Moraes, 2010). Embora parecesse uma barbada a vitória de Dilma no primeiro turno, ela inesperadamente teve menos do que a maioria dos votos populares, enquanto Marina Silva, um membro renascido em Cristo da Assembleia de Deus, teve uma votação inesperadamente forte, de 19%[9]. A campanha entrou para o segundo turno contra José Serra do Partido da Social Democracia Brasileira (PSDB).

Nas semanas que antecederam a votação, o papa ponderou e pediu aos bispos que instruíssem os católicos a considerarem cuidadosamente as posições dos candidatos em relação ao aborto (Lisboa, 2010). Violando a lei eleitoral, um popular canal de televisão católica transmitiu um sermão pregando o voto contra Dilma (Abril.com, 2010; Borges, 2010). No entanto, outros grupos religiosos – com destaque entre eles, a Iurd – apoiaram Dilma.

Na *Folha Universal*, o jornal semanal da Igreja distribuído em congregações em todo o país, a Iurd acusou a Igreja Cató-

---

9. Resultados da pesquisa de Tracking Vox Populi/Band/iG: Dilma tem 53% dos votos válidos. *Último Segundo*, 02/10/2010.

lica de "tentar interferir" nas eleições e de "participar de uma campanha agressiva e difamatória contra Dilma" (*Folha Universal*, 2010, p. 13). O mesmo jornal continha uma citação em destaque do ex-Presidente Fernando Henrique Cardoso, do PSDB, implicando que seu copartidário Serra poderia estar sujeito a forças malignas sobrenaturais: "O Serra tem uns demônios dentro dele que, às vezes, nem ele mesmo controla" (2010, p. 16)[10]. Com uma chuvarada de declarações de apoio religioso nos dois lados, Dilma se reuniu com os principais líderes religiosos, prometendo não legalizar o aborto (Sant'Anna, 2010). Ela venceu o segundo turno com folga.

Grande parte da análise deste livro é baseada em um estudo de caso das eleições gerais de outubro de 2014. Embora a campanha tenha sido lançada oficialmente em julho, políticos e grupos da sociedade civil entraram em ação em junho. Os meios de comunicação de massa descreveram amplamente as eleições como um divisor de águas para os evangélicos.

No nível legislativo, 2014 registrou um aumento de 47% em relação a 2010 no número de candidatos ao congresso usando títulos indicativos de líderes religiosos evangélicos, como pastor (Tavares, 2014). O sucesso legislativo dos evangélicos foi exemplificado pela eleição de Eduardo Cunha, um membro da denominação Sara Nossa Terra, como presidente da Câmara dos Deputados em janeiro de 2015. No nível presidencial, dois membros evangélicos da Assembleia de Deus eram candidatos: Marina Silva, uma ambientalis-

---

10. Fernando Henrique Cardoso, muito provavelmente, havia usado a palavra demônio metaforicamente, mas os autores desse artigo de jornal da Iurd provavelmente pretendiam que a palavra fosse tomada literalmente, dada a cosmologia da Iurd. Agradecimentos a Taylor Boas por compartilhar esse jornal, que ele encontrou nos arquivos da Universidade de Colúmbia.

ta de esquerda renascida em Cristo, e o pastor conservador Everaldo Dias Pereira. A presidente em exercício Dilma Rousseff permaneceu confortavelmente à frente durante toda a campanha. Fora do primeiro lugar, porém, havia muita volatilidade, estimulada em parte pela trágica morte do candidato socialista Eduardo Campos em um acidente de avião um mês e meio antes da votação do primeiro turno. A evangélica Marina Silva, sua companheira de chapa, rapidamente subiu para o segundo lugar quando o Partido Socialista a confirmou como seu substituto. O candidato Aécio Neves, do PSDB, no entanto, ultrapassou-a nos últimos dias antes da eleição e Marina não conseguiu passar para o segundo turno. Dilma venceu o segundo turno três semanas depois.

A crescente presença política dos evangélicos também foi sentida entre ativistas e eleitores durante a campanha. Líderes religiosos e cidadãos contornaram as regras eleitorais de 2014, que proibiam algumas formas de campanha nas propriedades de Igrejas (Tribunal Superior Eleitoral, 2014). O Tribunal Superior Eleitoral proibiu o uso de alto-falantes ou amplificadores em campanhas a menos de 200m de propriedades de Igrejas "quando [as Igrejas estivessem] em atividade" (Tribunal Superior Eleitoral 2014, p. 205). Além disso, as Igrejas estavam incluídas nos regulamentos que proibiam a "transmissão de publicidade política", como placas, bandeiras ou faixas em "bens de uso comum", como igrejas, parques e ginásios públicos (p. 206)[11]. No entanto, as penalidades por violação eram pequenas ou inexistentes. A

---

11. "Nos bens do poder público [...] de uso comum [...] é vedada a veiculação de propaganda de qualquer natureza, como pichação, inscrição a tinta, fixação de placas, estandartes, faixas e assemelhados."

lei eleitoral estipulava que as Igrejas apanhadas usando alto-falantes ou amplificadores simplesmente seriam obrigadas a desligá-los (Tribunal Superior Eleitoral, 2012). Os flagrados colocando publicidade ilegal teriam 48 horas para removê-la antes de enfrentar uma multa entre R$ 2.000 e R$ 8.000.

No entanto, como em outras eleições recentes, muitos pastores de alto nível declararam seu apoio a vários candidatos na mídia. A mídia também divulgou amplamente campanhas em congregações evangélicas (Mali, 2014). As multas eram pequenas. Os líderes religiosos comunicavam suas preferências tanto de maneira sutil quanto abertamente, e os candidatos correligionários costumavam frequentar os cultos e atividades religiosas. Os evangélicos destacaram a necessidade de eleger correligionários e combater iniciativas legislativas envolvendo direitos de homossexuais e transgêneros que ameacem a família tradicional (S.D. de Souza, 2013; 2014). Ainda assim, a influência evangélica foi dificultada pelo fato de que os evangélicos estavam longe de uma união. Além de muitos apoios a dois candidatos evangélicos, pastores também apoiaram Dilma Rousseff e Aécio Neves.

Conflitos democráticos: 2013 a 2018

À época das eleições de 2014, as bordas do tecido da sociedade brasileira estivessem aparentando desgaste. Um longo período de crescimento econômico sustentado terminou no início de 2010, levando a um crescente pessimismo sobre o PT e insatisfação com a Presidente Dilma Rousseff. Nos chamados Protestos de junho de 2013, cidadãos de todo o país saíram às ruas – muitos pela primeira vez em suas vidas – para se posicionar a favor do financiamento público para serviços sociais e infraestrutura básica e contra grandes projetos de obras públicas em preparação para a Copa do Mundo (Alonso e Mische, 2016; M. Moseley e Layton, 2013). Esses protestos foram marcados pela rejeição de partidos e partidarismo (Alonso e Mische, 2016). Então, no final de 2014, começaram a aparecer indícios do escândalo de corrupção da Operação Lava Jato. Nesse contexto, a presidente em exercício atingiu a linha de chegada em primeiro lugar em outubro de 2014.

No primeiro ano do segundo mandato de Dilma Rousseff, surgiu um movimento do Congresso que objetivava seu *impeachment*. O longo processo político e partidário culminou em procedimentos que duraram sete meses e polarizaram a sociedade civil. Nas ruas da maioria das grandes cidades, petistas vestidos de vermelho protestando contra o que chamavam de golpe da direita colidiam com manifestantes pró-*impeachment* usando as cores da bandeira brasileira. As pessoas que cometeram o erro de usar a cor vermelha sem intenção política às vezes se viram alvo da ira pública. Em abril de 2017, nove meses após a conclusão do *impeachment*, os brasileiros permaneceram altamente polarizados sobre a legitimidade do processo. Nesse mês, o Barômetro das Américas do Lapop perguntou aos brasileiros se eles achavam que isso havia sido justo. As respostas foram bimodais. Mais da metade dos entrevistados atribuiu ao *impeachment* a classificação mais alta ou mais baixa: 21% relataram "1", indicando que discordavam fortemente, e 32% relataram "7", indicando que concordavam firmemente que o *impeachment* havia sido justo. Embora houvesse pequenas diferenças entre grupos religiosos – com os evangélicos, em média, um pouco mais favoráveis ao *impeachment* do que os católicos, e os não religiosos um pouco menos favoráveis – as respostas eram bimodais em todos os grupos religiosos.

Em setembro de 2016, Michel Temer, um dos mentores do processo do *impeachment*, assumiu o cargo de presidente estando já altamente impopular. Em 2017, suas políticas de austeridade fiscal e reformas trabalhistas tornaram-se um incentivo para novos protestos. Em junho de 2017, quando o Barômetro das Américas voltou ao campo e eu revisitei muitas congregações para entrevistas de acompanhamento, os brasileiros haviam passado dois anos em um estado de constante crise política no nível mais alto. O escândalo de corrupção da Operação Lava Jato engoliu uma grande porcentagem de políticos eleitos de todos os partidos. O Brasil, de muitas maneiras, estava um país diferente.

Os problemas democráticos do Brasil podem ser registrados na forma de muitos indicadores quantitativos. Por exemplo, o projeto Variedades da Democracia observou uma queda no Índice de Democracia Liberal do Brasil de 0,78 em uma escala de 0 a 1 em 2014, para 0,57 em 2017[12]. Os índices da *Freedom House* e do *The Economist* também registraram declínios na democracia desde 2015. Enquanto isso, o apoio público à democracia entre os cidadãos brasileiros se desgastou ainda mais rapidamente. Em 2012, 69% dos brasileiros concordaram com a afirmação de que "a democracia pode ter problemas, mas é melhor do que as alternativas" – um nível de apoio que havia sido essencialmente constante em 2007, 2008 e 2010. Em 2014, o apoio à

---

12. Acesse https://www.v–dem.net/en/analysis/

democracia havia caído para 63% e, em 2017, para 52%[13]. Enquanto isso, um índice de percepções dos cidadãos sobre a legitimidade do sistema político caiu de 0,5 em uma escala de 0 a 1 em 2010, para 0,34 em 2017. Níveis de partidarismo em geral e petismo diminuíram em conjunto com a legitimidade da democracia e do sistema político.

Qual o papel das lideranças religiosas, de suas congregações e comunidades e de outros atores religiosos? Eles apoiaram o sistema político? Ou, ao contrário, contribuíram para a lenta e parcial erosão da democracia brasileira? Ao longo do livro, descobriremos que os líderes religiosos desempenharam papéis mistos nesse drama.

Plano do livro

O que desencadeou as guerras culturais do Brasil? E quais são as consequências para a democracia? O próximo capítulo desenvolve uma explicação das causas e consequências das guerras culturais que se concentra no comportamento dos líderes religiosos, concebidos como atores racionais que maximizam uma combinação de objetivos institucionais teológicos e materiais relacionados a recursos financeiros e bases de afiliação. O capítulo 3 descreve a estratégia empírica do livro. Grande parte das evidências vem de estudos quantitativos e qualitativos de cidadãos e lideranças religiosas na cidade de Juiz de Fora, MG. Em

---

13. Os dados sobre apoio à democracia e legitimidade do sistema político são do Barômetro das Américas. No Barômetro das Américas, a legitimidade do sistema político se baseia em respostas a cinco perguntas sobre as percepções dos cidadãos de que os tribunais, instituições e sistema político geralmente protegem direitos básicos (cf. a discussão no apêndice C online).

2008/2009, realizei, para a tese, cinco meses de trabalho de campo nessa cidade durante a campanha eleitoral para a prefeitura, que contava com Margarida Salomão, uma candidata professora universitária lésbica na dianteira, que sofria com a oposição de grupos evangélicos. Voltei à cidade em julho-novembro de 2014 e junho de 2017 para um estudo aprofundado da mobilização nas congregações. Esse trabalho de campo foi ampliado com pesquisas contemporâneas de líderes religiosos no Rio de Janeiro e em Fortaleza. Juiz de Fora já se tornou o foco de vários estudos acadêmicos de influência social, analogamente aos estudos de socialização política dos Estados Unidos focados em South Bend (Baker, Ames e Renno, 2006; A.E. Smith, 2016).

O livro também inclui evidências de estudos nacionalmente representativos de adultos brasileiros feitos pelo Barômetro das Américas, *Pew Forum* e os Estudos do Painel Eleitoral Brasileiro (Brasilian Electoral Panel Studies) de 2010 e 2014 (Ames et al. 2013, 2016), um estudo de painel sobre socialização política em duas cidades entre 2002 e 2006 (Baker, Ames e Renno, 2006); dois estudos experimentais de pesquisa online que coletou amostras do Facebook (Boas e Smith, 2015); e as Pesquisas Legislativas Brasileiras (Brazilian Legislative Surveys) sobre as atitudes dos legisladores (Power e Zucco, 2012). Esses outros conjuntos de dados são introduzidos brevemente nos capítulos em que são usados e mais detalhes são apresentados no apêndice C.

Ao longo do livro, os experimentos de *survey* nos ajudam a entender melhor como funciona a politicagem congregacional. Um corpo de trabalho em rápido crescimento aplica métodos experimentais a questões centrais de religião e política. Os experimentos são melhores que os autorrelatórios das pessoas sobre o que dizem seus líderes religiosos, no sentido em que eles permitem que os pesquisadores clarifiquem potenciais mecanismos que expliquem as correlações observadas, além de poder melhorar a inferência causal. O presente estudo é um dos primeiros a aplicar métodos experimentais de pesquisa para estudar elites religiosas (cf. tb. Calfano e Oldmixon, 2016; Calfano, Michelson e Oldmixon, 2017; Calfano, Oldmixon e Suiter, 2014). Os métodos experimentais são especialmente reveladores no estudo das elites religiosas, porque é particularmente provável que o líder religioso se autocensure, considerando seu papel de liderança.

Por exemplo, embora pouquíssimos líderes religiosos tenham admitido abertamente o declínio da afiliação da sua Igreja, levá-los a pensar na ameaça da concorrência, contudo, afetou a maneira como eles responderam às perguntas subsequentes.

O cerne do livro gira em torno de seis capítulos, descrevendo como as elites religiosas, congregados e políticos constroem as guerras culturais e influenciam a democracia brasileira. A parte II enfoca as ideias e o comportamento dos líderes religiosos. O capítulo 4 examina o que o líder religioso pensa e diz sobre questões políticas, encontrando grandes divergências entre o líder evangélico e católico em uma questão, a sexualidade, e divergências menores em uma ampla variedade de outras questões. O capítulo 5, então, mostra que esse líder religioso discute amplamente normas democráticas neutras relacionadas ao engajamento político. No entanto, eles discutem os candidatos mais moderadamente.

A parte III pergunta: como a política congregacional influencia as atitudes e os comportamentos dos cidadãos? O capítulo 6 conclui que, no nível do cidadão, as diferenças religiosas nas visões políticas são limitadas a gênero, sexualidade e, em uma extensão crescente, o aborto. O capítulo 7 mostra, então, que os frequentadores de igrejas expostos a mensagens cívicas na Igreja têm maior probabilidade de ir às urnas, e que as campanhas do pastor evangélico podem influenciar os eleitores desse ramo religioso. No entanto, a influência do líder religioso está longe de ser automática: a influência é mais forte entre indivíduos e congregações com níveis mais altos de conservadorismo doutrinal. O capítulo 8 demonstra que grupos religiosos têm impactos ambíguos e multivalentes no apego dos congregados à democracia.

Finalmente, a parte IV avalia o impacto na democracia representativa do Brasil. Conforme mostrado no capítulo 9, os legisladores evangélicos melhoram a representação em determinadas áreas da política, uma vez que os legisladores eleitos como um todo geralmente não representam os cidadãos brasileiros em questões como homossexualidade e aborto. No entanto, os legisladores evangélicos se desviam dos interesses dos cidadãos evangélicos em algumas áreas temáticas, promovendo posições conservadoras sobre política econômica e raça que não estão alinhadas com a base evangélica. Nessas áreas, as opiniões dos legisladores evangélicos se assemelham mais às dos pastores. Esses desvios de políticas podem ser facilitados por laços personalistas entre políticos e cidadãos forjados na Igreja, e talvez pelo clientelismo. No entanto, o capítulo final argumenta que, apesar de as guerras culturais do Brasil criarem polarização e pressionarem a política para a direita, elas também podem ajudar a estabilizar a democracia, dando a importantes grupos da sociedade civil uma participação no jogo eleitoral brasileiro.

2
Clérigos, congregados e políticos religiosos

Em 1831, um nobre francês de 26 anos, Alexis de Tocqueville, obteve permissão da coroa francesa para viajar para os Estados Unidos por nove meses, aparentemente para escrever um relatório sobre penitenciárias. Voltando à França, Tocqueville publicou o primeiro grande estudo de caso comparativo de um governo republicano na Era Moderna. Ele argumentava que a religião ajudava a fazer a democracia funcionar. "Quando cheguei aos Estados Unidos", disse ele, "foi o aspecto religioso do país que me mais chamou a atenção. Ao prolongar minha jornada, notei as grandes consequências políticas que surgiram disso" (Tocqueville 2010, p. 479). "A religião", continuou ele, "[...] deve ser considerada como a primeira de suas instituições políticas; pois [...] ela facilita singularmente seu uso da [liberdade]" (p. 475).

No entanto, Tocqueville pensava que as Igrejas apoiavam melhor a democracia quando mantidas fora da disputa eleitoral. Ele alertou que a religião politizada "[...] precisa adotar máximas que são aplicáveis apenas a certos povos. Desse modo, ao aliar-se a um poder político, a religião aumenta seu poder sobre alguns e perde a esperança de reinar sobre todos" (p. 483-484). Ele contrastou os

Estados Unidos com a guerra cultural em curso na França pós-revolucionária:

> Os incrédulos da Europa perseguem os cristãos como a inimigos políticos, em vez de como adversários religiosos; eles odeiam a fé como a opinião de um partido, muito mais do que como uma crença errônea; e é menos o representante de Deus que repelem no padre do que o amigo do poder.

Séculos mais tarde, estudiosos argumentam que o alinhamento entre evangelismo e republicanismo nos Estados Unidos promoveu a rejeição ao cristianismo (Djupe, Neiheisel e Conger, 2018; Margolis, 2016; 2018; Putnam e Campbell, 2012), ao passo que os jovens nos países islâmicos podem ser afastados das versões do Islã politizado endossadas pelo Estado (Wainscott, 2018).

Nas últimas três décadas, as congregações religiosas no Brasil têm desempenhado um papel crescente na política democrática. Por um lado, elas contribuíram para o que Tocqueville chamaria de *morés*, ou hábitos do coração, que promovem a participação cívica e o apoio ao regime democrático. Por outro lado, eles também criaram uma direita ideológica brasileira que não existia anteriormente no sistema partidário. O que leva as guerras culturais a se desenvolverem em determinados tempos e lugares? E quais são as consequências democráticas quando grupos religiosos se envolvem na política? Este capítulo aborda essas questões.

Explicações sobre as guerras culturais no contexto transnacional

O recente período de polarização política e religiosa do Brasil participa de uma onda transnacional. Hunter (1992) argumentou que as guerras culturais nos Estados Unidos foram inicialmente desencadeadas por uma reação contra as mudanças políticas e culturais da década de 1960. Nos últimos cinquenta anos, os ventos da globalização carregaram as sementes das guerras culturais pela maior parte do mundo. Nas décadas de 1960, 1970 e 1980, os avanços científicos e tecnológicos tornaram o aborto e o controle da natalidade mais acessíveis e eficazes em todo o mundo, enquanto os avanços na saúde pública produziram reduções na mortalidade. Essas mudanças, combinadas com outras na estrutura do trabalho, levaram a um declínio na fertilidade, transições demográficas e um aumento da participação das mulheres na força de trabalho. Os estudiosos argumentam que essa reestruturação social provocou alterações em valores fundamentais, especialmente entre os jovens (Flanagan e Lee, 2003; Inglehart, 1990, 1997; Inglehart e Norris, 2003; Norris e Inglehart, 2004). Em parte, como resultado dessas mudanças de valor, surgiram redes globais de ativistas dos direitos dos *gays* e feministas, difundindo estratégias retóricas, globalizando novas normas e divulgando repertórios de contendas. No Brasil, em particular, os movimentos sociais pró-*gays* começaram a se formar no final dos anos de 1970 e 1980, com uma polinização cruzada substancial de redes internacionais (Facchini, 2010; Green, 2015; Green et al., 2010). O movimento brasileiro, por sua vez, contribuiu para a pressão global pelos direitos dos homossexuais quando o Brasil redigiu e defendeu uma resolução intitulada *Direitos Humanos, Orientação Sexual e Identidade de Gênero*, que foi, por fim, vencida na Comissão de Direitos Humanos das Nações Unidas em 2003 (Sampaio, 2016). Na década de 2000, um dos principais objetivos políticos dos ativistas dos direitos dos homossexuais em muitas democracias ocidentais havia se tornado a legalização do casamento entre pessoas do mesmo sexo. O Supremo Tribunal Federal do Brasil legalizou o casamento entre pessoas do mesmo sexo em duas decisões em 2011 e 2013. Em todos esses contextos, o que Hunter (1992) chamou de grupos ortodoxos ou conservadores tiveram uma reação previsível contra mudanças nas estruturas e normas sociais. As guerras culturais surgiram – às vezes – quando as sementes das guerras culturais caíram em certos tipos de solo, onde persistiram bolsões culturalmente importantes de conservadorismo religioso e social.

Ainda assim, a resistência conservadora à mudança não é suficiente para explicar as guerras culturais. Mudanças econômicas, demográficas e culturais ocorreram na maior parte do mundo, e há bolsões de conservadorismo por toda parte. Essa tensão tem produzido esporadicamente extensas alianças de atores políticos e religiosos polarizados por suas respostas a essas mudanças. Uma comparação ilustrativa é aquela entre evangélicos nos Estados Unidos e no Canadá. Embora os evangélicos nos dois países compartilhem atitudes semelhantes em questões como aborto e homossexualidade, foi apenas nos Estados Unidos em que essas posições relativas a questões se tornaram a base de um movimento político. As forças que os estudiosos identificam como produtoras das guerras culturais nos Estados Unidos, mas não no Canadá, variam do sistema partidário e da criação de esquemas por parte de líderes políticos (Ang e Petrocik, 2012; Schwartz e Tatalovich, 2009) até a mobilização de grupos de interesses (Rayside e Wilcox, 2011) e a construção da identidade nacional e de um endogrupo entre congregados e clérigos (Bean, 2014a; 2014b; Bean, Gonzalez e Kaufman, 2008).

O que transforma conflitos culturais latentes ou potenciais em guerras culturais? Uma resposta que apareceu proeminentemente em estudos acerca de países em desenvolvimento se concentrou no ativismo internacional de conservadores originários de países mais ricos (J. Anderson, 2011; Bob, 2012; Kaoma, 2009, 2014; McCrudden, 2015; Oliver, 2012; Stroop, 2016). No entanto, uma ênfase excessiva nesse "direito global" pode subestimar a atuação de atores políticos e religiosos nacionais (J. Anderson, 2011; Offutt, 2015). Como Robbins argumenta,

> o que Stoll (1990, p. 327) chama de visão da teoria da conspiração – que as Igrejas (pentecostais/carismáticas) são amplamente financiadas e influenciadas ideologicamente pela nova direita estadunidense – obteve fraco apoio acadêmico, e os críticos enfatizam que as Igrejas (pentecostais/carismáticas) geralmente são dirigidas por líderes locais, cujas próprias motivações resistem à cooptação (2004, p. 135).

A noção de que as guerras culturais do Brasil possam ter sido conduzidas por atores internacionais simplesmente não é plausível. Grupos tanto progressistas quanto religiosos no Brasil estão inseridos em redes internacionais e, nesse sentido, a Igreja Católica é a instituição transnacional por excelência. No entanto, os principais atores das guerras culturais do Brasil são brasileiros.

Uma explicação muito diferente para o motivo de as guerras culturais terem surgido em algumas democracias, mas não em outras, postula a importância dos partidos políticos (Bornschier, 2010; Engeli, Green-Pedersen e Larsen, 2012; Studlar, 2012; Studlar, Cagossi e Duval, 2013). Na Europa, por exemplo, políticas sobre questões como homossexualidade e aborto avançaram mais rapidamente em uma direção progressiva em países com uma divisão laico-ortodoxa, porque os partidos progressistas tendem a triunfar sobre os confessionais (Engeli, Green-Pedersen e Larsen, 2012, 2013). Essa explicação faz eco a comparações de evangélicos nos Estados Unidos e no Canadá. Estudos nos Estados Unidos mostram que a intensificação da polarização e a ascensão da direita cristã foram motivadas por políticos e partidos. Os cidadãos seguiram as orientações das elites políticas (Fiorina, Abrams e Pope, 2005; Hetherington, 2001; Layman e Carsey, 2002; Layman, Carsey e Horowitz, 2006; Layman e Green, 2006; Mason, 2015, 2018). Hoje, os cidadãos dos Estados Unidos estão polarizados em dois campos partidários, apoiando-se em valores e estruturas distintas (Goren e Chapp, no prelo; Jacoby, 2014; Koleva et al., 2012; Putnam e Campbell, 2011).

Embora a abordagem centrada no partido possa ter um grande apelo para explicar as democracias ricas e estabelecidas onde ela foi desenvolvida, ela também falha em explicar as guerras culturais do Brasil. Um problema são os níveis relativamente baixos de identificação partidária no país. Os partidos não podem socializar cidadãos que não conseguem se identificar com eles. Apesar de Samuels e Zucco (2018) argumentarem que a identificação com partidos no Brasil é mais forte do que se supõe, o partidarismo e o antipartidarismo têm estado amplamente limitados a um partido, o Partido dos Trabalhadores. O PT é o único partido do Brasil para o qual os níveis de partidarismo em massa são aproximadamente proporcionais ao sucesso eleitoral do partido na votação para o Congresso Nacional. O partido ideologicamente difuso do Movimento Democrático Brasileiro (MDB) teve identificação partidária de 3,9%, mas 11,2% dos votos na Câmara dos Deputados, o que significa que a proporção da porcentagem de assentos na câmara e partidarismo em massa foi de 2,9[14]. Entre os partidos de direita e centro-direita, a proporção equivalente de super-representação variou de 4,0 a bem acima de 100,0[15]. Enquanto isso, políticos da "direita envergonhada" tendiam a repudiar as posições ideológicas de seus próprios partidos na era pós-1985, mobilizando os eleitores com base em apelos personalistas e clientelistas, mas não partidários (Ames, 2001; Mainwaring, Meneguello e Power, 2000; Power e Zucco, 2012).

Um segundo problema com a aplicação da abordagem centrada no partido no Brasil é a ausência de fortes alianças entre líderes partidários e religiosos. Apesar da aliança PT-católicos nos primeiros anos do partido (Keck, 1992; Mainwaring, 1986), hoje os líderes católicos evitam posições partidárias públicas ou apoio a candidatos. A Iurd

---

14. A ideologia partidária é estimada de acordo com Power e Zucco (2012). A simpatia no eleitorado é estimada com base no Barômetro das Américas de 2014.

15. O Partido Social Democrata do Brasil (PSDB) teria 2,4% dos entrevistados no Barômetro das Américas, mas obteve 11,4% dos votos (proporção de 4,1). Nenhum outro partido teve mais de 1,0% dos participantes da pesquisa de 2014. Os níveis de identificação partidária para alguns partidos são estimados com base na categoria "Outros" que, no total, receberam apoio de 0,5%. Mesmo que o MDB (então PMDB) seja recodificado como direitista, não mais do que 8% dos entrevistados se identificavam com um partido de direita, mas esses partidos receberam mais da metade dos votos nas eleições legislativas de 2014.

(Igreja Universal do Reino de Deus) também tendeu a apoiar candidatos presidenciais do PT ao longo dos anos 2000, até o partido implodir no escândalo de corrupção da Operação Lava Jato em 2016. Outros líderes evangélicos têm apoiado uma ampla gama de partidos de centro e de direita, com base em critérios personalísticos, e não ideológicos (Dantas, 2011; Freston, 1993; Lisboa, 2010). Atualmente, os líderes evangélicos evitam deliberadamente colocar todos os seus ovos em qualquer cesta partidária que seja, espalhando apoio por todo o espectro político e usando partidos estrategicamente para melhorar a posição política de seus próprios grupos religiosos (Dantas, 2011).

A próxima seção começa a desenvolver uma explicação das guerras culturais do Brasil centrada na figura dos líderes religiosos. O caso brasileiro não é único, contudo, essa abordagem pode iluminar outros contextos de países em desenvolvimento. Por exemplo, estudiosos debatem as causas dos movimentos anti-homossexualidade na África Subsaariana. Um exemplo importante são os projetos de lei de 2009 e 2012 de Uganda, que buscavam criar uma pena de morte *gay*. Esses projetos tiveram aprovação interna muito alta e foram derrotados com a intervenção de ativistas internacionais de direitos humanos. Uma abordagem centrada no partido oferece pouca utilidade teórica para compreender o processo em Uganda, onde o sistema partidário é relativamente novo e com base étnica (Conroy-Krutz, 2013; Conroy-Krutz, Moehler e Aguilar, 2015). Como observa Grossman,

> Uma implicação do sistema partidário fraco prevalecente na África é que [...] os partidos da oposição geralmente não têm [...] a capacidade

necessária para estimular novas dimensões de questões. Em vez disso, eles são mais propensos a reagir a indicações de encarregados ou grupos sociais organizados (2015, p. 341).

Muitos estudiosos debateram se o culpado seria a tradição local, a religião imposta pelos colonos ou outras forças direitistas globais (J. Anderson, 2011; Cheney, 2012; Sadgrove et al., 2012). Entretanto, esse foco nas redes internacionais de cristãos conservadores minimiza a capacidade percebida de grupos locais para aceitar, rejeitar ou reinterpretar mensagens. Por outro lado, o ativismo dos líderes e congregações pentecostais explica melhor os padrões observados (Bompani e Terreni Brown, 2014; Grossman, 2015). Como Grossman argumenta, "a tendência ascendente na questão da relevância dos LGBTs está intimamente relacionada a [...] (1) um rápido crescimento de Igrejas pentecostais, evangélicas e renovadoras relacionadas ou Igrejas cheias do Espírito Santo (fator de demanda) e (2) um processo de democratização que leva ao aumento da competição política (fator de oferta)" (2015, p. 338). Ou seja, é a aliança de religiosos com atores políticos que criou a distinta manifestação da guerra cultural de Uganda.

As guerras culturais impulsionadas pelos líderes religiosos

A abordagem centrada no líder religioso envolve três grupos de atores que, por meio de interações, constroem políticas democráticas: líder religioso, congregados (às vezes simplesmente cidadãos) e políticos. Eu uso o termo *líder religioso* para me referir àqueles ministros ordenados ou que assumem a função de ministro dentro de grupos religiosos, cada um segundo as diretrizes do próprio grupo, incluindo aqueles que não são remunerados ou ordenados. *Membros da comunidade ou fiéis* são cidadãos que frequentam regularmente uma determinada *comunidade religiosa* (ou *congregação*), ou seja, um ou mais líderes religiosos e da comunidade que se reúnem regularmente, entre outras coisas, para discutir ideias religiosas/políticas[16]. Muitas comunidades religiosas pertencem a denominações compostas por dezenas, centenas ou milhares de congregações que compartilham uma estrutura hierárquica de tomada de decisão por meio da qual adotam doutrinas e práticas compartilhadas, bem como uma identidade comum.

O líder religioso toma a iniciativa política. Em um estudo seminal, Verba, Schlozman e Brady (1995) observaram as semelhanças entre igrejas e sindicatos de trabalhadores como fontes de socialização política. Da mesma forma, o líder religioso desempenha papéis análogos aos de chefes sindicais na orientação da opinião dos membros e na intermediação entre políticos e eleitores. Primeiro, o líder religioso assume posições em muitos aspectos da política, mas as normas seculares do grupo religioso às vezes levam o líder à autocensura. Segundo, os membros da comunidade adotam ou resistem às opiniões do seu líder. Terceiro, os fiéis e seus líderes votam em representantes políticos que podem ou não os representar ao compartilhar seus pontos

---

16. Por ser um livro sobre um país, às vezes uso termos derivados de tradições cristãs, como é o caso de igreja, por uma questão de simplicidade e familiaridade. No entanto, pretendo que a abordagem se aplique amplamente, inclusive a instituições religiosas não cristãs. Não deve necessariamente se aplicar a grupos ou clubes locais sem conteúdo religioso.

de vista ou responder às suas demandas políticas. A democracia representativa e as guerras culturais emergem do sistema de interações entre os três atores.

Observadores de religião e política frequentemente pesam a importância relativa de ideias e preocupações materiais para explicar o comportamento do líder religioso. A teologia fornece as respostas mais óbvias. Ao ouvir os líderes religiosos explicarem seu comportamento, pode-se pensar que suas escolhas são respostas diretas aos ditames de textos sagrados ou doutrinas fundamentais. No entanto, essa visão ingênua leva a suposições claramente falsas: de que as tradições religiosas têm abordagens políticas fixas (ao contrário, a variação temporal e geográfica dentro dos grupos é tremenda), ou que as abordagens políticas de diferentes tradições podem ser inerentemente compatíveis ou incompatíveis (em vez disso, o conflito entre grupos é altamente dependente do contexto) (Dowd, 2015; Kuru, 2009).

Então, por que os líderes religiosos adotam ideias e práticas políticas distintas em diferentes épocas e lugares? Os estudiosos costumam notar que as teologias e práticas são socialmente construídas, mas isso não implica que os grupos religiosos poderiam adotar qualquer conjunto de ideias. Talvez uma analogia aproximada da seleção darwiniana ajude. Assim como indivíduos de uma espécie podem exibir milhões de possíveis mutações de características, os líderes religiosos podem gerar uma variedade muito grande de ideias e práticas religiosas e políticas. Todavia, essas novas ideias prosperam apenas se os indivíduos e grupos que as possuírem prosperarem ou as transmitirem a novos indivíduos e grupos. Algumas inovações se espalham mais facilmente do que outras. Algumas ajudam os grupos religiosos a sobreviver e crescer, enquanto outras ainda inibem a sobrevivência das espécies religiosas.

Muitos estudiosos argumentam que preocupações materiais afetam quais inovações teológicas são bem-sucedidas. O que os estudiosos da economia religiosa chamam de abordagens do lado da demanda enfatiza as condições sociais ou as necessidades e demandas dos adeptos de religiões. Como apenas um exemplo, a doutrina de esquerda da Igreja Católica da teologia da libertação pode ter sido uma resposta à intensa pobreza e desigualdade nos países em desenvolvimento. No entanto, essa abordagem leva à questão óbvia de como, em um mundo pluralista, os líderes religiosos se sensibilizam com diferentes bases potenciais cujos interesses estão em desacordo: proprietários de escravos e terras *versus* escravos e camponeses.

Por outro lado, a escola do lado da oferta não se concentra nos consumidores religiosos, mas nas oportunidades e restrições enfrentadas por líderes religiosos e empresários (Finke e Iannaccone, 1993, p. 27). Os fornecedores religiosos adaptam seu comportamento à estrutura de oportunidades criada pelo Estado, às vezes adotando posições de oposição e, em outros momentos, obtendo favores. Gill, por exemplo, argumenta que a virada da Igreja Católica para a esquerda na América Latina nas décadas de 1960 e 1970 não foi uma resposta à pobreza ou à inovação teológica, mas à crescente competição com os protestantes (1994, 1998). Ele também afirma que a virada subsequente da Igreja na América Latina para a direita na década de 1980 foi uma tentativa de sustentar o apoio do Estado a altos custos indiretos relacionados à infraestrutura física e treinamento (Gill, 1995).

A abordagem centrada no Estado provavelmente vai longe demais na outra direção, ignorando o interesse dos membros do clero em abordar as condições sociais que eles enfrentam diariamente em seu trabalho. Trejo traz de volta a abordagem centrada na sociedade, contribuindo com a percepção de que a demanda religiosa influencia os cálculos do lado da oferta (2009, 2014). Ou seja, a competição inter-religiosa por pessoas sentadas nos bancos de igrejas tornou a Igreja Católica suscetível às demandas dos eleitores de que o clero apoie o ativismo pró-pobre e pró-indígena, mas apenas em lugares onde a Igreja realmente enfrentou concorrência[17]. Neste livro, concebo o clero como atores racionais que maximizam os benefícios observados e minimizam os custos observados de suas ações (p. ex., Stark e Bainbridge, 1996). A competição entre religiões e a necessidade de manter e aumentar o número de almas de seu grupo influenciam criticamente o comportamento das lideranças religiosas. Assim, concordo com Trejo no que tange a integração dos lados da oferta e da demanda.

No entanto, uma interpretação ingênua da abordagem do lado da oferta leva a mais problemas, promulgando uma visão do clero como céticos covardes que acreditam que, como disse um crítico, "o paroquiano está sempre certo" (Wilson Quarterly, 2010)[18]. Não suponho que o clero adote crenças políticas oportunisticamente. Mesmo quando o

---

17. Hale argumenta ainda que as paróquias católicas só foram capazes de tirar proveito do aumento do apoio episcopal ao ativismo de esquerda em lugares onde a governança paroquial havia sido descentralizada anteriormente.
18. Esta frase espelha um ditame do mundo dos negócios em Estados Unidos, "O comprador está sempre certo".

clero procura manter a afiliação, ele também mantém visões políticas e teológicas sinceras, mas em evolução, que afetam suas estruturas de incentivo. Assim, compartilho da visão dos estudiosos que argumentam que a teologia política motiva a ação do clero, que ainda é racional, dados os objetivos complexos e às vezes concorrentes (Kuru, 2009; McClendon e Riedl, 2018; Toft, Philpott e Shah, 2011)[19]. Portanto, este livro tece abordagens teológicas juntamente com explicações do lado da oferta e da demanda integradas.

Objetivos do clero: coletar almas

O objetivo *sine qua non* dos líderes religiosos, presume-se, é manter ou aumentar a contagem de "almas" de suas congregações, ou seja, o número de pessoas na comunidade. Em termos práticos, "almas" podem ser julgadas pelo número de corpos quentes nos bancos de igrejas ou pelo número de nomes nos registros de uma paróquia[20]. Algumas comunidades não são viáveis no nível de afiliação atual e precisam crescer, enquanto outras podem prosperar confortavelmente no nível atual. Nenhum líder religioso, porém, deve se sentir confortável com a perda contínua de membros. Na maioria dos contextos cristãos, a taxa de natalidade gira em torno dos níveis de reposição, e a frequência religiosa está diminuindo entre os jovens; portanto, as tendências de-

---

19. Cf. tb. o manuscrito ainda não publicado de Gwyneth H. McClendon e Rachel Beatty Riedl, *From Pews to Politics in Africa and Beyond*, de 2018.
20. Acredito que a maioria dos clérigos se preocupa com o relacionamento de seus seguidores com o transcendente, e não apenas com uma contagem de corpos quentes nos bancos das igrejas. No entanto, a razão pela qual o clero deseja reunir almas não é importante para esta explicação.

mográficas levarão ao declínio da afiliação no caso de falta de esforços combinados. A necessidade de almas inevitavelmente restringe o comportamento do clero.

Secundariamente, as lideranças religiosas precisam de dinheiro – frequentemente, mas nem sempre, coletado de seu próprio número de almas – para apoiar uma ampla gama de propósitos: salários dos clérigos e pastores, infraestrutura física, serviços materiais e espirituais, além da reprodução da afiliação à congregação. Denominações muito grandes e antigas, como a Igreja Católica, têm bolsos mais profundos e maior capacidade de compartilhar recursos entre as comunidades locais, mas também enfrentam o ônus financeiro de manter a infraestrutura histórica, as instalações de treinamento e o pessoal extenso. Nos grupos religiosos, um líder religioso pode se dividir entre responsabilidades pela coleta de almas e dinheiro, mas essas tarefas são onipresentes. Sem almas e dinheiro, as instituições religiosas estabelecidas desaparecem, enquanto os aspirantes a empreendedores são incapazes de estabelecer novos empreendimentos religiosos.

As estratégias para buscar almas e dinheiro dependem da extensão da regulamentação estatal de grupos religiosos. Podemos pensar no laicismo do Estado, definido como a neutralidade dos estados em relação a grupos religiosos, como tendo duas dimensões: a (falta de) apoio/favoritismo a qualquer grupo religioso em detrimento de outros e a (falta de) restrição às atividades dos grupos (Fox, 2015; Kuru, 2009). Com relação à primeira dimensão, os estados laicos, nos termos da Primeira Emenda da Constituição dos Estados Unidos, não estabelecem religiões oficiais. Na ausência do estabelecimento pleno, porém, os estados laicos frequentemente canalizam recursos para grupos religiosos. Com relação à segunda dimensão, os estados laicos e não laicos limitam as habilidades dos grupos religiosos e dos indivíduos de praticar sua fé como quiserem. As restrições são mais severas em estados não laicos e assertivamente laicos, como a França e a Turquia, que buscam manter a religião fora da esfera pública (Kuru, 2008). No entanto, mesmo estados passivamente laicos, como o Brasil ou os Estados Unidos, inevitavelmente impactam grupos religiosos, normalmente por meio de leis que não são direcionadas a religiões. Por exemplo, leis de não discriminação podem afetar a capacidade das congregações de excluir *gays*, enquanto códigos de zoneamento e restrições à emissão de concessões de rádio afetam o crescimento das Igrejas. Essas duas dimensões estão correlacionadas. Os estados que procuram controlar as atividades de grupos religiosos também costumam canalizar recursos financeiros para um ou mais grupos (Fox, 2015).

A extensão da regulamentação estatal do mercado religioso afeta estratégias para coletar almas e dinheiro. Quanto mais o Estado estiver mais próximo da extremidade laica de cada dimensão, mais os líderes se concentrarão nos congregados – consumidores religiosos que controlam suas próprias escolhas religiosas e financiam voluntariamente as congregações. Quanto menos laico é um Estado, mais os líderes religiosos concentram suas energias no Estado em si. Na primeira dimensão do secularismo, os grupos religiosos podem pressionar o Estado em prol de sua própria linha de orçamento ou de leis que exijam educação religiosa nas escolas públicas. Na segunda dimensão do secularismo, os líderes religiosos podem lutar contra políticas que inibam sua capacidade de competir, ou grupos privilegiados podem lutar por restrições a outros grupos. Os estados nunca estão totalmente ausentes dos mercados, incluindo os religiosos. Os estados modernos influenciam os grupos religiosos dentro deles de inúmeras maneiras. Como resultado, mesmo em países relativamente laicos, os grupos religiosos sempre ficam de olho no Estado enquanto competem entre si por almas e dinheiro. Nesse sentido, alguns grupos religiosos pressionam ativamente os Estados a se tornarem menos laicos. Ainda assim, a extensão da laicidade estatal afeta a ênfase relativa dos líderes religiosos sobre o Estado ou a sociedade.

Como o Estado brasileiro é altamente laico, como será detalhado abaixo, este livro se concentra em como o livre-mercado religioso influencia as estratégias de concorrência dos líderes. Em um livre-mercado religioso, os grupos religiosos enfrentam dois desafios na coleta de almas e dinheiro. O primeiro é a concorrência. Dada a exuberância da criatividade religiosa, em lugares e épocas em que existem poucas barreiras para formar novos grupos religiosos, o mercado religioso está em constante mudança. Há uma ascensão de novos empreendimentos religiosos, enquanto outros fracassam e, à medida que novos grupos se formam, eles podem criar uma demanda por produtos religiosos que nunca existiram antes. A imprevisibilidade inerente de um mercado religioso não regulamentado e competitivo exige agilidade de grupos religiosos estabelecidos. No Brasil, a súbita ascensão e o dramático sucesso do neopentecostalismo mudaram o cenário da concorrência para a Igreja Católica e para os líderes protestantes não pentecostais, levando à pentecostalização de ambas as tradições religiosas, ou seja, à ascensão do catolicismo e do protestantismo carismáticos. Além disso, todos os concorrentes religiosos precisam trabalhar para criar demanda para qualquer produto religioso, à medida que o secularismo social cresce e nenhuma das opções acima se torna uma opção cada vez mais popular. Assim, no Brasil, as guerras culturais foram travadas em duas frentes: entre evangélicos e católicos, e entre grupos religiosos e seculares. Em algumas batalhas, evangélicos e católicos têm sido aliados contra uma esquerda laica; em outros, evangélicos e católicos têm sido concorrentes.

Em contextos em que as congregações devem ser amplamente autossustentadas, o segundo desafio é induzir os fiéis a financiarem serviços, ou seja, reunir dinheiro coletando almas. As congregações que buscam angariar dinheiro de seus próprios participantes enfrentam problemas de arrecadação. Hipoteticamente, o líder religioso com perfil empreendedor poderia cobrar a entrada na porta. Por uma questão prática, seria simples o suficiente recusar a entrada das pessoas que não efetuarem pagamento. No entanto, a prioridade de coletar almas, mesmo que sejam não pagantes, complica o cálculo. Como Mancur Olson (1971) observou décadas atrás, direcionar "incentivos seletivos" aos doadores pode estimular contribuições voluntárias. A doutrina da teologia da prosperidade, retratando o dízimo como um investimento financeiro, constitui um incentivo seletivo sobrenatural. Mais comumente, as congregações prestam uma ampla gama de serviços gratuitamente, desde a missa, oração ou culto, até a educação religiosa e a conexão social com outras pessoas na congregação, e convidam os participantes a efetuarem uma retribuição (Falk e Fischbacher, 2006; Gouldner, 1960; Sugden, 1984). Os participantes da

Igreja podem ser mais suscetíveis a pedidos de reciprocidade, pois a religiosidade está associada à cooperação, justiça, confiança e confiabilidade permanentes (L.R. Anderson e Mellor, 2009; Barrios e Gandelman, 2014; Henrich et al., 2010; Migheli, 2016; Tan e Vogel, 2008). Discussões sobre política e questões públicas podem se tornar um componente de uma "marca" que cimenta a lealdade.

Objetivos do líder religioso: crenças teológicas e políticas

Embora os líderes de grupos religiosos devam buscar almas e dinheiro, o padre ou pastor também atribui pacotes complexos de visões teológicas e políticas. Eles incluem crenças sobre forças transcendentes além da divinização dos sentidos humanos, mas também sobre como os seres humanos devem se relacionar com o transcendente e interagir entre si no aqui e agora. Assim, a política não pode se separar do pacote maior. O líder religioso procura transmitir esses pontos de vista aos seus fiéis.

As opiniões do líder político sobre questões políticas lidam com os resultados que os grupos religiosos deveriam defender, desde a restrição do aborto até a investigação da corrupção e a criação de regulamentações ambientais. Três pacotes de questões foram especialmente importantes nas guerras culturais: *questões socioeconômicas*, tais como bem-estar social e intervenção estatal na economia; *tradicionalismo familiar/sexual*, abrangendo aborto, papéis das mulheres, homossexualidade e direitos dos transgêneros; e *relações Igreja-Estado*, incluindo um conjunto diversificado de demandas políticas em relação ao que os grupos religiosos podem e devem fazer, desde políticas tributárias até políticas limitadas de como e quando as Igrejas podem evangelizar. O líder também assume posições em uma diversidade muito ampla de outras questões, como política externa e guerra, meio ambiente e relações raciais. Como suas várias posições geralmente falham em corresponder a locais consistentes em um espectro padrão esquerda-direita, o espaço da questão talvez seja altamente multidimensional. Por simplicidade, limita-se a discussão aqui principalmente às três primeiras dimensões da questão. Mesmo nessas questões, o leque de visões possíveis é palpitante. Por exemplo, os líderes religiosos variam de apoio total à oposição total ao aborto.

As opiniões do líder religioso sobre o *processo político* envolvem atitudes em relação a diferentes ações políticas, desde o voto até invadir a capital e o terrorismo[21]. Elas também podem abordar tipos amplos de regimes (p. ex., apoio à democracia, autoritarismo ou teocracia). As teologias do processo político afetam a maneira como o líder religioso expressa suas opiniões políticas. Por exemplo, em um Estado onde o aborto é legal, os líderes que se opõem ao aborto podem pressionar os autocratas ou legisladores a portas fechadas (Grzymała-Busse, 2015). Eles podem organizar marchas nas ruas ou até mesmo podem não fazer nada. Os ideais de processo político são frequentemente incorporados a teologias abertamente não políticas que lidam com a natureza da agência humana e da sociedade (McClendon e Reidl, 2018).

---

21. É isso que Philpott (2007, 2009) chama de "teologia política".

O que influencia as crenças do líder religioso? Talvez as influências mais importantes incluam uma doutrina disseminada internacionalmente, socialização da infância e treinamento de adultos sobre o que Sandal chama de comunidades epistêmicas (2017; Serbin, 2006). No entanto, as visões também evoluem lentamente em resposta às circunstâncias profissionais. O líder religioso, em denominações hierárquicas, é influenciado e limitado pelas opiniões de seus superiores e pares (Calfano, Michelson e Oldmixon, 2017; Calfano e Oldmixon, 2016). Aqueles cujas ambições estão bloqueadas em uma hierarquia podem mudar de estabelecimento religioso e adotar novas visões (Nielsen, 2017).

Como o líder religioso negocia vários objetivos

Os estudiosos frequentemente debatem a importância relativa de ideias e interesses organizacionais materiais para o comportamento dos líderes religiosos (Levine, 2012). Sustentamos que os dois são importantes. O padre ou o pastor tem algumas opiniões que são relativamente imutáveis devido a restrições profissionais ou convicções pessoais. Ao mesmo tempo, a cultura política e as instituições dominantes, na sociedade em geral e na congregação, restringem e filtram o que o líder religioso é capaz de dizer, sendo que este líder pode não falar sobre política simplesmente porque está focado em outras coisas. No entanto, mesmo quando os líderes religiosos mantêm fortes pontos de vista teológico-políticos, eles raramente se tornam pregadores itinerantes que procuram expor suas crenças a alguém disposto a ouvir.

Quando o líder religioso tem opiniões inegociáveis que potencialmente conflitam com sua responsabilidade de buscar almas e dinheiro, seu comportamento será matizado. Às vezes, eles retiram a ênfase dessas visões, mudando o foco para priorizar outras questões. E, em outras vezes, as ideias influenciam como o líder religioso define seus interesses – elas podem afetar as escolhas dos líderes em busca de interesses organizacionais materiais. Para dar um exemplo, um padre que apoia o aborto perderá sua função ministerial, não importa o quanto uma postura pró-aborto possa atrair os habitantes locais. Um padre hipotético cujos membros da comunidade querem que apoie o aborto pode escolher estratégias de divulgação que ignorem seus eleitores mais fervorosamente pró-aborto.

Os fiéis são a restrição mais imediata sobre o seu líder religioso. Na ausência de autocontrole, o padre ou pastor com visões fora do *mainstream* de sua comunidade pode perder seus próprios rebanhos – suas ideias podem ser "selecionadas" como se num processo darwiniano. O líder pode retirar a ênfase de certas questões quando sentir discordância em relação à sua comunidade, seja entre o líder e os fiéis, ou entre os membros da comunidade. Além disso, em muitas democracias, os cidadãos têm restrições seculares contra os líderes religiosos discutirem publicamente questões políticas em geral. As restrições impostas pelas comunidades ao discurso de seus líderes podem ser especialmente comuns no catolicismo. Como resultado da diversidade social das paróquias católicas, os padres enfrentam a perspectiva de perder membros em duas frentes: para o secularismo e para o evangelismo. A história e o domínio demográfico e cultural contínuo da Igreja Católica também provavelmente tornam alguns cidadãos particularmente cautelosos em relação ao envolvimento da Igreja na política.

Ao mesmo tempo, o engajamento político às vezes pode ajudar o padre ou o pastor a atrair membros. Em alguns lugares, em alguns momentos, certas interpretações da doutrina ganham força rapidamente. Tais forças provavelmente são afetadas pelo papel da seleção individual em comunidades católicas e evangélicas. As congregações evangélicas podem simplesmente atrair indivíduos mais conservadores, dispostos a receber ou aceitar certos tipos de mensagens de seus ministros, e não outros.

Como o líder religioso sabe o que seus fiéis querem? Nos casos da mobilização mexicana que Trejo (2009, 2014) descreve, os atores da sociedade civil disseram ao clero o que eles queriam. Suas demandas abrangentes estavam amplamente relacionadas a políticas socioeconômicas e reconhecimento étnico: por exemplo, apoio da Igreja a cooperativas ou o ensino de línguas indígenas. No caso a ser considerado aqui, no entanto, os cidadãos normalmente não fazem exigências organizadas. Em vez disso, o líder religioso deve supor as opiniões políticas dos eleitores por meio de interações repetidas.

Além dos fiéis, a política estatal também fornece um sistema de oportunidades e ameaças que às vezes inibem o comportamento político dos líderes religiosos, e outras vezes o provocam. Como observado acima, existem duas dimensões do laicismo do Estado: a (falta de) restrição estatal de grupos religiosos; e a (falta de) favoritismo do Estado. Nenhum Estado pode ser perfeitamente neutro o tempo todo, e os grupos religiosos nunca são perfeitamente livres para fazer o que lhes apetece. As políticas inevitavelmente afetam os grupos religiosos de maneira diferente, criando custos e benefícios variados, embora os estados laicos geralmente evitem políticas que visem deliberadamente grupos específicos. A maneira mais óbvia de os estados afetarem a atividade política dos líderes religiosos é restringi-la abertamente. Regimes autoritários não laicos podem realmente proibir alguns ou todos os grupos religiosos de se reunirem, e muito menos de se envolverem na política. Mas mesmo democracias laicas relativamente neutras podem limitar o que o padre ou pastor é capaz de dizer sobre política. Nos Estados Unidos, as regras da Receita Federal (Internal Revenue Service, IRS) que regem a isenção de impostos proíbem a atividade aberta de campanha em Igrejas e comunidades, sob pena de perder o *status* de isenção de impostos – um desincentivo considerável.

O Estado brasileiro é, nos termos de Kuru (2009), "passivamente laico". A Constituição Republicana de 1891 separou legalmente o Estado da Igreja Católica e também estabeleceu o livre-exercício religioso. Ambos os aspectos do laicismo do Estado foram adotados em todas as constituições subsequentes. Desde a transição para a democracia em 1985, aumentou o respeito real pelas liberdades civis, como a liberdade de associação, e as Igrejas protestantes, evangélicas e católicas de hoje competem por almas em condições de igualdade. No conjunto de dados sobre Religião e Estado (RAS2), Fox (2015) codifica o Brasil como "solidariamente laico" no período de 1990 a 2008, o que significa que o Estado "apoia todas as religiões de forma mais ou menos igual"[22]. O Brasil também está codificado nesse conjunto

---

22. Essa citação é do livro de códigos do RAS2. Pode-se acessar www.religionandstate.org para obter o conjunto de dados do RAS2 e a codificação do Brasil.

de dados como tendo uma das 71 possíveis restrições sobre religiões minoritárias, e três dos 56 possíveis regulamentos religiosos. E a Associação de Arquivos de Dados da Religião (Association of Religion Data Archives, Arda) classifica o Brasil como 0,6 na escala de 0 a 10 no Índice de Regulação Governamental da Religião, e 0,7 numa escala de 0 a 10 para Favoritismo do Governo para a Religião, assim como na codificação de Grim e Finke (2006)[23].

Na última década, os observadores têm temido que o secularismo possa estar em perigo. Em 2008, o governo Lula aprovou um tratado com a Santa Sé. A Câmara dos Deputados e o Senado posteriormente ratificaram a concordata no final de 2009. Os patrocinadores da concordata a retrataram como uma ratificação inócua de políticas há muito tempo em vigor, mas grupos da sociedade civil que vão da Associação de Magistrados do Brasil a grupos evangélicos alertaram sobre a violação do laicismo (L.A. Cunha, 2009; *Folha Online*, 2009a, 2009b; Schiavon, 2009; L.M.F. de Souza, 2016). No entanto, ao longo dos anos seguintes, a concordata não parece ter mudado substancialmente o equilíbrio de poder entre católicos e evangélicos.

Como Menchik observa, em todo o mundo, "as organizações religiosas e a autoridade laica do Estado se desenvolveram ao longo do século XX" (2017, p. 11). O que Mayrl (2016) chama de acordo laico de um país – a relação legal entre Igreja e Estado que é fixada em médio prazo – simultaneamente influencia e é influenciada pelo ativismo dos

---

23. Para a codificação de Grim e Finke/Arda, o site www.religionandstate.org é a fonte. Medidas de tensões sociais indicam problemas: o Brasil tem a pontuação 5 numa escala de 0 a 10 para Regulação Social da Religião, ou seja, a presença de tensões sociais e intolerância a grupos religiosos.

líderes religiosos. O alto nível de laicismo do Estado brasileiro permite a maioria das formas de envolvimento religioso na política, enquanto sua neutralidade imperfeita motiva o engajamento. Primeiro, o laicismo brasileiro permite que grupos religiosos com grande latitude participem da política. Toft et al. (2011) argumentam que os grupos religiosos se tornam mais ativos politicamente nos estados laicos, pois não são limitados pela necessidade de obter favores. De fato, o Tribunal Superior Eleitoral publica um código eleitoral antes de cada eleição que normalmente proíbe as Igrejas de se envolverem em muitas formas de campanha pública explícita, mas as penas são pequenas ou inexistentes.

Segundo, o Estado brasileiro controla recursos e políticas que geram conflitos sobre as relações Igreja-Estado, motivando o ativismo das lideranças religiosas. O Estado pode fornecer fundos a grupos religiosos, que pode variar de contratos para programas de tratamento de drogas até apoio a instalações religiosas. A educação religiosa nas escolas públicas tem sido outra questão importante de disputa. Os estudos religiosos ostensivamente não denominacionais foram restabelecidos na constituição de 1934 e replicados nas constituições subsequentes, incluindo a atual constituição de 1988, mas hoje católicos e evangélicos esperam adaptar a educação religiosa para atender a seus próprios objetivos. Além disso, restrições relativamente menores, como a necessidade de licenças de construção e concessão de emissoras de rádio, tornaram-se fontes de agravamento para as congregações evangélicas e pentecostais que desejam crescer (Gaskill, 2002). O líder religioso, em geral, também vê restrições no discurso público, como o uso de megafones em espaços públicos, e na evangelização durante cultos públicos, como limitações à liberdade religiosa. Essas oportunidades, restrições e agravos criados pelo Estado oferecem aos líderes religiosos fortes incentivos para muitas formas de ativismo político, desde defesa legislativa até apoio a candidaturas políticas em grupo.

É provável que uma forma de mensagem política seja universalmente bem recebida por adeptos das religiões e autoridades políticas. Desde a redemocratização na década de 1980, a cultura política brasileira enfatizou a construção da cidadania entre os excluídos historicamente (Baiocchi, 2005; Barros, Bernardes e Macedo, 2015; Morrison, 2010). As elites políticas, da mídia e da sociedade civil divulgam seu apoio à participação e aos princípios democráticos. Os líderes religiosos também veem razões morais e estratégicas para apoiar a ordem democrática. No contexto das eleições, a educação cívica religiosa e não religiosa discute a necessidade de um voto consciente[24]. A votação consciente envolve aparecer nas pesquisas e seguir os procedimentos de votação, ou seja, no contexto da votação eletrônica e do multipartidismo muito alto, digitar corretamente os códigos eleitorais dos candidatos escolhidos (até cinco dígitos em algumas eleições) em uma tela de toque de computador. Mas também implica fazer escolhas embasadas e não clientelistas. Inserido na própria cultura política brasileira, a liderança religiosa adota intuitivamente a linguagem da democracia e da participação. Ao mesmo tempo, a natureza não controversa e consensual das normas de cidadania permite que grupos religiosos que as apoiam sejam vistos como benfeitores desinteressados da sociedade.

---

24. O voto consciente significa, literalmente, um voto atento, com ciência.

Como os fiéis respondem a seus líderes religiosos

Padre Marcelo, um popular padre brasileiro da televisão, certa vez afirmou: "Tenho influência [sobre os eleitores], quer eu queira isso ou não" (Novaes, 2002, p. 72). Ele está certo? Líderes nacionais de grandes denominações buscam regularmente orientar a opinião pública: de epístolas e publicações católicas, a jornais como a *Folha Universal* da Iurd e a *Mensageiro da Paz* da Assembleia de Deus. No entanto, este livro enfoca a influência das elites religiosas locais. O homem ou a mulher no leme do navio é capaz de guiar a tripulação?

Vários aspectos da discussão política nas congregações podem limitar a persuasão dos líderes religiosos (McClendon e Reidl, 2018). Com base no modelo de mudança de opinião de Zaller (1992) "R-A-S" ("Receber-Aceitar-Experimentar", traduzindo do inglês "Receive-Accept-Sample"), o primeiro impedimento potencial à influência envolve a questão de saber se os adeptos de uma religião recebem e entendem as mensagens de seus líderes. Mesmo quando o líder religioso fala sobre política, não há garantias de que os membros de sua comunidade percebam isso. Os fiéis podem estar presentes durante os sermões, mas podem falhar em compreender sua conotação política se não estiverem interessados ou simplesmente não prestarem atenção. O líder religioso pode ter uma atitude e discurso, intencional ou involuntariamente vago, se estiver preocupado com os seguidores irritantes. Quando paroquianos e clérigos discordam desde o início, a necessidade de manter os corpos nos bancos pode desencorajar o clero de expressar opiniões enfaticamente (Novaes, 2002). Assim, espera-se alguma perda nos sinais entre a boca do líder religioso e os ouvidos e o cérebro dos membros da comunidade. Esse será especialmente o caso nas paróquias católicas, onde o clero pode estar menos inclinado a expressar suas opiniões enfaticamente.

Além disso, mesmo quando os fiéis recebem e reconhecem mensagens políticas de seus líderes, pode ser que haja apenas a confirmação de uma identificação com o discurso proferido. Os cidadãos tendem a efetuar uma autosseleção em Igrejas com as quais sejam politicamente compatíveis em questões centrais (Chesnut, 2003b; Novaes, 2002). Ademais, cidadãos e líderes religiosos de uma mesma comunidade religiosa costumam favorecer os mesmos políticos, aqueles identificados com seus grupos religiosos ou que compartilham das mesmas perspectivas religiosas e políticas (Boas, 2014; Boas e Smith, 2015; Campbell, Green e Layman, 2011; McDermott, 2009).

Ainda assim, por vezes, o líder religioso tem oportunidades reais de influência. Quando ele a tem, é provável que a persuasão seja parcial, influenciando algumas atitudes mais fortemente do que outras. Em seu modelo de mudança de opinião, Zaller (1992) observa que os cidadãos estão mais dispostos a aceitar alguns tipos de mensagens da elite do que outros. Em particular, os pontos de vista que as elites compartilham consensualmente têm mais probabilidade de serem persuasivos. Como elites da sociedade civil local altamente confiáveis, os líderes religiosos podem ser bastante influentes quando adotam normas democráticas e participativas ecoadas por uma ampla gama de outras elites.

O líder religioso também comunica informações sobre as posições dos candidatos. Por exemplo, em campanhas religiosas contra Dilma Rousseff no Brasil em 2010, muito esforço foi gasto simplesmente informando o público acerca de suas posições sobre políticas sexuais e reprodutivas. Mensagens diretamente partidárias que pediam a escolha do voto em uma direção ou outra eram em grande parte desnecessárias. Nesses casos, suponho novamente que a comunicação do líder religioso é altamente eficaz. A confiança nos pastores e padres como especialistas locais e autoridades morais provavelmente dará credibilidade às informações presumivelmente factuais que eles disseminam. Além disso, as informações podem ser transmitidas e reforçadas não apenas por meio de sermões, mas indiretamente, em segunda, terceira ou quarta mão, por meio das redes sociais de congregados e fiéis.

Finalmente, estes líderes religiosos podem tentar persuadir os congregados diretamente, transmitindo suas opiniões sobre questões de políticas públicas ou candidatos. O discurso religioso público pode levar os fiéis a considerarem questões e candidatos em estruturas religiosas e em termos de retórica sagrada (Bloom, 2013; Marietta, 2008; Ryan, 2014). Os tópicos relacionados à dimensão do tradicionalismo sexual e familiar e das relações Igreja-Estado devem ser especialmente suscetíveis a esses efeitos de enquadramento (Layman e Green, 2006).

A persuasão provavelmente não será apenas parcial, mas também assimétrica, afetando alguns indivíduos mais fortemente do que outros. Postulamos que duas características afetam a probabilidade de os membros das Igrejas aceitarem as opiniões políticas de seus líderes. Primeiro, normas democráticas laicas poderiam promover resistência à liderança de opinião dos líderes religiosos. Segundo, os fiéis que forem mais doutrinalmente conservadores podem ser mais convincentes (cf., p. ex., Campbell, Green e Monson, 2014). Rink (2017) argumenta que o conservadorismo teológico entre os congregados evangélicos no Peru os torna mais obedientes às mensagens de autoridades, mas especialmente aqueles enquadrados usando molduras teológicas, e não seculares. Os conservadores doutrinais aderem a uma interpretação estrita de sua doutrina e textos religiosos, e estão preocupados com as consequências divinas de se desviar daquilo que entendem ser a resposta religiosamente correta. É provável que esses indivíduos tenham níveis mais altos de autoritarismo e necessidade de fechamento cognitivo (Hetherington e Weiler, 2009). Indivíduos e denominações doutrinalmente conservadores tendem a aderir mais fortemente em suas atitudes e escolhas eleitorais, e são mais propensos a receber indicações do clero.

As implicações democráticas da influência parcial e assimétrica são variadas. Como o clero é relativamente eficaz na transmissão de mensagens consensuais da elite, os líderes religiosos desempenham um papel importante no fortalecimento da participação democrática e da percepção dos cidadãos sobre a legitimidade do sistema político. Essas mensagens da elite podem ajudar a sustentar a democracia no contexto das constantes crises políticas do Brasil. Além disso, se os fiéis seguem algumas indicações, mas ignoram outras, as diferenças de opiniões entre os grupos religiosos vão variar de um tópico para outro. Essa influência parcial pode enfraquecer a polarização, já que membros de grupos religiosos concorrentes compartilham de muitas crenças religiosas e políticas. No entanto, o clero também pode deslegitimar a democracia e o sistema político quando esses transmitirem aos membros de sua Igreja suas próprias queixas contra um sistema político que consideram injusto.

A persuasão assimétrica provavelmente exacerba a polarização. Se os cidadãos que estão mais comprometidos com as normas seculares são menos persuasíveis e os conservadores doutrinais mais ainda, os conservadores tendem a seguir o clero em maior medida do que os liberais. Em última análise, isso poderia levar a crescentes rachas entre grupos religiosos em ideologias e pontos de vista acerca de políticas. Quando reforçadas pela identidade religiosa, essas rachas crescentes podem levar à polarização afetiva, isto é, disparidades crescentes na maneira como os cidadãos se sentem em relação a grupos religiosos e políticos *versus* exogrupos (Iyengar e Westwood, 2015; Mason, 2015; Webster e Abramowitz, 2017). Esse processo também pode levar ao declínio da tolerância pelas liberdades civis dos exogrupos religiosos.

No entanto, a influência política nas Igrejas envolve não apenas a persuasão proveniente do líder religioso, mas também a influência dos fiéis (Bean, 2014b; Djupe e Gilbert, 2003, 2008, 2009; G.A. Smith, 2008; Wald, Owen e Hill, 1988, 1990). Discussões no interior das comunidades sobre política são comuns no Brasil. Antes e depois da missa ou culto, em atividades sociais, almoços, grupos de estudo, aulas sobre habilidades ocupacionais e para a vida, ou atividades voluntárias, congregados evangélicos e membros das comunidades católicas discutem as coisas da vida cotidiana, incluindo, durante uma campanha eleitoral, os eventos políticos importantes (Djupe e Gilbert, 2006, 2009). Os ativistas da campanha também têm como alvo esses grupos. Não apenas os membros são mais fáceis de alcançar, como também podem se tornar agentes persuasivos. Há maior propensão de os evangélicos serem expostos a discussões políticas congregacionais na Igreja do que os católicos, em parte simplesmente como uma função de taxas diferentes de frequência (Gaskill, 2002).

É provável que abordagens internas sobre política exerçam influência. As comunidades religiosas tendem a ser consistentes ao longo do tempo em suas visões políticas e comportamento de voto (p. ex., Alex-Assensoh e Assensoh, 2001; Djupe e Gilbert, 2006; Huckfeldt, Plutzer e Sprague, 1993; Jelen, 1992; Wald, Owen e Hill, 1988). A influência dos fiéis um sobre o outro aumentará substancialmente a influência de seu líder religioso. Ao mesmo tempo, também é provável que a influência assimétrica opere nesse nível, o que significa que as comunidades e as Igrejas doutrinalmente conservadoras podem ter maior probabilidade de serem consistentes do que outras.

Como os políticos respondem às Igrejas

Além dos líderes e adeptos, o terceiro vértice no triângulo representacional são os políticos e representantes eleitos. Assim como concebemos o líder religioso como sendo motivado por ideias e interesses organizacionais, os políticos de base religiosa são motivados a obter cargos públicos e a promover uma agenda de políticas. Alguns também podem ter objetivos de enriquecimento pessoal envolvendo a corrupção. Em teoria, os candidatos e autoridades eleitos com eleitorados religiosos devem responder tanto aos fiéis quanto a seus líderes, uma vez que dependem dos votos de ambos. No entanto, uma vez que os políticos de base religiosa aumentem suas perspectivas eleitorais, suas políticas pessoais ou objetivos de corrupção não exigem responsividade a nenhuma base eleitoral. Na prática, a extensão até a qual os políticos religiosos representam fiéis e líderes religiosos depende do poder eleitoral de cada um.

Algumas características do relacionamento entre líderes religiosos, fiéis e representantes eleitos tenderão a prejudicar os fiéis quando as prioridades de suas questões divergirem das do líder religioso. Primeiro, o papel do líder religioso como intermediário que seleciona e apoia os candidatos do grupo privilegia as agendas dele sobre as de seus seguidores. As Igrejas e seus líderes podem controlar as informações, destacando as posições dos candidatos nas questões centrais em que eles concordam com os seus seguidores – geralmente aquelas relacionadas ao tradicionalismo sexual e familiar ou à liberdade religiosa – enquanto minimizam as questões em que há menos concordância. Isso é consistente com obras sobre política comparada, mostrando como os intermediários eleitorais recebem receita do arranjo representacional (p. ex., Stokes et al., 2013). Segundo, como é provável que os líderes religiosos sejam mais influentes dentro de uma congregação do que outros indivíduos, os candidatos terão fortes incentivos para favorecer os interesses deles. Terceiro, o líder religioso normalmente será mais capaz de monitorar políticos com bases religiosas entre os períodos eleitorais do que os adeptos o serão. Quarto, embora os candidatos possam oferecer pagamentos paralelos clientelísticos ao líder religioso ou a seus fiéis, estes podem ser mais baratos, apesar de esse não ser necessariamente o caso. Pagamentos paralelos podem reduzir o grau de representação substantiva. Assim, os membros de uma Igreja ou comunidade podem acabar bem representados por políticos de base religiosa em questões centrais relacionadas ao tradicionalismo sexual e familiar, no entanto, mal representados em questões não essenciais.

É importante lembrar que o sistema partidário permissivo do Brasil e o sistema de representação proporcional de lista aberta criam as condições básicas que levam os políticos a buscar alianças com as Igrejas e seus líderes. Essas regras geralmente envolvem centenas de candidaturas para eleições legislativas locais, estaduais e federais. A incorporação e a representação política dos evangélicos brasileiros têm paralelos intrigantes com a descrição de Dancygier (2017) da incorporação de imigrantes muçulmanos por parte de britânicos e belgas em enclaves étnicos urbanos. Nos três países, as regras eleitorais incentivam os políticos a satisfazer os eleitores de minorias religiosas inseridas em comunidades fortemente unidas. No entanto, também nos três grupos, os líderes desses enclaves minoritários mantêm preferências políticas substancialmente mais conservadoras do que as de outros membros da comunidade. Por fim, o padrão de incorporação puxa a política em uma direção conservadora.

Resumo

Quais forças produzem a distinta versão brasileira das guerras culturais? E quais são as consequências para a democracia brasileira? Este capítulo descreve o argumento do livro. Começamos considerando duas explicações preponderantes para o motivo pelo qual as guerras culturais surgem em alguns contextos, mas não em outros: a intervenção de atores internacionais e o comportamento das elites partidárias. Nenhuma das abordagens oferece muita força para explicar o caso brasileiro. Por outro lado, uma explicação baseada na liderança religiosa não apenas se encaixa melhor no caso brasileiro, mas também pode prover uma alavanca para entender outros casos no mundo em desenvolvimento, como em Uganda.

Nas guerras culturais conduzidas pelos líderes religiosos, argumentamos que eles mantêm visões políticas sinceras, mas seu comportamento também é influenciado pela necessidade de manter os membros nos bancos de suas igrejas e de reunir os recursos monetários para continuar seu trabalho. Por um lado, o perigo de alienar os fiéis leva o líder religioso a restringir-se a expressar seus pontos de vista. Essa restrição reduz a influência política deste líder e, finalmente, amortece a polarização política entre os cidadãos. Por outro lado, a necessidade de reunir recursos monetários às vezes estimula o ativismo das comunidades religiosas visando a relação com o Estado, uma vez que o Estado brasileiro controla diretamente os recursos e regula as outras atividades orientadas para o crescimento das Igrejas. Como resultado, particularmente nas congregações evangélicas, o pastor seleciona políticos de seu próprio grupo e faz campanha para eles. O fato de líderes religiosos selecionarem candidatos e servirem como intermediários entre candidatos e fiéis privilegia os interesses do líder sobre os dos congregados.

A figura 3 fornece uma representação esquemática das relações entre líderes, seus seguidores e políticos dentro de um grupo religioso. Setas sólidas e unidirecionais representam linhas de influência política, a capacidade de um ator

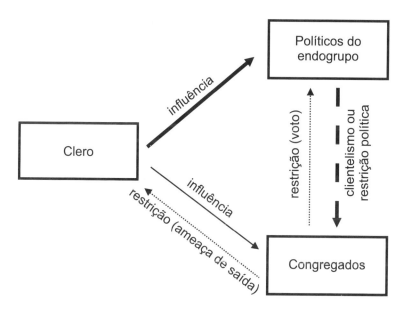

Figura 3 Relações de influência e representação dentro de grupos religiosos

de impor suas preferências políticas e teológicas a outros, seja por persuasão ou por selecionar os indivíduos em questão. As setas unidirecionais tracejadas representam uma restrição, a capacidade de influenciar as ações de outras pessoas realizadas em prol de suas preferências, mas não de influenciá-las. Por causa da restrição que os membros das comunidades impõem a seus líderes, padres e pastores têm uma influência mais forte sobre as opiniões dos políticos do que dos fiéis. Finalmente, fiéis e políticos do grupo estão ligados em um modelo padrão de representação. Os féis votam nos candidatos do grupo, impondo teoricamente alguma restrição a seu comportamento. Por sua vez, espera-se que os políticos retribuam por meio do clientelismo ou da representação de políticas, ou seja, a representação substantiva (Pitkin, 1967), quando eleitos. No entanto, a forte influência política dos líderes religiosos sobre os políticos do grupo os levará a representarem os pontos de vista dos congregados de maneira mais fraca quando os interesses das Igrejas e dos seus membros divergirem.

Assim, nesta abordagem centrada no líder religioso, este pode ser considerado alternativamente intermediário de votos e possível formador de opinião. Por um lado, os pastores evangélicos costumam servir como intermediários ou cabos eleitorais (em inglês, *brokers*) entre políticos e eleitores, ajudando seus políticos escolhidos a fazerem conexões eleitorais. Ao contrário de muitos intermediários eleitorais (p. ex., Stokes et al., 2013), no entanto, o clero tem suas próprias fontes de receita e autoridade, independentemente dos políticos, complicando o relacionamento principal-agente entre o líder religioso e o político. Mesmo em modelos típicos da relação entre político e o cabo eleitoral, este último captura parte das rendas das ligações político--eleitor. Na tríade político-pastor-eleitor, contudo, as fontes de poder independentes do pastor podem permitir que ele capture uma parcela maior das rendas, incluindo não apenas ganhos monetários, mas também políticos. Simultaneamente, o poder do pastor no papel de intermediário pode dificultar a representação da política e dos interesses relevantes dos congregados quando esses se distinguem dos interesses do pastor.

Por outro lado, as Igrejas cristãs frequentemente aumentam a representação, atuando como líder de opinião, orientando as opiniões das massas e das elites do grupo. Em alguns domínios políticos, a socialização religiosa substituiu a liderança de opinião da elite normalmente associada aos partidos políticos. Os limites dessa liderança de opinião, é claro, dependem do poder de persuasão dos líderes religiosos. Tais poderes persuasivos provavelmente variam de acordo com o domínio das políticas, com o clero socializando mais efetivamente os cidadãos em áreas que são logicamente restritas pela doutrina religiosa (Layman e Green, 2006).

3
Métodos e estudos de casos

O que produziu as guerras culturais do Brasil? E como essas guerras culturais afetaram a democracia brasileira? As evidências reunidas para responder a essas perguntas vêm predominantemente de um estudo de caso da eleição presidencial de 2014. A análise baseia-se fortemente em vários estudos de nível nacional: o Estudo do Painel Eleitoral Brasileiro de 2014, representativo nacionalmente, que entrevistou cidadãos de todo o país em sete ondas, de junho a novembro; o Barômetro das Américas de 2014, realizado em abril e representativo de todo o país; e uma pesquisa experimental baseada na internet em setembro de 2014 que recrutou indivíduos usando anúncios do Facebook. Os dados mais inovadores dessa eleição, no entanto, vêm do projeto Igrejas de Norte e Sul: uma coleção de estudos de líderes religiosos e suas Igrejas realizados entre o início de agosto e o final de outubro do mesmo ano. As dez Igrejas em que a equipe de pesquisa realizou um trabalho de campo aprofundado estavam localizadas na cidade de Juiz de Fora, e elas serão descritas abaixo. Além disso, cerca de 200 líderes religiosos católicos, pentecostais e evangélicos foram entrevistados nas cidades de Juiz de Fora e Rio de Janeiro, na região sudeste, assim como mais de 200 ministros evangélicos e pentecostais que participavam de uma conferência de desenvolvimento profissional na cidade de Fortaleza, na região nordeste do país. Os estudos são descritos brevemente abaixo.

O rico estudo de caso de 2014 é complementado com uma ampla gama de dados de Juiz de Fora e do país como um todo, abrangendo o período de 2002 a 2017. Primeiro, voltei a Juiz de Fora em junho de 2017 para entrevistar novamente muitos dos mesmos líderes religiosos (e alguns novos) das Igrejas onde foram realizados estudos de caso aprofundados em 2014. Para um contexto maior, a análise empírica também incorpora dados da eleição local de Juiz de Fora de 2008, das três eleições presidenciais anteriores (2002, 2006 e 2010) e de um estudo experimental de nível nacional realizado durante as eleições locais de 2012. Por fim, o livro baseia-se em pesquisas realizadas fora dos ciclos eleitorais entre cidadãos e legisladores: o Barômetro das Américas de 2007-2017 e as Pesquisas Legislativas Brasileiras de 1990-2013.

Juiz de Fora e o estudo eleitoral local de 2008

Como uma parte considerável das evidências do livro vem de trabalhos de campo realizados em uma cidade, Juiz de Fora, avaliar as evidências exigirá antes conhecer algo sobre essa cidade. Juiz de Fora tem pouco mais de meio milhão de habitantes e fica no populoso estado de Minas Gerais, a cerca de três horas de carro da capital do Rio de Janeiro. A próspera base manufatureira da cidade, sua universidade federal de classificação média e seu forte setor de assistência médica fazem dela um imã para residentes de cidades menores em um raio de cerca de 75 quilômetros. A cidade é um pouco mais branca do que a média brasileira e possui um Índice Municipal de Desenvolvimento Humano relativamente alto. No entanto, é típica das cidades brasileiras de uma maneira importante: os moradores se parecem muito com a população brasileira em geral em termos de afiliação religiosa. As porcentagens identificadas como católicas e evangélicas em 2000 e 2010 estavam dentro de um ponto percentual das porcentagens do Brasil como um todo. A maior diferença entre o perfil religioso de Juiz de Fora e do país como um todo é que Juiz de Fora tem uma parcela um pouco maior de novas religiões não cristãs que tendem a ser voltadas para a classe média, especialmente aquelas que incorporam elementos do cristianismo. Entre elas, destacam-se o Espiritismo, mas também grupos como o Santo Daime.

A cidade também se assemelha ao país como um todo, seguindo as tendências políticas nacionais, com o Partido dos Trabalhadores ganhando nas eleições presidenciais entre 2002 e 2014. Ames e Rojo-Mendoza argumentam que a esquerda fraca da cidade, bem como um MDB forte, mas menos partidário, historicamente levou a baixos níveis de polarização partidária e política altamente personalistas (Ames e Rojo-Mendoza, 2014). Juiz de Fora foi, também, o palco do *Two Cities Study*, um estudo com foco no impacto político de bairros e do contexto social interpessoal (Baker, Ames e Renno, 2006; A.E. Smith, 2016). Este livro e os outros estudos recentes seguem uma longa tradição de estudos de caso aprofundados que examinam o papel do contexto social, concentrando-se na dinâmica social e política em cidades isoladas dos Estados Unidos (Berelson, Lazarsfeld e McPhee, 1954; Huckfeldt, Plutzer e Sprague,

1993; Huckfeldt e Sprague, 1995; Lazarsfeld, Berelson e Gaudet, 1948).

O estudo eleitoral local de Juiz de Fora de 2008

O pleito para a prefeitura de Juiz de Fora em 2008 exemplifica muitos dos temas encontrados ao longo deste livro. Seis candidatos concorreram ao cargo de prefeito nas eleições municipais de 5 de outubro. A candidata favorita era Margarida Salomão, do PT, uma professora de linguística lésbica e ex-reitora da Universidade Federal de Juiz de Fora. Seu rival, o segundo colocado, Custódio Mattos (PSDB), era um ex-prefeito e a escolha da maior parte do *establishment* político local. Embora Margarida tenha conquistado o primeiro lugar no primeiro turno, Custódio conseguiu mudar sua campanha e venceu com uma margem confortável três semanas depois.

A sexualidade de Margarida apareceu com destaque na campanha e estimulou a veemente oposição evangélica. A campanha de Custódio divulgou um anúncio polêmico no Horário Eleitoral Gratuito, mostrando o candidato almoçando com sua família. Esse anúncio foi amplamente interpretado como um soco em Margarida por sua homossexualidade. Ela respondeu publicando um anúncio falando sobre seu relacionamento com o pai e as irmãs, mas o estrago já estava feito. As Igrejas evangélicas também tiveram um papel ativo na oposição a Margarida (Miranda, 2008a, 2008b). O Conselho de Pastores de Juiz de Fora emitiu uma carta às Igrejas-membros apoiando Custódio em parte porque ele era "casado e tinha filhos" e não "prejudicava a família cristã" (Miranda, 2008a). Os pastores-membros foram instruídos a discutir as eleições para prefeito com os paroquianos. Enquanto isso, as Igrejas paroquiais católicas não assumiram uma posição pública na disputa pela prefeitura, embora um grupo de católicos tivesse conseguido aprovar uma lista de candidatos para a Câmara dos Vereadores.

A mobilização eleitoral de grupos religiosos, parcialmente baseada em questões relacionadas a sexualidade, tornou-se cada vez mais comum no Brasil. As campanhas eleitorais presidenciais de 2010 e 2014 foram marcadas pela mobilização católica e protestante relacionada à homossexualidade e ao aborto. A eventual vencedora das duas eleições, Dilma Rousseff, é uma ex-guerrilheira duas vezes divorciada. E a sexualidade dos políticos também tem se destacado em outras eleições para prefeitos. Por exemplo, as eleições municipais de 2008 em São Paulo apresentaram muita controvérsia em torno da orientação sexual de Gilberto Kassab, o vencedor. Há todos os motivos para acreditar que a dinâmica das Igrejas católica e evangélica, neste caso em particular, é típica das outras partes do Brasil na última década.

O capítulo 7 incorpora os dados da pesquisa coletados após essa eleição. Em novembro de 2008, uma equipe de estudantes da Universidade Federal de Juiz de Fora entrevistou 1.089 moradores dessa cidade sobre as eleições locais recentemente concluídas. Os entrevistadores perguntaram sobre comportamento e experiências religiosas como parte de um questionário mais amplo focado em mecanismos de influência social, com base no *Two Cities Study*, recentemente realizado em 2002-2006. Os entrevistados se dividiram por 22 bairros que foram amostrados aleatoriamente para esse estudo anterior, com aproximadamente 50 participantes por bairro.

Projeto das Igrejas de Norte e Sul 2014-2017
A pesquisa com os líderes religiosos

Em agosto e setembro de 2014, uma equipe de pesquisadores entrevistou 425 membros do clero católico e pastores evangélicos e pentecostais nas cidades de Juiz de Fora e Rio de Janeiro e em uma conferência de líderes protestantes em Fortaleza. A entrevista, que demorou de dez a doze minutos, tratou de uma variedade de tópicos: características básicas da comunidade ou congregação; frequência de pregação sobre vários assuntos; frequência de atividades políticas dentro do grupo religioso; e opiniões pessoais dos líderes sobre a legitimidade da democracia e do sistema político. É importante ressaltar que a pesquisa incorporou um experimento que randomizou a ordem das perguntas. Na versão A, uma bateria de quatro perguntas sobre frequência à igreja e concorrência religiosa local foi incluída no início do questionário. A versão B incluiu esses itens no final. Assim, a diferença nas respostas entre as duas versões indica a maneira como as respostas mudam quando o clero é induzido a refletir sobre as pressões de afiliação que suas congregações enfrentam.

A criação de uma amostra verdadeiramente aleatória de líderes provou ser impossível, pois a equipe de pesquisa não encontrou um quadro de amostragem, ou seja, uma lista abrangente de líderes religiosos de onde se poderia amostrar. Com o objetivo de contatar padres, as cidades do Rio de Janeiro e Juiz de Fora foram estratificadas em regiões com base na região geográfica e no *status* socioeconômico, e os assistentes de pesquisa procuraram entrevistar os membros do clero em paróquias de bairros dentro de cada região. Para entrar em contato com os ministros evangélicos, contamos com as listas de associações e os membros contatados nas reuniões da associação. Embora a equipe tenha procurado entrevistar líderes do sexo masculino e feminino de congregações de *status* socioeconômicos variados, distribuídos geograficamente pelas duas cidades, é difícil obter entrevistas com eles. Os participantes da amostra eram voluntários, e ela contou com uma rede de contatos substancial por meio dos funcionários das associações dos líderes religiosos.

Uma conferência dos ministros evangélicos na Região Nordeste do país ofereceu uma oportunidade para melhorar substancialmente o escopo geográfico da amostra e entrevistar um grande número de religiosos em um só lugar. A conferência, organizada pelo Movimento do Discipulado Apostólico (MDA), foi um seminário de desenvolvimento profissional sobre crescimento da Igreja por meio do discipulado e evangelização em "grupos de células". Essa Associação do MDA, paralela a modelos semelhantes de crescimento de Igrejas com base em pequenos grupos nos Estados Unidos, foi fundada por Abe Huber, missionário e presidente/fundador da Igreja da Paz no Brasil. As conferências do MDA são organizadas em todo o Brasil a um custo de inscrição relativamente baixo. Na conferência de três dias, os seminários concentraram-se amplamente em tópicos ostensivamente não partidários relacionados à teologia evangélica e ao crescimento da Igreja, embora os participantes orassem por autoridades eleitas e um orador discursasse sobre justiça social, fome e missões evangélicas.

As entrevistas foram realizadas no segundo e terceiro dias da conferência. Os entrevistadores foram instruídos aleatoriamente a abordar pastores alternados na fila perto da praça de alimentação e da mesa de vendas de livros. Eles receberam uma cota de no mínimo um terço das mulheres e foram instruídos a entrevistar apenas pastoras com crachás que as identificassem como sendo da Região Nordeste. No entanto, a configuração da conferência também impôs trocas. Após um dia de entrevistas, ficou claro que a entrevista presencial era muito longa para a administração em uma conferência (cerca de 12min). Durante a noite, um questionário de tamanho reduzido foi desenvolvido (versão C), incluindo apenas os 12 itens da pesquisa, que seriam os mais importantes teoricamente.

A figura 4 apresenta as características básicas da amostra, bem como o número de entrevistas realizadas em cada componente da amostra. O desenho amostral não tradicional tem desvantagens óbvias, pois não está claro até que ponto o grupo de entrevistados é representativo de todo o Brasil. Para essa questão, não temos um quadro de amostragem ou base de comparação. No entanto, este é, até onde sabemos, o primeiro estudo a examinar as atitudes e o comportamento político dos líderes religiosos brasileiros. Apesar do fato de que os pastores que participam de uma conferência de desenvolvimento profissional provavelmente serem um pouco mais engenhosos e motivados do que a média, no contexto de pequenas congregações evangélicas e pentecostais novas e iniciantes, não conhecemos os motivos pelos quais essa amostra se desviaria da população brasileira de pastores. No geral, a divisão em versão A e versão B ficou levemente desequilibrada pela cidade. Para resolver esse problema, a análise controla o local, o que quer dizer que inclui efeitos fixos para a cidade da entrevista.

Conforme mencionado acima, a pesquisa incluiu várias perguntas sobre a concorrência e as pressões de afiliação. Imediatamente após perguntar aos pastores sobre seus níveis de frequência, os entrevistadores perguntaram se o número de membros frequentes havia aumentado, diminuído ou continuado o mesmo nos últimos dois anos. Em seguida, eles perguntaram: "Qual é a atividade de sua Igreja na realização do evangelismo para tentar convidar novas pessoas para frequentarem a Igreja? Você é muito ativo, relativamente ativo, não muito ativo, ou não tenta recrutar novos membros?" Por fim, perguntaram: "Você se preocupa com o fato de outras Igrejas tentarem atrair membros da sua?" As opções de resposta a esta última pergunta foram "muito", "um pouco" e "nem um pouco". Embora as perguntas sobre níveis de frequência e mudanças tenham sido incluídas em todos os questionários, as perguntas sobre esforços de divulgação e preocupação com a concorrência não foram feitas na versão C.

A figura 4 apresenta respostas a essas perguntas. As tendências relatadas de afiliação foram, em média, bastante positivas, embora implausíveis, dado que a frequência à Igreja é em grande parte um jogo de soma zero. Ou seja, embora a população do Brasil esteja crescendo (embora bem devagar), a porcentagem de pessoas que se identificam como não religiosas também está aumentando lentamente. Como resultado, o aumento da participação de uma congregação geralmente precisará ser acompanhado, pelo menos aproximadamente, pelo declínio da participação de outra congregação. No entanto, apenas sete entrevistados (todos evangélicos ou pentecostais) relataram uma perda recente de membros, 107 relataram estabilidade e

276 relataram crescimento. Dada a baixa taxa de relatos de perda de frequência, o conjunto de barras à esquerda apresenta a proporção de pastores dentro de cada tradição religiosa que relatam que o comparecimento é estável ou está em declínio. Enquanto o clero católico não se mostrou disposto a relatar a perda de membros, eles estavam muito mais propensos a relatar presença estagnada do que os evangélicos e pentecostais. Na medida em que qualquer grupo religioso se sentiria inseguro quanto à afiliação, dados os impressionantes números relatados, esse grupo seria a Igreja Católica.

Tabela 1 Amostra de estatísticas, estudo dos líderes religiosos

	Católico	Evangélico	Pentecostal	Amostra inteira
Total de entrevistas	71	190	164	425
Total do questionário completo	71	119	98	288
Juiz de Fora	44	34	19	97
Rio de Janeiro	27	48	27	102
Fortaleza		37	52	89
Versão C do questionário				
Fortaleza		71	66	137
Proporção de mulheres	0,01*	0.18	0.24	0.17
Média do mandato do clero (anos na congregação)	7.5	8	7	8
Medida da frequência semanal relatada	600	250	300	300

*Uma pesquisa foi conduzida erroneamente com uma líder católica laica que estava auxiliando um padre. Em vez de eliminar os dados, incluímos a entrevista dela.

As barras do meio das faixas apresentam a porcentagem de entrevistados em cada tradição religiosa que afirmam que os esforços de divulgação são "muito ativos". Enquanto 50,5% dos evangélicos e 49,5% dos pentecostais escolheram a resposta máxima, apenas 20,0% dos católicos o fizeram. Nas três tradições religiosas, a maioria dos demais entrevistados disse que sua congregação é "relativamente ativa". Apenas cerca de 20% dos entrevistados em cada grupo relataram que sua congregação "não é muito" ou "nem um pouco" ativa. Os esforços de divulgação estão correlacionados com as mudanças na frequência semanal de 0,38.

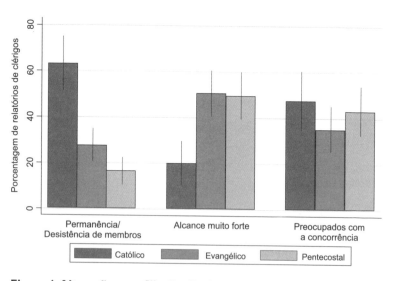

Figura 4 Alterações na afiliação, divulgação e concorrência (respostas de líderes religiosos)

Já o último conjunto de barras apresenta a porcentagem de entrevistados em cada grupo que disseram se preocupar "muito" ou "um pouco" com a competição por membros.

A preocupação relatada não corresponde perfeitamente às medidas mais objetivas. No geral, os níveis de preocupação relatados são relativamente semelhantes nos três grupos, passando de 36,0% para 47,5%. Muito poucos entrevistados católicos e evangélicos relataram altos níveis de preocupação – apenas 4,9% e 5,0% de cada grupo. Por outro lado, 21,6% dos pentecostais relataram altos níveis de preocupação. A preocupação é realmente muito alta em congregações com uma divulgação mais ativa e participação crescente. Por exemplo, 81,5% dos que relataram altos níveis de preocupação também disseram que a frequência estava aumentando, enquanto apenas 47,4% dos que se preocupavam "um pouco" e 63,7% daqueles que se preocupavam "nem um pouco" disseram que a frequência estava aumentando.

Talvez o clero católico tenha falhado em relatar um declínio de frequência dos fiéis porque os católicos que se converteram ao evangelismo não eram de participação frequente. Se o catolicismo estivesse perdendo adeptos apenas em nome, descobriríamos que os frequentadores da Igreja constituíam uma proporção crescente daqueles que se identificam como católicos, levando a níveis crescentes de frequência à Igreja. No entanto, as edições do Barômetro das Américas para 2007-2017 não apresentam alterações nos níveis médios de frequência à Igreja, com exceção de um salto ascendente entre 2007 e 2008, que pode ser o resultado de mudanças nas estratégias de amostragem.

Quais são as características das congregações com alta propensão a crescer, ou seja, aquelas com crescente participação e fortes esforços de divulgação? Não é de surpreender que as congregações pentecostais e evangélicas tenham muito mais chances de ter essas duas características. O mais interessante é que as congregações orientadas para o crescimento têm mais probabilidade de ter líderes do sexo feminino e serem predominantemente da classe média alta. No entanto, grandes congregações têm a mesma probabilidade de serem orientadas para o crescimento do que as pequenas, e a cidade não possui significância estatística depois de se levar em consideração a tradição religiosa.

O estudo congregacional

O trabalho de campo quantitativo e qualitativo também foi realizado em várias igrejas em Juiz de Fora em 2014 e novamente em 2017 para entender o que os participantes pensavam sobre religião e política e como a influência das comunidades (no meio evangélico também denominadas como congregações) é exercida. O trabalho de campo qualitativo teve três componentes. No primeiro, entre o final de julho e o início de novembro de 2014, foi feita uma observação participante em congregações evangélicas e católicas por toda a cidade. A análise é baseada em anotações de campo – variando de resumos de cultos, sermões e mensagens da escola dominical a descrições das propriedades físicas das congregações – de onze congregações evangélicas e pentecostais e cinco comunidades católicas ou comunidades de oração carismáticas.

No segundo, foram conduzidas, também, muitas entrevistas qualitativas informais e abertas com líderes, realizadas em 2014 e 2017. Nas novas entrevistas de 2017, procurou-se entender como as Igrejas haviam lidado com a série de crises políticas e econômicas pelas quais o país passava desde as eleições de 2014: o *impeachment* da presidente que havia sido eleita naquele pleito, o escândalo de corrupção da Operação Lava-Jato, a implicação do Presidente Michel Temer nesse escândalo e a recessão econômica.

No terceiro, em outubro de 2014, entre as eleições do primeiro e segundo turnos, a equipe de pesquisa conduziu sete grupos focais: dois em locais católicos (uma comunidade paroquial e um grupo de oração), quatro em locais evangélicos e pentecostais e uma em uma sala de aula na Universidade Federal de Juiz de Fora, com jovens identificados como não religiosos, recrutados por meio de anúncios na comunidade. Um dos três grupos de evangélicos/pentecostais era composto não por congregados, mas pelos pastores pentecostais de pequenas congregações afiliadas. A programação com os grupos focais envolveu dar a cada participante uma lista com dez pequenas cenas fictícias sobre relação política congregacional na cidade também fictícia de Bela Vista (apêndice B). Ao discutir essas curtas cenas, os participantes revelaram suas normas e suas experiências reais. Para grupos focais realizados em congregações, fornecemos lanches, mas nenhuma compensação. Uma taxa nominal foi paga aos participantes do grupo focal não religioso por sua participação. Foram analisadas as transcrições anotadas de cada grupo focal desenvolvidas por um dos assistentes de pesquisa que estava presente em todos os grupos. O apêndice A lista as observações feitas na Igreja e os grupos focais, com nomes anonimizados e breves descrições das respectivas congregações.

Além disso, a equipe de pesquisa realizou 850 entrevistas quantitativas: 433 com membros de comunidades em nove locais e 417 com pessoas em locais comunitários próximos. Um dos locais religiosos era uma comunidade católica carismática muito pequena, com menos de vinte membros, dos quais pudemos entrevistar sete. Devido ao pequeno número de entrevistados dessa comunidade, essas entrevistas foram excluídas da maior parte da análise, embora os resultados sejam discutidos no texto do capítulo 6. As oito comunidades restantes representam tradições variadas dentro do catolicismo, evangelismo e pentecostalismo, bem como bairros de diferentes níveis socioeconômicos. A amostra quantitativa da entrevista inclui três paróquias católicas – uma em um bairro de classe alta, uma num de classe trabalhadora e a outra num de baixa renda – e uma comunidade católica carismática que atende à classe trabalhadora. Além disso, ela inclui duas congregações evangélicas tradicionais e duas pentecostais de perfis de classe média alta e da classe trabalhadora. Onde possível, comunidades católicas e evangélicas/pentecostais foram selecionadas nos mesmos bairros, embora várias fossem localizadas no centro da cidade, atraindo participantes de toda a cidade[25]. Foram realizadas entrevistas quantitativas na saída das igrejas com aproximadamente cinquenta participantes de cultos em cada uma. Os entrevistadores usaram cotas de gênero e foram instruídos a abordar cada segunda pessoa que saía. Além disso, para avaliar até que ponto a socialização nas Igrejas impõe restrições além das encontradas na população em geral, também foram realizadas entrevistas em cinco locais próximos às igrejas: quatro clínicas de saúde pública e, para capturar cidadãos de alta renda que usam

---

25. Para mais exatidão, os bairros definidos pelo IBGE: Centro, Morro da Glória e São Mateus.

fornecedores de saúde privados, um *shopping center* que atende à classe média alta.

Os dados comunitários têm duas grandes limitações em termos de representatividade. Primeiro, uma amostra desse tamanho não pode ser considerada representativa de toda a população de Igrejas e comunidades em todo o país ou mesmo dentro de uma cidade. Ainda assim, embora a amostragem aleatória de uma grande amostra de grupos religiosos fosse o ideal, as comunidades estudadas foram deliberadamente selecionadas para representar uma variedade diversa de abordagens religiosas, tamanhos das comunidades, níveis socioeconômicos e, com base em conversas com especialistas acadêmicos locais, níveis de ativismo político. Ou seja, a amostra necessariamente limitada de casos foi estratificada implicitamente com base no *status* socioeconômico e na afiliação religiosa, e foi selecionada para maior variância nas variáveis independentes e dependentes (Geddes, 2003; King, Keohane e Verba, 1994).

Segundo, as pessoas entrevistadas na igreja tendem a tipificar aquelas que a frequentam. As pessoas encontradas em grupos focais na igreja tendem a ser os tipos de pessoas que estão dispostas a permanecer após o culto/a missa, ou mesmo voltam durante a semana a convite de uma pesquisadora americana amigável. Geralmente, os níveis de frequência à Igreja são altos no Brasil, mas devemos presumir que esses níveis são relatados em excesso devido ao viés de desejabilidade social. No entanto, os entrevistados da pesquisa congregacional deram evidências comportamentais concretas de sua vontade de participar. Como resultado dessa segunda limitação, não se pode supor que os dados congregacionais sejam representativos da população em geral, mesmo da população de cada grupo religioso da cidade de Juiz de Fora. Para abordar essa limitação, foram utilizadas pesquisas representativas em nível nacional, bem como um estudo representativo em nível local da cidade de Juiz de Fora em 2008, para extrair inferências mais gerais. Também foram usados dois estudos baseados na internet, em nível nacional, mas não representativos, nos quais os entrevistados foram recrutados por meio de anúncios no Facebook para examinar os mecanismos de influência experimentalmente. Por outro lado, os dados dos fiéis das Igrejas servem a dois propósitos. Primeiro, eles nos permitem examinar a diversidade interna, bem como as diferenças entre as comunidades dentro de uma denominação. Segundo, os dados quantitativos podem ser mesclados com entrevistas dos líderes de sete das oito comunidades estudadas para examinar a interação entre o líder e seus adeptos.

As comunidades mencionadas na análise quantitativa são as seguintes. Observe que os nomes das comunidades são anônimos e não estão vinculados aos nomes usados nas observações qualitativas relatadas no apêndice A e em todo o texto com o objetivo de manter a confidencialidade dos entrevistados.

- "Local católico 1": uma paróquia em um bairro de baixa renda, com uma frequência semanal de cerca de 1.800 a 2.000 fiéis.
- "Local católico 2": uma paróquia em um bairro de classe média alta com uma frequência semanal de cerca de 1.000 fiéis.
- "Local católico 3": uma paróquia em um bairro da classe trabalhadora com um único padre que atende a

duas paróquias e com uma frequência semanal de cerca de 150 fiéis.

• "Local católico 4": uma comunidade católica carismática com uma frequência semanal estimada em mais de 1.000 fiéis.

• "Local evangélico 1": uma grande congregação evangélica de classe média pertencente a uma denominação protestante histórica, com frequência semanal entre 2.000 e 2.500 fiéis.

• "Local evangélico 2": uma pequena congregação evangélica de baixa renda, localizada em ponto comercial pertencente a uma denominação protestante histórica, com frequência semanal inferior a 100 fiéis.

• "Local pentecostal 1": uma congregação pentecostal de renda mista com participação semanal de 350 a 400 fiéis.

• "Local pentecostal 2": uma congregação neopentecostal de baixa renda com participação semanal de cerca de 2.000 fiéis.

A figura 5 contém, ainda, os locais do trabalho de campo quantitativo, apresentando algumas crenças religiosas básicas nos locais religiosos e comunitários. A metade superior da figura apresenta visões sobre a natureza da Bíblia: se é "um livro antigo escrito por homens", "a palavra inspirada por Deus" ou "a verdadeira palavra de Deus a ser literalmente interpretada". Os níveis de literalismo bíblico variaram dramaticamente entre os locais religiosos, de 38,8% em um local evangélico protestante a 66,7% em um local pentecostal. Embora seja difícil detectar padrões

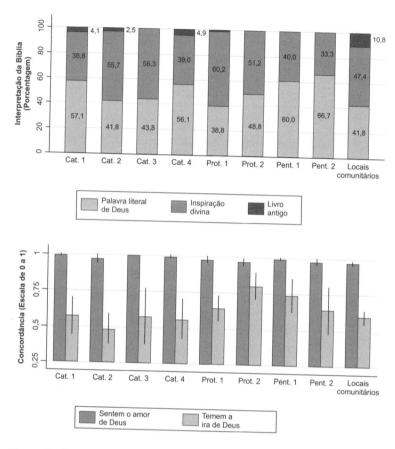

Figura 5 Crenças religiosas essenciais nos locais do estudo quantitativo congregacional

nesta pequena amostra de congregações, os níveis de literalismo bíblico parecem ser mais altos nos locais pentecostais e mais baixos nas comunidades católicas de classe média. De fato, na análise multivariada das entrevistas locais e da comunidade em nível individual, o literalismo bíblico é menor entre os entrevistados de alta renda e mais alto entre os evangélicos e os pentecostais. Proporções desprezíveis de entrevistados em qualquer local religioso disseram que a

Bíblia é "um livro antigo escrito por homens". Nos quatro locais evangélicos, apenas um entrevistado escolheu essa resposta, enquanto seis entrevistados em locais católicos o fizeram. Por outro lado, cerca de um em cada dez entrevistados em locais da comunidade escolheu essa opção.

A pesquisa também perguntou aos entrevistados até que ponto eles concordavam ou discordavam em uma escala de cinco pontos (ou seja, uma escala que vai de "discordo totalmente" a "concordo totalmente") que "frequentemente sinto o amor de Deus" e "frequentemente temo a ira de Deus". A crença em uma presença divina punitiva ou colérica pode afetar o comportamento de uma maneira muito diferente da crença em uma divindade que é amorosa, mas não colérica (Shariff e Rhemtulla, 2012). As respostas a cada uma dessas perguntas são convertidas em uma escala de 0 a 1; portanto, uma pontuação 0 corresponde a "discordo plenamente", 0,25 a "discordo", 0,5 a "não concordo, nem discordo", 0,75 a "concordo" e 1 para "concordo plenamente". A metade inferior da figura 5 apresenta o nível médio de concordância com essas duas declarações em cada local. Se a média de um local estiver, em termos estatísticos, significativamente acima de 0,5, conforme indicado pelos fios de bigode correspondentes aos intervalos de confiança. Isso indica que a pessoa média nesse local concorda (pelo menos um pouco) com a afirmação em questão. Os níveis médios de concordância com a afirmação de que "frequentemente sinto o amor de Deus" são extremamente altos em todos os locais. De fato, mesmo entre os entrevistados não religiosos, o nível médio de concordância com essa afirmação foi de 0,91. Os locais variam muito na medida em que os participantes dizem que temem a ira de Deus. Nos quatro locais católicos, a média é estatisticamente indistinguível de 0,5 ou neutra. Por outro lado, em três dos quatro locais evangélicos/pentecostais, a média está significativamente acima do ponto neutro.

Resumo

Este capítulo começou a introduzir os estudos empíricos que ocuparão a maior parte do restante deste livro. Muitos dos dados deste livro vêm de uma série de estudos realizados na cidade de Juiz de Fora, uma cidade de tamanho médio na região sudeste que é amplamente representativa das principais tendências religiosas e políticas do país. Os estudos em Juiz de Fora incluem uma pesquisa baseada em bairros compreendendo as eleições locais de 2008, um estudo baseado em congregações da campanha presidencial de 2014, além de novas entrevistas em 2017 com os membros do clero que haviam sido entrevistados em 2014. Após descrever esses estudos, este capítulo apresentou dados quantitativos sobre as características da amostra como preparação para a análise futura.

Além dos estudos descritos neste capítulo, a análise incorporará muitos outros estudos em nível nacional que serão introduzidos nos capítulos apropriados. Estratégias de codificação das variáveis e de amostragem também são descritas em mais detalhes na seção de apêndices.

Parte II

O que o clero pensa, diz e faz

4
O que o clero pensa e diz: ensinamentos religiosos e opiniões políticas

O que as lideranças religiosas, sejam os católicos ou os evangélicos dizem a seus rebanhos sobre questões políticas contemporâneas e a democracia brasileira? Mergulhando nos dados do estudo de 2014, este capítulo se concentra nos ensinamentos destas lideranças com respeito a questões políticas, como homossexualidade e aborto, assim como em suas visões da democracia e da justiça do sistema político. O capítulo 5 investiga o discurso dos líderes religiosos com respeito às eleições e à participação eleitoral.

Não é de surpreender que os clérigos tenham opiniões diferentes. O estudo revela diferenças muito grandes entre católicos e evangélicos quanto à prioridade dada a uma única questão: a homossexualidade. Como veremos nos capítulos 6 e 9, a aceitabilidade da homossexualidade e do casamento entre pessoas do mesmo sexo constitui a única questão política que vincula as opiniões dos cidadãos evangélicos às de suas elites do endogrupo no púlpito e no Congresso. Além dessa questão, os clérigos católicos e os pastores evangélicos também diferem, embora de maneira menos marcante e firme, em suas posições sobre um grupo mais amplo de ensinamentos religiosos doutrinalmente conservadores. Entre as questões de políticas em que o clero católico e os pastores evangélicos diferem estão: raça, meio ambiente e política econômica.

Segundo, em contraste às diferenças religiosas nas visões políticas, o clero católico e os pastores evangélicos quase universalmente apoiam a democracia como um tipo de regime. O apoio sólido dos líderes religiosos à democracia é particularmente impressionante quando comparado à ambivalência entre os cidadãos. Ao mesmo tempo, esses líderes professam níveis muito variados de tolerância *interna* (intracongregacional) e *externa* (da sociedade) à diversidade de opiniões. Embora as atitudes democráticas sejam de interesse em si mesmas, mostraremos que elas também influenciam outros comportamentos políticos dos líderes religiosos, com profundas consequências a jusante.

Terceiro, existem grandes diferenças entre grupos religiosos nos agravos contra o atual sistema político brasileiro. Enquanto o clero católico acredita predominantemente que o Estado é neutro em relação ao seu grupo, uma minoria substancial dos ministros evangélicos acredita que a presidente atual da época e as leis do país são tendenciosas contra eles. A percepção do tratamento justo é muito importante. Líderes que pensam que o sistema não trata seu grupo de maneira justa tendem a ver o sistema político em geral como menos legítimo.

O que motiva o discurso religioso sobre questões políticas? Os ensinamentos políticos proferidos pelas autoridades religiosas, defendemos neste e no próximo capítulo, são conduzidos por três fatores. Primeiro: as atitudes democráticas. No capítulo 8, descobriremos que os compromissos democráticos firmemente enraizados e compartilhados pelos líderes religiosos brasileiros fortalecem a democracia à medida que pastores e padres transmitem suas atitudes aos seus seguidores. Entretanto, este capítulo mostra que a intolerância política agrava a percepção de alguns líderes de que o sistema político é injusto – particularmente o clero evangélico. Além disso, a intolerância também acanha o apoio à participação política (cf. capítulo 5).

Segundo: considerações institucionais são importantes. Um novo experimento de pesquisa que conduzimos revela que o objetivo de angariar almas afeta o que dizem os líderes religiosos. Provavelmente porque eles realmente experimentam um nível de comparecimento cada vez menor em suas igrejas, o clero católico é particularmente sensível a lembretes (*primes*) de pesquisas-experimentais das pressões de afiliação que suas paróquias enfrentam. Os padres se tornam menos conservadores em relação à moral sexual e à família quando lembrados da ameaça da perda de membros. Os ministros evangélicos, por outro lado, persistem em falar sobre posições conservadoras, mesmo quando lembrado das pressões da concorrência. No entanto, como veremos no próximo capítulo, as pressões institucionais influenciam a defesa evangélica e católica da participação política.

Terceiro: as visões políticas das lideranças religiosas estão intimamente ligadas às suas perspectivas teológicas. O conservadorismo político dos evangélicos, por exemplo, está ligado a fortes e longas tradições de *conservadorismo doutrinal* – tradições que também estão correlacionadas a uma menor tolerância interna e externa. Esse conjunto de posições teológicas também motiva os agravos do clero contra o sistema político e, como veremos no próximo capítulo, motiva a política advinda do púlpito.

Três cenas

1) Em agosto de 2014, cerca de setenta ministros estavam presentes na reunião mensal do Conselho de Pastores de Juiz de Fora na Comunidade Manancial, uma Igreja evangélica no bairro Progresso. O espaço de culto, como o de muitas Igrejas evangélicas, é um salão sem adornos, semelhante a um armazém, com paredes de blocos de concreto pintadas de branco e tetos altos, um retângulo oblongo com um palco na extremidade mais distante da entrada da rua. Duas horas e meia passadas do início a reunião mensal, depois de termos tomado o café da manhã, orarmos e cantarmos juntos, o palestrante subiu ao palco: Pastor Osésa Rodrigues, presidente de um pequeno partido evangélico nacional, o Partido Cristão Liberal. O Pastor Osésa era um visitante vindo do Distrito Federal. Em seu sermão de uma hora, o pastor listou as ameaças atuais às Igrejas evangélicas, tanto políticas quanto sociais. O movimento LGBT se assomava como um vilão. O movimento, disse ele, queria incluir "novos gêneros" nos currículos das escolas públicas. Eles estavam enviando casais *gays* para igrejas evangélicas, em um esforço para levá-las à justiça por discriminação quando rejeitassem esses casais. O movimento LGBT queria acabar com a ideia de Deus no Brasil e eliminar o "Dia das Mães" e o "Dia dos Pais" em favor do "Dia do Cuidador". O Pastor Osésa exortou o clero reunido lá a trabalhar com as associações de pais e mestres para combater a ameaça LGBT [CO3; discussões semelhantes sobre a ameaça LGBT e o "Dia do Cuidador" em CO1 e CO33].

2) Alguns meses depois, meus assistentes de pesquisa e eu estávamos sentados em uma pequena quitinete em um bairro pobre, conversando com vários membros da comunidade de oração católica Discípulos do Amor. José Luiz, líder e fundador do grupo, explicou que "as pessoas à margem da sociedade são nossos irmãos". Descrevendo seu próprio passado difícil, ele nos disse: "Por um complexo [psicológico], eu me excluí [...]. As pessoas chamam um filho de Deus de 'vagabundo', 'prostituta', mas ninguém estende a mão para ajudar essa pessoa". Passando a falar sobre legislação relacionada ao movimento LGBT, José Luiz opinou, dizendo: "Até onde eu saiba, e pelo que eu entendo de Jesus Cristo, isso não importa. Se eu estivesse lá [no governo], não aprovaria ou bloquearia isso". A comunidade aceita os *gays*: "Nossa regra para a vida, nosso estatuto – incluímos os excluídos". Ainda assim, disse ele, a homossexualidade é um pecado – um estilo de vida que deve ser abandonado – mas a Igreja "não pode ser moralista" [FG2].

3) Em meados de setembro de 2014, a Comunidade Resgate, uma comunidade religiosa católica carismática, trouxe Gloria Polo para falar com uma plateia de vários milhares de pessoas nas instalações rurais da comunidade nos arredores de Juiz de Fora. Polo é uma ortodontista colombiana que foi atingida por um raio em 1995 e teve uma experiência de quase morte na qual ela diz que viu o Céu e o Inferno e foi forçada a enfrentar seus pecados. Depois de voltar à vida, ela teve um despertar religioso e tornou-se mundialmente famosa por pregar o arrependimento católico. Enquanto Polo falava conosco naque-

le sábado empoeirado sob um grande toldo ao ar livre, a ameaça do diabo pairava como uma sombra sobre nós. O diabo, ela disse, tem as garras fincadas nos jovens que jogam videogame, fazem tatuagens e são desrespeitosos com os pais. É o diabo que incentiva os jovens a acreditarem que os preservativos protegerão contra a gravidez. Ele promove essa mentira porque ele precisa do sacrifício de sangue de bebês abortados – um sacrifício assistido por médicos que atuam como sacerdotes demoníacos. "Os governos são demônios mentirosos" quando dizem que o aborto é um direito da mulher, ela nos disse [CO12].

Ensinamentos: questões religiosas e políticas

O que os líderes religiosos dizem a seus seguidores sobre questões de políticas, variando desde o casamento entre pessoas do mesmo sexo e o aborto até o cuidado com os pobres? Este estudo não se concentra no que esses líderes dizem acreditar, mas na frequência com que discutem diversos tópicos[26]. Nos dois primeiros exemplos acima, o Pastor Osésa e José Luiz, fundador da comunidade de oração católica, chegaram a um consenso sobre a pecaminosidade da homossexualidade. O que distinguia suas duas abordagens muito diferentes não eram tanto as crenças, mas a maneira como pesavam a importância da homossexualidade em relação a outras questões. Para José Luiz, a necessidade de inclusão pesava mais do que a oposição à homossexualidade.

---

26. Perguntas sobre tópicos de pregação não foram feitas na terceira versão do questionário (cf. capítulo 3 para uma discussão sobre a versão C).

Apesar das distinções teológicas básicas e importantes, católicos e evangélicos no Brasil geralmente concordam entre si em muitas questões doutrinais e políticas: que Deus ama a todos, por exemplo; que a homossexualidade e o aborto são pecados; e que é importante cuidar dos pobres. No entanto, eles discutem esses tópicos com uma frequência bastante variável. Os relatórios sobre a frequência com que os líderes religiosos discutem diferentes tópicos dão uma ideia melhor do que seus congregados têm mais ou menos probabilidade de ouvir nos quatro cantos da igreja.

Ensinamentos religiosos

Antes de abordar questões políticas, vamos examinar como os líderes religiosos explicam sua fé aos seus seguidores e às suas comunidades. As tradições religiosas cristãs ocidentais variam muito em perspectivas sobre questões teológicas fundamentais: o amor e a ira de Deus; a questão de saber se a fé traz recompensas materiais no aqui e agora; a necessidade de evangelismo para espalhar a fé; e profecias bíblicas sobre o fim dos tempos (ou seja, o fim profetizado da era atual e o retorno de Jesus Cristo). Pesquisas revelaram que três desses tópicos eram bastante comuns nas tradições religiosas. Primeiro, todos os clérigos católicos e ministros evangélicos relataram que as discussões sobre o "amor e perdão de Deus" são onipresentes. Tão importante quanto o amor de Deus, as lideranças do universo pentecostal e o evangélico também enfatizaram a necessidade de evangelização ("a importância de ajudar os não crentes a encontrar Deus") e de evitar o pecado. Esses dois últimos tópicos são um pouco menos comuns nas comunidades católicas do que nas evangélicas e pentecostais, mas o clero católico ainda disse que discutiam esses tópicos com frequência.

Por outro lado, três outras questões são a fonte de diferenças dentro e entre tradições religiosas. "A ira de Deus sobre o povo pecador" é o tópico sobre o qual o clero católico diferia mais de seus colegas protestantes. Embora os líderes religiosos católicos, em média, "raramente" discutam esse assunto, ele é, em média, "frequente" nas congregações evangélicas, e em algum momento entre "ocasional" e "frequente" nas congregações pentecostais. O fim dos tempos também é um tópico pouco frequente de discussão nas comunidades católicas, mas em algum lugar entre "ocasional" e "frequentemente" discutido por evangélicos e pentecostais.

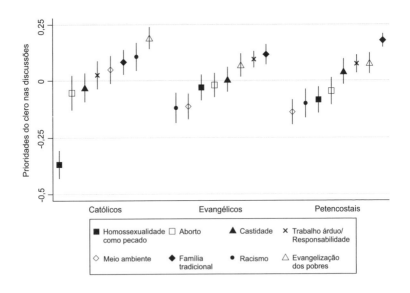

Figura 6 Prioridades nos ensinamentos relacionados a políticas, por tradição religiosa

Finalmente, existem diferenças suaves *entre* tradições religiosas, com ênfase na ideia de que "Deus recompensará os fiéis com prosperidade e boa saúde" – uma doutrina frequentemente chamada de "teologia da prosperidade". No entanto, as pequenas diferenças entre tradições ocultam grande desacordo *dentro* de tradições – especialmente o pentecostalismo e o evangelismo. A teologia da prosperidade é a questão sobre a qual os padres e pastores brasileiros discordam mais seriamente, não apenas em ênfase ou nuance, mas em princípios muito básicos. Embora a abordagem tenha suas raízes no neopentecostalismo, não apenas a maioria dos clérigos católicos, mas também muitos evangélicos e até alguns pentecostais discordam veementemente. Como a Irmã Enilda, uma professora de adultos da escola dominical em uma congregação da Assembleia de Deus (Pentecostal), disse a seus alunos: "Nossa prosperidade é saber que Deus nos ama [...]. É um erro acreditar que a prosperidade tem a ver com coisas ou riquezas. Não devemos colocar nosso coração dentro das coisas" [CO21].

Ensinamentos relacionados a políticas

E o que o clero disse sobre questões de políticas? Não surpreende que alguns tópicos sejam mais enfatizados nas comunidades católicas e outros nas evangélicas. A figura 6 avalia a prioridade relatada dada à pregação sobre vários tópicos, pela denominação do membro do clero. Para produzir a figura, as respostas a cada item foram primeiro recodificadas para ir de 0 a 1, onde 0 corresponde a discutir um problema "muito raramente" e 1 corresponde a discutir "com muita frequência". As questões foram classificadas em termos de ordem de prioridade em sua tradição religiosa, em que 0 representa a frequência média de discutir todas as questões dentro dessa tradição. Questões significativamente acima da linha 0 são discutidas com mais frequência do que a média, e aquelas significativamente abaixo da linha 0 são discutidas com menos frequência do que a questão média.

A figura 6 apresenta os oito tópicos potenciais de pregação em sua ordem de prioridade para o clero católico. Dois tópicos da pesquisa estão relacionados a *questões socioeconômicas*. A pregação sobre "a necessidade de trabalho árduo e responsabilidade" pode incentivar a oposição à assistência social. Por outro lado, a pregação sobre a "evangelização para os pobres" pode incentivar o apoio à assistência social – especialmente no Brasil, onde a distinção entre Estados e Igrejas como provedores de caridade não foi politizada da mesma forma como ocorre nos Estados Unidos. Quatro outras questões dizem respeito a *tradicionalismo sexual* e *da família*. Os ministros religiosos que pregam com mais frequência sobre castidade e a família tradicional, ou sobre homossexualidade e aborto como pecados, podem empurrar os fiéis de suas Igrejas para a direita. Finalmente, cada líder religioso foi questionado sobre a pregação em outras duas questões: "a necessidade de cuidar do meio ambiente" e "combater o racismo". A pregação mais frequente sobre essas duas questões encorajaria posições de esquerda sobre essas duas questões, embora não necessariamente as outras dimensões.

Em geral, o clero católico parece priorizar a pregação em questões que empurrariam os membros de suas comunidades e seus seguidores para a esquerda. Na ponta superior da escala, os líderes católicos dizem que dão maior prioridade à evangelização para os pobres, com o combate ao racismo em segundo lugar. Essas prioridades são quase invertidas entre evangélicos e pentecostais, para quem combater o racismo é – junto com a proteção do meio ambiente – um dos tópicos menos importantes da discussão.

Na dimensão socioeconômica, o clero católico dá alta prioridade à evangelização para os pobres, mas apenas uma ênfase moderada na necessidade de trabalho árduo e responsabilidade. Em contraste, os pastores evangélicos e os pentecostais dizem que dão ênfase aproximadamente igual a esses dois tópicos. Ainda assim, as diferenças entre católicos e evangélicos/pentecostais em questões socioeconômicas não são dramáticas. Muitos pastores evangélicos enfatizam fortemente a importância da evangelização para os pobres. Por exemplo, um pastor afiliado ao movimento evangélico global progressivo conhecido como "Missão Integral" deu um sermão em que ele voltou repetidamente a um refrão de uma frase, a ordem de Jesus a seus discípulos para alimentar uma multidão reunida: "Deem-lhes vocês algo para comer" [CO11][27].

A figura 6 também aborda quatro tópicos relacionados a *tradicionalismo sexual/da família*. Até líderes religiosos altamente conservadores podem ser reticentes ao discutir questões pessoais e sensíveis com os congregados. Como a Pastora Denise, que administra uma pequena Igreja pentecostal localizada em ponto comercial na fronteira entre um bairro de classe baixa e um de classe média, observou: "Essas são

---

27. Contudo, a Missão Integral é vista com suspeita por outros evangélicos e pentecostais. Um pastor relatou que muitos de seus colegas consideravam o movimento teológico excessivamente liberal e insuficientemente comprometido com uma interpretação rígida da Bíblia [CO23].

as escolhas que as pessoas fazem. Se uma pessoa quiser conversar conosco sobre escolhas, falaremos sobre a vontade de Deus e diremos que essas escolhas têm consequências. Mas se uma pessoa não quiser discutir suas escolhas sexuais conosco, não forçaremos a conversa o tempo todo" [CO22]. E outro pastor pentecostal não achou que precisava falar muito sobre homossexualidade ou aborto porque todos sabiam que eram proibidos, embora ele fizesse uma exceção por educar os jovens da Igreja [CO33]. Entretanto, os pastores evangélicos e pentecostais geralmente falam sobre três dos quatro itens relacionados ao tradicionalismo sexual e da família com mais frequência do que suas contrapartes católicas.

A única questão em que não há divergências entre tradições na frequência da pregação é o aborto. Embora a palestra antiaborto da oradora católica Gloria Polo tenha se destacado por seu drama de fogo e enxofre, encontramos pouca variação entre o clero católico quanto a oposição ao aborto. De fato, o aborto é uma questão sobre a qual alguns pentecostais adotam posições mais liberais do que católicos ou evangélicos. Como discutido na introdução do primeiro capítulo, o Bispo Edir Macedo, o fundador da Igreja Universal do Reino de Deus (Iurd), é um raro líder religioso abertamente a favor do aborto. Embora a posição do Bispo Macedo sobre o aborto aparentemente não tenha impedido o crescimento da denominação, sua posição não é compartilhada por toda a sua denominação. Os pastores proeminentes da Iurd que concorrem ao cargo tendem a assumir posições contra o aborto. Ainda assim, na amostra (reconhecida como extremamente pequena) de quatro pastores da Iurd entrevistados na pesquisa do clero, a frequência média de discussão sobre o aborto é de 0,25 na escala de 0 para 1, correspondendo a "raramente" discutir o aborto. Isso está, em termos estatísticos, significativamente abaixo da pontuação média de 0,68 (correspondendo a um pouco menos do que "frequentemente") entre os pastores e ministros pentecostais não pertencentes à Iurd.

As diferenças entre tradições na castidade e a importância da família tradicional são abafadas. Para evangélicos e pentecostais, a família tradicional é listada como a prioridade mais importante na pregação. No entanto, esse tópico ainda ocupa o terceiro lugar de um total de oito entre católicos. A castidade também é discutida, de certa forma, com mais frequência nos dois grupos protestantes do que entre católicos, embora as diferenças não sejam estatisticamente significativas.

Uma única questão diferencia fortemente o clero católico de seus colegas evangélicos: a homossexualidade. O clero católico discute "o pecado da homossexualidade" com muito menos frequência do que qualquer outro assunto. Em média, o clero católico diz que fala sobre o "pecado da homossexualidade" mais frequentemente do que "raramente". Como o Padre Wilson, de uma pequena paróquia de um bairro de classe média baixa, me contou, eles nunca falam sobre homossexualidade porque "somos todos filhos de Deus" [CO28]. Os pastores evangélicos e pentecostais, ao contrário, dão à homossexualidade o mesmo nível de prioridade que ao aborto.

Finalmente, o clero católico e os pastores evangélicos/pentecostais diferem substancialmente na medida em que conversam com seus rebanhos sobre "cuidar do meio ambiente" e "combater o racismo". Os padres mencionam o racismo como sua segunda prioridade mais importante na pregação, depois da evangelização para os pobres. As preocupações ambientais ocupam o quarto lugar. Por outro lado, a preocupação com o racismo e o meio ambiente ocupa a última e a penúltima posições, tanto para evangélicos quanto para pentecostais.

O que influencia as prioridades políticas e os ensinamentos religiosos do clero?

Por que os líderes católico, evangélico e protestante defendem diferentes prioridades políticas? O objetivo de coletar almas – isto é, as congregações precisam manter ou aumentar o atendimento no mercado livre religioso altamente competitivo do Brasil – é uma das principais forças que influencia o envolvimento de grupos religiosos na política e, por extensão, as guerras culturais brasileiras. Ao mesmo tempo, diferentes tradições doutrinais, distribuições históricas de recursos e bases demográficas levam os líderes religiosos católicos a responder diferentemente às pressões de afiliação do que suas contrapartes evangélicas e pentecostais.

Para testar o efeito das pressões de afiliação, foi usado um experimento de *priming*. Como visto no capítulo anterior, a pesquisa fez quatro perguntas aos líderes religiosos tratando das pressões de adesão de membros:

• Em média, quantas pessoas assistem à missa/ao culto aqui a cada semana?

• Nos últimos dois anos, o número de pessoas que assistiram aumentou, caiu ou continuou o mesmo?

- Quanto esforço sua Igreja faz para chegar a novas pessoas para participarem? A sua divulgação é muito ativa, um pouco ativa, não muito ativa ou de modo algum ativa?
- Você está preocupado que outras Igrejas tentem atrair alguns de seus membros? Muito, pouco ou nada?

Na versão de tratamento do questionário, perguntas sobre "ameaça à afiliação" foram feitas no início da pesquisa, logo antes de perguntas sobre tópicos de pregação e ativismo político. Na versão controle, ao contrário, o tratamento foi administrado ao final do questionário. Diferenças nas respostas entre o grupo de tratamento e o de controle, portanto, podem indicar como as prioridades do clero mudam quando são lembradas da ameaça de perda de membros.

A figura 7 avalia o impacto do tratamento (*prime*) em tópicos de pregação. Evangélicos e pentecostais são agrupados de acordo com as semelhanças de suas respostas. Quando uma barra e seu intervalo de confiança estão abaixo de zero, isso indica que o tratamento experimental reduz significativamente a pregação sobre o tópico. Embora o número de católicos entrevistados seja baixo, o tratamento tem um impacto grande e estatisticamente significativo nesse grupo, reduzindo substancialmente a ênfase na pregação relacionada à intervenção sobrenatural no mundo material (teologia da prosperidade e fim dos tempos); e a códigos comportamentais rigorosos (castidade, aborto e a ira de Deus). No entanto, o tratamento não está associado a uma mudança de ênfase em tópicos como "o amor de Deus" ou a "evangelização para os pobres" – em que o clero no grupo da condição de controle está próximo ao teto. Curiosamente, ele também não está associado a uma ênfase variável na homossexualidade, sugerindo que a relutância do clero católico em falar sobre esse assunto é motivada por outras forças que não a simples preocupação com a perda de membros.

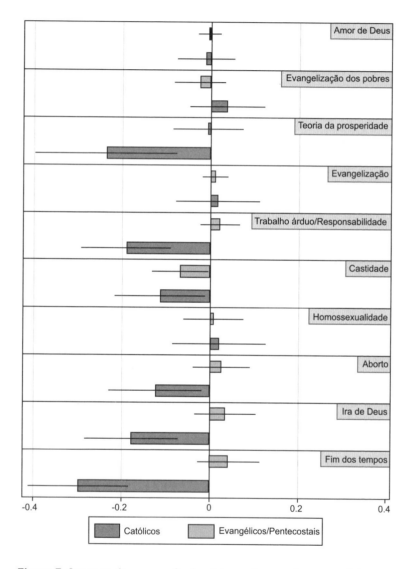

Figura 7 Ameaça da concorrência afeta ensinamentos essenciais e relacionados a políticas, mas apenas entre católicos

Em outras palavras, ser lembrado da ameaça de perda de membros leva o clero católico a se distinguir dos evangélicos e pentecostais[28]. Por que os padres não procuram imitar seus concorrentes mais bem-sucedidos? Anthony Downs, um teórico político clássico, ficou famoso por postular que concorrentes como partidos políticos – ou, neste caso, grupos religiosos – tenderão a se aproximar ideologicamente a fim de conquistar o mercado uns dos outros (Downs, 1957). De fato, os estudiosos veem amplamente o movimento carismático católico como uma tentativa destes de competir com o pentecostalismo, adotando estilos de culto popular (Chesnut, 2009; A.R. de Souza, 2007). Então, por que católicos e evangélicos não estão se aproximando em suas posições políticas?

Devemos lembrar que o clero católico está travando batalhas em duas frentes. Eles não apenas têm que enfrentar o evangelismo e o pentecostalismo, mas também devem procurar manter os membros da Igreja, principalmente os jovens. Conforme observado na introdução, em abril de 2014, cerca de seis meses antes da realização deste estudo do clero, o Barômetro das Américas do Lapop mostrou que o catolicismo estava prestes a se tornar uma religião minoritária entre as idades de 16 a 25 anos no Brasil. Enquanto alguns desses jovens estavam deixando o catolicismo pelo evangelismo e pentecostalismo, muitos deles estavam se identificando como não tendo religião alguma. A autoidentificação como ateu ou agnóstico permanece rara e estigmatizada no Brasil, mesmo

---

28. De fato, se examinarmos apenas os entrevistados no grupo da condição de controle, as respostas católicas são menos distintas das de seus homólogos protestantes.

entre jovens (*Exame*, 2013) [FG7]; mais jovens, agora, contudo, relatam que não têm religião, mas acreditam em Deus e oram. O clero católico pode se mexer para se diferenciar dos evangélicos e pentecostais e reduzir sua ênfase nos tópicos de fogo e enxofre, como uma abertura a esse grupo de jovens "espiritualizados, mas não religiosos" e, geralmente, para manter a juventude católica nos bancos da igreja.

Muitos católicos percebem que as congregações evangélicas e pentecostais fazem um trabalho melhor no aspecto "acolhedor e confuso" da vida congregacional – as congregações protestantes são mais calorosas e acolhedoras. Uma participante de um grupo focal católico observou que "nas Igrejas evangélicas, as pessoas que entram são bem tratadas, todos se abraçam". Ela pensou que as comunidades católicas deveriam imitar essa recepção calorosa para que "os católicos perdidos voltassem" [FG1]. E, de fato, no estudo da congregação, membros de congregações evangélicas e pentecostais relataram ter mais amigos e uma proporção maior de amigos na Igreja. Os padres preocupados em atrair novos membros podem ter dificuldade em induzir os participantes de longa data a começarem a abraçar novas pessoas. No entanto, reduzir a ênfase em certos ensinamentos religiosos pode ser outra maneira de tornar suas Igrejas mais convidativas.

Ainda outra explicação também pode estar em jogo. No experimento apresentado acima, percebe-se que o clero católico não cria embates em relação à homossexualidade, a questão que mais os distingue dos evangélicos. A resistência católica em discutir a homossexualidade pode se tornar uma restrição que fecha certos canais, a saber: uma tentativa de recuperar membros perdidos para congregações evangélicas e pentecostais. Por que o clero católico seria tão resistente a mudar suas posições sobre a homossexualidade? Sua resistência é provavelmente em parte ideológica. Outro fator ainda pode estar em ação. Embora seja necessariamente muito difícil obter dados sólidos sobre esse tópico, fontes variadas sugerem que os níveis de homossexualidade entre o clero católico no Brasil e no mundo são muito altos em relação à população em geral (Bacarji, 2016; Cozzens, 2000; Flock, 2013; Gandini, 2015; Wolf, 1989). Membros do clero atraídos pelo mesmo sexo podem ficar profundamente desconfortáveis para falarem sobre esse tópico com os membros de suas comunidades e simplesmente evitá-lo completamente. Além disso, entre os clérigos não homossexuais, a interação regular com colegas conhecidos por serem *gays* pode aumentar a tolerância e reforçar a posição de que "somos todos filhos de Deus" (Allport, 1979).

Embora as pressões de afiliação afetem o que o clero diz a seus rebanhos, a concorrência não conta a história toda. Os ensinamentos religiosos e relacionados a políticas têm claramente uma base em mais do que apenas uma tentativa de atrair o consumidor religioso mediano. Além disso, a ameaça de perda de membros não tem impacto estatisticamente significativo no comportamento dos ministros evangélicos, com a menor exceção de pregar sobre a castidade.

O determinante mais óbvio dos ensinamentos relacionados a políticas é a doutrina religiosa central. Por exemplo, talvez uma forte crença no imediatismo do fim dos tempos, bem como um temor maior da ira de Deus, possa levar alguns líderes religiosos a se concentrarem mais em questões de moralidade pessoal, como ensinar sobre a importância da castidade. Para testar isso, tentamos criar duas variáveis fatoriais. A primeira estava relacionada a três ensinamentos religiosos conservadores "centrais": a ira de Deus, o fim dos tempos e a importância de evitar o pecado. A segunda tratava dos quatro componentes do tradicionalismo da família e sexual discutidos acima: a família tradicional, castidade, aborto e homossexualidade. No entanto, essas duas variáveis fatoriais estavam tão intimamente correlacionadas entre si – mesmo após o controle das tradições religiosas evangélicas/pentecostais – que a conclusão inevitável foi que esses sete tópicos de ensino realmente se originam de uma única dimensão latente. Assim, em vez disso, criamos uma variável de fator a partir dessas sete variáveis que chamamos de *ensinamentos conservadores*, ou simplesmente *conservadorismo*.

A competição por membros e os ensinamentos religiosos conservadores centrais constituem os dois determinantes mais fortes dos ensinamentos relacionados a políticas. Além dessas duas variáveis, poucas características dos grupos religiosos influenciam a fala dos líderes religiosos. No entanto, depois de controlar uma série de fatores, as variáveis "dummy" para tradições religiosas permanecem estatisticamente significativas. Ou seja, as diferenças entre tradições religiosas não foram totalmente explicadas pelas variáveis medidas no estudo. Em relação aos católicos, os clérigos evangélicos e pentecostais ainda relatam níveis mais altos de ensinamentos religiosos conservadores e níveis mais baixos de pregação sobre a evangelização para os pobres.

O ministro religioso e o processo político: atitudes democráticas e tolerância

A pesquisa realizada com os líderes religiosos também explorou o que eles pensavam sobre como as pessoas deveriam trabalhar juntas para tomar decisões políticas, ou seja, explorou as ideias desses líderes sobre democracia. Bem ao final da pesquisa, eles foram perguntados até que ponto concordavam ou discordavam de que "a democracia pode ter problemas, mas é a melhor forma de governo"[29]. O apoio à democracia, em geral, foi muito alto em todos os aspectos. Em cada tradição religiosa, o membro médio "concordou" ou "concordou plenamente" que a democracia é o melhor sistema de governo, apesar dos problemas que possa ter. No total, 86% dos padres, 88% dos pastores evangélicos e 91% dos pentecostais concordaram ou concordaram plenamente com a declaração; apenas 10% dos católicos e 6% dos evangélicos e pentecostais discordaram ou discordaram plenamente. Esse apoio à democracia é particularmente impressionante quando se contrasta os dados referentes aos líderes religiosos com a população em geral. Na pesquisa do Barômetro das Américas sobre a população brasileira em geral no mesmo ano, 63% dos cidadãos de todos os grupos religiosos concordaram (leve ou plenamente) que a democracia, em geral, seria o melhor sistema de governo.

O apoio sólido à democracia entre os líderes religiosos também é sinalizado pela constatação de que essa atitude tem poucos determinantes estatisticamente significativos. A legitimidade democrática foi universalmente alta em todos os grupos, independentemente das características congregacionais ou tradições religiosas. Em um país onde o período democrático mais recente tem três décadas, isso é um sinal de que o regime democrático – pelo menos em geral – está

---

29. As respostas estavam em uma escala de cinco pontos, variando de "Discordo plenamente" a "Concordo plenamente".

bastante consolidado nas atitudes dos líderes locais da sociedade civil. Essa é uma vitória importante para a democracia brasileira e sugere que o líder religioso possa servir como porta-voz, ajudando a reforçar o regime em tempos difíceis.

O projeto também explorou as atitudes do líder religioso em relação à democracia, conforme promulgadas em suas congregações e mundos pessoais mais imediatos. Em uma era de polarização crescente, o líder religioso prega a tolerância em relação ao concidadão do qual discorda? As perguntas da pesquisa versavam sobre a *tolerância interna* – tolerância a opiniões divergentes sobre assuntos importantes dentro da comunidade religiosa ou congregação – e a *tolerância externa* – tolerância ao debate e discordância na sociedade em geral. Para medir a tolerância interna, os entrevistadores perguntaram ao líder religioso em que medida eles concordavam ou discordavam, usando a mesma escala de cinco pontos, em que "Igrejas como a sua" deveriam "dar a todos o direito de expressar opiniões sobre a direção da Igreja". Para medir a tolerância externa, o líder religioso relatou com que frequência ou falta de frequência eles conversavam com os membros de sua comunidade e congregados sobre "a importância de respeitar pontos de vista diferentes", usando uma escala de cinco pontos que varia de "muito raramente" a "muito frequentemente"[30].

A tolerância à divergência de opiniões variou entre as tradições religiosas. O padre concordou que todos em sua paróquia deveriam ter o direito de ter uma opinião sobre a

---

30. A pergunta sobre tolerância interna foi feita a todos os entrevistados, enquanto as perguntas sobre tolerância externa e legitimidade da democracia foram feitas na versão C do questionário.

Igreja, e disse que ele fala sobre respeitar diferentes pontos de vista em algum lugar entre "frequentemente" e "com muita frequência". Esse nível de tolerância – particularmente de tolerância interna – pode parecer surpreendente, uma vez que a Igreja Católica Romana é uma organização muito grande, hierárquica e não democrática. No entanto, as respostas indicam como os padres de campo se sentem em relação à discussão em suas paróquias.

As respostas diferiram substancialmente nas congregações pentecostais e evangélicas. O líder religioso protestante médio deu uma resposta entre a neutralidade e uma concordância fraca de que todos na congregação deveriam ter o direito a uma opinião sobre a direção da Igreja. A tolerância externa também foi menor: os pastores protestantes disseram que eles falavam sobre a necessidade de respeitar outros pontos de vista com mais frequência do que "ocasionalmente". Depois de controlar uma série de fatores, a tradição religiosa continua sendo o determinante mais forte da tolerância interna e externa. Além disso, a tolerância interna é menor em grandes congregações, provavelmente porque é simplesmente menos prático levar em consideração as opiniões de todos em congregações com muitos membros. A ameaça de perda de membros não afetou as atitudes do processo político entre católicos ou protestantes.

O líder religioso e o processo político: neutralidade inferida ou viés do sistema político

Ao observar as congregações evangélicas durante a campanha de 2014, muitas vezes se ouvia líderes falarem sobre serem ameaçados – não por outros grupos religiosos, mas por uma aliança entre o Partido dos Trabalhadores, o sistema político e o que eles chamavam de "o movimento *gay*". A ameaça era palpável no sermão do Pastor Osésa ao Conselho de Pastores discutido na introdução deste capítulo. Alguns meses depois, sentado na pequena Igreja do Nazareno – Comunidade da Esperança, que funciona em ponto comercial em um bairro de baixa renda da cidade, o Pastor Eduardo disse àqueles dentre nós que estávamos ouvindo que "O movimento *gay* certamente é pago pelo PT. Há muito tempo, eles querem implantar a doutrina *gay* nas escolas [...]. Os *gays* são 2% da nação – é uma porcentagem pequena, mas estão causando enormes danos ao país e a todo o mundo. É uma praga" [FG5]. Uma semana antes, havíamos observado uma lição da escola dominical ministrada pela esposa do Pastor Eduardo, Irmã Lídia. Esta disse aos quinze de nós reunidos naquela manhã que a seca que a região estava passando naquele momento "tem uma explicação. Deus é o Senhor. Deus mandará chuva quando for o momento certo". Cabe a todos nós orar pela chuva e ensinar nossos filhos a orar – mas ela também implicava que os líderes políticos tinham responsabilidade extra. Referindo-se ao PT, ela argumentou: "Um partido no país disse que era a salvação da nação, mas não é assim [...]. Eu disse anos atrás, se Deus envia uma seca ao Brasil, veremos se o [ex-presidente] Lula poderá fazer chover". Ela comparou a perfídia espiritual do PT àquela do Estado Islâmico: "A religião islâmica não prega a violência. É o Estado Islâmico, agindo falsamente em nome do Islã. E também no Brasil, o movimento LGBT está fazendo isso em nome do povo" [CO34]. Mas a ameaça se estendeu para além do "movimento *gay*". Em uma grande Igreja Batista de classe média do outro lado da cidade, por exemplo, os congregados relataram que o pastor pregava que "hoje, no Congresso, eles estão considerando muitas leis que podem prejudicar a pregação do evangelho e nossa liberdade de expressão" [FG4].

Como uma abordagem final para entender as crenças e atitudes políticas dos líderes religiosos, examinamos as percepções deles sobre a maneira como o sistema político trata seus grupos. A pesquisa continha duas perguntas sobre o relacionamento de grupos religiosos com políticos e o sistema político. A primeira pergunta era: "Falando sobre a missão de seu grupo religioso e sua posição na sociedade, você acha que as leis deste país (1) favorecem seu grupo, (2) prejudicam seu grupo ou (3) não favorecem nem prejudicam?" Imediatamente após a resposta do membro do clero, os entrevistadores perguntaram: "E a atual presidente [Dilma Rousseff], ela (1) favorece seu grupo, (2) prejudica seu grupo ou (3) não favorece nem prejudica?"

A figura 8 apresenta respostas a essas perguntas. Como as respostas às duas perguntas são altamente correlacionadas, criamos três variáveis de índice para resumir a extensão média em que cada líder religioso acredita que as leis do país e o atual presidente favorecem seu grupo, ameaçam seu grupo ou são neutras. Uma pontuação de 1 em uma dimensão significaria que o padre ou pastor escolheu essa resposta para ambas as perguntas, enquanto uma pontuação de 0,5 indica que líder religioso escolheu a resposta dada para uma pergunta, e 0 indica que ele escolheu essa resposta para nenhuma das perguntas. Um padre que, por exemplo, diz que as leis do país são neutras, mas o presidente tem preconceito contra seu grupo, receberá uma pontuação de 0,5 por "prejuízo inferido do Estado", 0,5 por "neutralidade inferida do Estado" e 0 por "favoritismo inferido do Estado".

A figura 8 mostra diferenças dramáticas entre católicos, evangélicos e pentecostais. Os católicos detectam um nível muito mais alto de neutralidade do Estado e um nível muito mais baixo de prejuízo do Estado em relação ao seu grupo. Embora o nível médio de prejuízo inferido seja 0,33 para evangélicos e 0,37 para pentecostais, é de apenas 0,03 para católicos. Por outro lado, o nível médio de neutralidade inferida do Estado é de 0,81 para católicos, mas de 0,47 e 0,48 para evangélicos e pentecostais, respectivamente. De fato, em toda a pesquisa, apenas três padres acharam que as leis do país ou o atual presidente prejudicavam seu grupo, enquanto 73% consideraram o Estado neutro em ambas as dimensões. Curiosamente, os níveis de favoritismo inferido são semelhantes nos três grupos, entre 0,16 e 0,21.

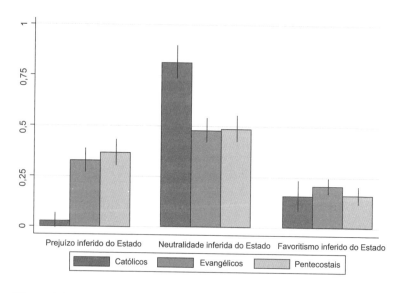

Figura 8 Neutralidade ou viés inferido do Estado

O que influencia a neutralidade ou o viés inferido do Estado?

Argumentamos que três conjuntos de variáveis são importantes quando o líder religioso avalia se o Estado favorece ou prejudica seu grupo: ensinamentos religiosos e opiniões políticas, atitudes democráticas e tradições religiosas. Primeiro, como sugerem os muitos exemplos de discursos relacionados à homossexualidade, os ensinamentos religiosos e as opiniões políticas afetam os agravos, porque as políticas estatais realmente afetam se as políticas que os líderes religiosos desejam que sejam aprovadas. Na política brasileira contemporânea, pessoas de esquerda e de direita poderiam ter motivos para se sentir ofendidas. Os partidos políticos de esquerda e as políticas públicas se movem em direção à esquerda em questões relacionadas a gênero e sexualidade nos últimos anos. O Supremo Tribunal Federal e o Conselho Nacional de Justiça não apenas legalizaram o casamento entre pessoas do mesmo sexo em algumas decisões em 2011 e 2013, mas os partidos de esquerda também pressionam cada vez mais o que alguns grupos conservadores chamam de "ideologia de gênero" – a noção de que os papéis de gênero são socializados e mutáveis. Essas mudanças devem particularmente prejudicar aqueles com visões doutrinalmente conservadoras. No entanto, as pessoas de esquerda também teriam motivos para se decepcionar com o Estado. Embora o Partido dos Trabalhadores tenha criado muitos novos programas antipobreza, em 2014 o Brasil permaneceu na renda média e altamente desigual. Além disso, a discriminação *de facto* contra os homossexuais permaneceu generalizada.

Segundo, atitudes democráticas ajudam a determinar o que o líder religioso acredita que conta como tratamento "justo". É provável que um padre ou pastor menos comprometido com as normas democráticas deseje um tratamento positivo do que aqueles altamente comprometidos em manter a laicidade do Estado. Terceiro, as tradições religiosas também importam porque as histórias das relações dos grupos com o Estado brasileiro variam dramaticamente. Apesar do atual livre-mercado religioso, o catolicismo ainda possui vantagens estruturais. Por exemplo, a Igreja Católica possui bens materiais, como imóveis, que lhe conferem uma vantagem na competição, além do fato de alguns dos símbolos mais importantes da nação brasileira serem católicos. Como declarou um participante do grupo focal evangélico: "Nossa Senhora Aparecida [a Santa Padroeira do Brasil] é deles – ela não é minha!" [FG4].

A figura 9 apresenta determinantes de agravos, neutralidade inferida e favoritismo. Cada uma dessas variáveis dependentes está em uma escala de três pontos (0, 0,5 e 1). Mais uma vez, os pontos e os fios de bigodes correspondem ao impacto estimado de cada uma das variáveis independentes (mostradas no lado esquerdo da figura) nas variáveis dependentes. Os resultados mostram, primeiro, que as crenças políticas e religiosas são importantes. Os clérigos que dizem que pregam com mais frequência sobre visões religiosas conservadoras, sobre o amor de Deus e a evangelização para os pobres relatam níveis mais altos de prejuízo inferido e níveis mais baixos de neutralidade inferida do Estado, embora nem todos os coeficientes sejam, em termos estatísticos, significativamente diferentes de zero. Segundo,

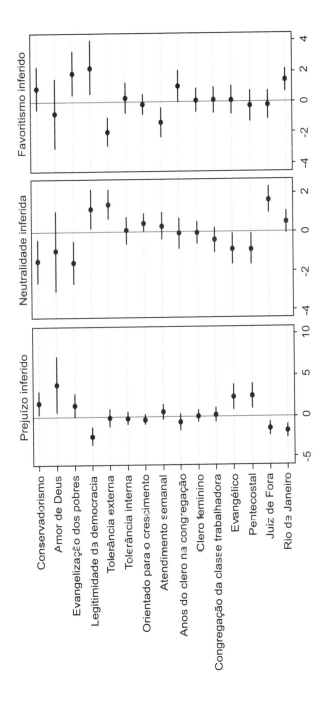

Figura 9 Determinantes da neutralidade inferida ou do viés do sistema político

um clero mais tolerante, e aqueles que apoiam mais fortemente a democracia, têm maior probabilidade de ver o Estado como neutro[31]. Além disso, encontramos um efeito interativo: clérigos altamente tolerantes, mas menos doutrinalmente conservadores, provavelmente acreditam que o Estado é neutro. Terceiro, depois de levar em conta as opiniões de políticas e processos, as tradições religiosas ainda são importantes: evangélicos e pentecostais têm níveis mais altos de agravos e níveis mais baixos de neutralidade inferida de Estado[32].

Os determinantes do favoritismo inferido do Estado são menos consistentes. Aqueles que pregam com mais frequência sobre a evangelização para os pobres têm maior probabilidade de considerar que o Estado favorece seu grupo, mas os outros dois tópicos da pregação não estão significativamente associados ao favoritismo inferido. O apoio à democracia está associado a níveis mais altos de

---

31. Poderia acreditar que o Estado favorece ou prejudica o grupo no sentido de alguém afetar a legitimidade da democracia, e não o contrário? Certamente, parece plausível que a causalidade funcione na direção oposta. Desenvolvemos várias versões de modelos de equações simultâneas, examinando a influência mútua da legitimidade democrática e dos agravos. Em todos os modelos, a legitimidade democrática afetou fortemente as inferências de neutralidade ou viés do Estado, enquanto a neutralidade ou viés inferido do Estado não teve impacto na legitimidade democrática.

32. As pressões de afiliação não têm impacto significativo na percepção de prejuízo/neutralidade do Estado. Em várias versões alternativas do modelo não mostradas aqui, o tratamento da ameaça à afiliação não tem impacto no viés ou na neutralidade inferida do Estado. Da mesma forma, nenhuma das três variáveis relacionadas à participação e afiliação – mudança na frequência, extensão dos esforços de expansão ou frequência semanal – afeta significativamente a percepção de prejuízo ou neutralidade do Estado. A única exceção é que parece que é menos provável que o clero de congregações maiores acredite que o Estado favoreça seu grupo.

favoritismo inferido, enquanto a tolerância externa está associada a níveis mais baixos de favoritismo inferido. E, finalmente, as tradições religiosas não diferem significativamente no favoritismo inferido, depois de levar em conta essas outras variáveis.

Quais são as consequências da neutralidade ou do viés inferido do Estado?

Os agravos políticos geralmente motivam os grupos a se envolverem em ações coletivas. Estudos mais recentes também identificam a neutralidade inferida do Estado como um fator-chave que afeta o modo como os grupos religiosos se envolvem na política (Gurr, 1970; Toft, Philpott e Shah, 2011; Toft e Zhukov, 2015; cf. tb. Basedau et al., 2015). Como veremos no próximo capítulo, essas variáveis são importantes para as guerras culturais brasileiras. Os líderes religiosos que pensam que o Estado é tendencioso contra seu grupo dizem coisas muito diferentes para os membros de suas Igrejas sobre participação política do que aqueles que pensam que o Estado é neutro em relação a seu grupo.

Primeiro, porém, a neutralidade/o viés inferido do Estado e a legitimidade também estão fortemente relacionados. No final da pesquisa, perguntamos aos líderes religiosos, em uma escala de cinco pontos, até que ponto concordavam ou discordavam de: "O atual sistema político brasileiro é justo e merece respeito"[33]. A diferença entre grupos religiosos na legitimidade inferida do sistema político é quase tão grande quanto as diferenças nos agra-

---

33. Esta pergunta não foi feita na versão C do questionário.

vos e a neutralidade inferida do Estado. Re-escalonando as respostas para 0 a 1, o nível médio de legitimidade entre os católicos é de 0,67, enquanto é de apenas 0,39 e 0,41 para evangélicos e pentecostais. A neutralidade inferida do Estado está fortemente correlacionada com a legitimidade: os líderes religiosos que veem o Estado como neutro em relação ao seu grupo têm muito mais probabilidade de dizer que o sistema político é legítimo em geral. Curiosamente, o favoritismo inferido do Estado em relação ao grupo também diminui a legitimidade inferida do sistema político. Não há diferenças consistentes nos níveis de legitimidade entre aqueles que pensam que o Estado prejudica seu grupo e aqueles que pensam que o Estado ajuda seu grupo. A neutralidade inferida do Estado é tão importante, de fato, que uma vez levada em consideração, não há diferenças estatisticamente significativas entre católicos e protestantes na legitimidade do sistema político.

Resumo

Este capítulo examinou o que o padres e pastores pensam e dizem a seus seguidores, paroquianos e congregados sobre questões políticas, o processo político e a neutralidade do sistema político. O líder religioso difere, antes de tudo, em termos das *questões de políticas* que eles priorizam. Os pastores evangélicos e pentecostais conversam com seus congregados com muito mais frequência do que os católicos sobre um conjunto de questões religiosas e relacionadas a políticas que chamamos, como grupo, de *ensinamentos religiosos conservadores*, como a ira de Deus, a necessidade de evitar o pecado, a necessidade de castidade e o "pecado da homossexualidade". Quando os líderes religiosos católicos são levados a pensar sobre a ameaça de perder membros, eles enfatizam ainda menos esses tópicos. Por outro lado, os líderes católicos falam com mais frequência do que os evangélicos e pentecostais sobre uma série de questões que tendem à esquerda, incluindo a evangelização para os pobres, racismo e o meio ambiente. Embora as pressões de afiliação tenham algum impacto sobre o que o clero católico fala, a competição e o medo da perda de membros não contam toda a história, seja para católicos, pentecostais ou evangélicos. Em vez disso, a escolha dos clérigos sobre o que falar é motivada, em grande parte, pelas crenças religiosas fundamentais e tradições religiosas.

Segundo, os católicos também diferem dos pentecostais e evangélicos nas atitudes em relação ao *processo político* – isto é, sobre como as decisões políticas devem ser tomadas. Embora a democracia seja universalmente respeitada no sentido abstrato, os líderes católicos apoiam mais fervorosamente a diversidade de opiniões do que os evangélicos e pentecostais, tanto em suas congregações quanto na sociedade em geral. Novamente, os níveis mais baixos de tolerância nas congregações evangélicas e pentecostais parecem ser devidos a diferenças básicas entre tradições religiosas, e não a diferenças nas reações às pressões de afiliação.

Terceiro, pentecostais e evangélicos percebem níveis muito maiores de viés do Estado em relação a seus grupos do que os católicos. Três conjuntos de fatores afetam o viés ou a neutralidade inferida do Estado. Primeiro, as atitudes políticas são importantes. Aqueles que passam mais tempo conversando com seus congregados sobre *ou* política conservadora e visões religiosas *ou* a evangelização para os pobres estão menos satisfeitos com o relacionamento do Estado com seu grupo religioso. Segundo, atitudes em relação ao processo político também influenciam essas percepções – aqueles que são mais comprometidos com a democracia e mais tolerantes externamente provavelmente verão o Estado como menos tendencioso em relação ao seu grupo religioso. Terceiro, mesmo depois de considerar as opiniões e atitudes de políticas em relação ao processo político, o clero, nas tradições religiosas pentecostais e evangélicas, detecta um viés maior do Estado em relação a seus grupos religiosos. Isso pode muito bem ser resultado das reais vantagens históricas da Igreja Católica Romana no contexto brasileiro – vantagens que variam desde a propriedade de imóveis até a identificação com símbolos proeminentes da nação brasileira. No próximo capítulo, descobriremos que o viés inferido ou a neutralidade do sistema político afeta o que o clero pentecostal, evangélico e católico diz a seus congregados sobre participação política.

5
O que o líder religioso faz: incentivo à política partidária e eleitoral

Quando e por que o líder religioso brasileiro incentiva os fiéis de suas Igrejas a se envolverem na política? Este capítulo começa examinando o que os padres e pastores dizem sobre diferentes formas de participação. Independente da tradição religiosa, o líder religioso apoia fortemente o envolvimento político e social não eleitoral. Por exemplo, ele diz que as Igrejas devem promover movimentos sociais e defender uma legislação alinhada com seus valores. No entanto, o discurso do clero sobre eleições é mais controverso. Os líderes religiosos conversam com os congregados sobre eleições de três maneiras: (a) por meio de incentivo ostensivamente apartidário para ir às urnas; (b) defendendo que os membros de sua Igreja "pensem cuidadosamente" sobre os candidatos, sem o apoio manifesto; e (c) apoiando explicitamente os candidatos a cargos públicos. A maior parte do discurso dos líderes religiosos é da primeira e da segunda variedade, e muitos ministros evangélicos e pentecostais e particularmente os clérigos católicos são cautelosos com o apoio manifesto a candidatos.

O que leva o líder religioso a promover algumas formas de participação política, mas não outras? Argumentamos que o apoio – ou resistência – do líder religioso à participação política é motivado por vários fatores. Primeiro, as pressões de afiliação às vezes levam à procura de aliados políticos que possam ajudá-los a competir com grupos rivais. Contudo, as pressões de afiliação provavelmente abafam o discurso do clero com mais frequência, pois o clero teme alienar os participantes. Segundo, três atitudes políticas motivam o discurso dos líderes religiosos: tolerância democrática à dissidência, conservadorismo doutrinal e a crença de que o sistema político é tendencioso em relação ao seu grupo.

Três cenas

1) Na manhã de domingo da eleição do primeiro turno de 2014, participei de um culto na Igreja Universal do Reino de Deus (Iurd) do bairro Bela Vista. Embora a congregação esteja localizada em um bairro de renda mista, as pessoas presentes eram mais pobres e de pele mais escura do que o residente médio. A maior parte do culto de uma hora e meia enfatizava uma mensagem da teologia da prosperidade. O pastor nos exortou a acreditar que recompensas financeiras chegariam àqueles que oravam e que pagavam o dízimo à Igreja. Os dízimos, de fato, seriam investimentos financeiros para ganhos futuros dos congregados. Quando o culto terminou, o pastor chamou todos os congregados para a frente do cômodo para orar. Quando o grupo se reuniu em uma massa apertada na frente do salão, ele começou a conversar conosco sobre a eleição. Ele passou dez minutos nos pedindo para votar nos candidatos da congregação para deputados federais e estaduais – homens sendo apoiados por muitas congregações locais da Iurd.

Repetimos em coro o código eleitoral de cinco dígitos para esses dois candidatos, o que os eleitores precisariam saber na cabine de votação. O pastor nos disse que éramos livres para apoiar quem quiséssemos para senador, governador e presidente [CO30].

2) Várias semanas depois, sentei-me em um círculo conduzindo um grupo focal com nove pastores da Assembleia de Deus (Pentecostal) em uma sala fria no andar de cima de uma de suas igrejas. A maioria concordou que os pastores deveriam condenar a homossexualidade, mas não falar contra o PT por ser pró-*gay*. Em vez disso, os congregados deveriam se informar. Como disse um pastor: "o aspecto partidário é óbvio", se você apenas olhar. No entanto, alguns discordaram. Um sustentou que "são informações públicas. Se você tem bois, é preciso chamá-los pelos nomes". Eles geralmente acharam que o clero não deveria apoiar candidatos e aprovaram a abordagem de seu pastor principal, André. Ele "diz a todos que há candidatos entre os irmãos e irmãs [ou seja, congregados] e que devemos avaliá-los e considerar suas propostas com cuidado e votar neles, se quisermos, mas ele nunca menciona nomes". Outro observou que "o púlpito é para pregar a palavra de Deus", não para falar sobre candidatos. A maioria dos participantes ficou desconfortável com a politicagem pública do pastor-celebridade Silas Malafaia, da Assembleia de Deus do Rio de Janeiro. Apenas um participante achou que o comportamento do Pastor Malafaia era apropriado. Ainda assim, mesmo esse participante esclareceu que: "Você precisa dizer às pessoas quem são os candidatos da Igreja, mas não pode dizer a eles em quem votar" [FG6].

3) Em abril de 2016, enquanto o Congresso brasileiro estava considerando o *impeachment* da Presidente Dilma Rousseff, uma amiga em Juiz de Fora me contou uma história sobre sua pequena Igreja de esquerda, o Santo Daime. Ela me disse que a vida social havia se tornado altamente polarizada – na universidade, andando nas ruas – e havia um risco constante de explosão de conflitos entre pessoas que eram pró e anti-*impeachment*. Em uma congregação afiliada à dela, disse ela, o pastor se manifestou a favor do *impeachment* em um sermão. Os congregados que estavam descontentes com o sermão haviam partido para se juntar à congregação dela. O pastor dela havia pedido aos congregados que não falassem sobre o *impeachment* na igreja, mas "assim que termina a igreja, é sobre isso que eles conversam" [*comunicação pessoal*].

O que o líder religioso diz sobre políticos e participação política

Um ditado evangélico clássico e frequentemente repetido de uma época anterior dizia: "Os crentes não mexem com política". Os ministros evangélicos ainda sustentam a concepção de que devem ficar o mais longe possível da política? Como um pastor da Assembleia de Deus anunciou em uma entrevista em 2014: "Eu sou um político, só que a política que eu prego não é a dos homens. Eu sou o embaixador do Reino de Deus na Terra. Penso e invisto diariamente na eternidade..." [FG6]. Acontece, porém, que essa perspectiva agora é mantida por uma pequena minoria de pastores. Muito mais comum é o ponto de vista de que, como um informante diferente expressou: "Na Bíblia, existem governantes. A política está em nosso sangue aqui na Terra. O Senhor é o governante mais importante, mas Ele não virá aqui para governar nosso país" [FG6]. Os líderes religiosos não apenas concordavam amplamente que a política era necessária, mas eles se consideravam os detentores da sabedoria de que deveria contribuir para o processo político. Como outro pastor disse: "Nos tempos bíblicos, sempre tinha o padre caminhando ao lado do rei, e precisamos disso hoje" [CO23].

A pesquisa explorou as visões dos líderes religiosos sobre o papel das Igrejas na política. Algumas atividades foram altamente apoiadas por todos os líderes, evangélicos e católicos, incluindo "participar de movimentos sociais que lutam pelos direitos dos pobres" e "defender uma legislação que apoie os valores desta Igreja". Por outro lado, o envolvimento político em torno das eleições foi mais controverso. Os líderes religiosos geralmente expressaram alguma hesitação em expor seus pontos de vista com muita força. Um ponto de vista comum foi expresso por um pastor da Assembleia de Deus que defendia o que muitos brasileiros chamam de "voto consciente": "Eu tento me manter informado... porque esse é o meu papel como líder. Não pressiono ninguém, mas digo a eles para conhecerem os candidatos e fazerem pesquisas para ver se eles se encaixam em sua filosofia" [FG6]. Outro pastor afirmou: "Eu prego que eles votem em uma pessoa que obedeça ao Reino de Deus. Se houver dez candidatos que apoiem o Reino de Deus, eles podem escolher qualquer um deles" [CO15]. E como um terceiro pastor relatou, quando perguntado sobre qual candidato sua Igreja apoiaria: "Ainda estamos orando. Pedimos a todos que orem para que possamos entender qual é o melhor candidato" [CO22]. Muitas vezes eu vi líderes conduzirem orações para que "a vontade de Deus seja feita" nas eleições [CO11, CO15, CO29]. Embora essas orações fossem abertamente apartidárias, elas influenciaram a escolha como uma com consequências religiosas.

É comum que os candidatos, particularmente em nível local e para cargos legislativos estaduais e federais, busquem apoio dos líderes religiosos. Também é comum que esses líderes recusem-se a apoiar. Cinco dias após a eleição do primeiro turno, um pastor diferente da Assembleia de Deus contou a seguinte história:

> A Assembleia de Deus não está tão envolvida na política. Está mais envolvida em assuntos espirituais. Mas também não está fora da política. Nós não temos candidatos. O voto é livre. Agora, obviamente, existem alguns candidatos melhores e outros piores. Tivemos dois candidatos que eram membros [de nossa congregação]. Eles pediram minha ajuda. Eu disse a eles que os apoiava e que eles poderiam distribuir seus materiais do lado de fora da igreja, mas eu não distribuiria materiais para eles. Eles trouxeram uma grande caixa de materiais de campanha para mim, mas eu não fiz nada com eles. Eu já joguei eles [sic] fora [CO33].

No entanto, a resistência desse pastor em permitir campanhas dentro dos muros da igreja não estava gravada a ferro e fogo. Ao ser entrevistado em 2017, ele descreveu, em um tom um pouco triste, como um grupo coordenado de apoiadores de um candidato à Câmara dos Vereadores local em 2016 conseguiu colocar seu candidato na agenda da igreja para dar palestras e realizar outras atividades durante a campanha [CO39].

A figura 10 mostra a porcentagem de líderes que disse que era "provável" ou "certo" (em contraste a "improvável" ou "muito improvável") que "incentivariam os membros a votar", "incentivariam os membros a refletirem com fé sobre a eleição" (aqui chamado de "voto consciente") e "apoiar um candidato a algum cargo público". A maioria da liderança evangélica e pentecostal disse que sua congregação provavelmente incentivaria a participação e o voto consciente. Um pouco mais de 40% disse que sua congregação provavelmente também apoiaria um candidato.

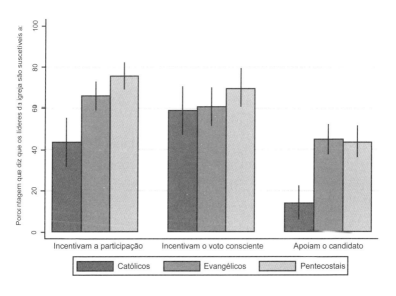

Figura 10 Discussão do líder da igreja sobre campanhas eleitorais

Os católicos foram menos propensos do que os evangélicos e pentecostais a concordar que suas comunidades se envolveriam em qualquer atividade, embora as normas católicas variassem muito pela forma de envolvimento político em questão. Menos de um em cada cinco padres disse que os líderes da Igreja provavelmente apoiariam algum candidato a cargo público. Os participantes de grupos focais católicos contaram uma história que lembraram de um membro do clero católico que havia tentado uma década ou mais antes mobilizar católicos para apoiarem uma lista de candidatos católicos: "Isso não funcionou. De modo algum. Nem todo mundo concordou com isso" [FG1].

No entanto, a única atividade eleitoral com a participação da maioria do clero católico foi o incentivo ao voto consciente. É comum as dioceses católicas brasileiras produzirem folhetos para o clero distribuir aos seus fiéis, fornecendo diretrizes para a votação (da mesma forma, no contexto dos Estados Unidos, cf. Holman e Shockley, 2017). Várias versões desse folheto circularam em Juiz de Fora durante a campanha de 2014. Um deles, desenvolvido pelas comunidades católicas da Província Eclesiástica de Juiz de Fora para as eleições de 2014, começava com uma citação do Papa Francisco: "Ninguém pode exigir-nos que releguemos a religião para a intimidade secreta das pessoas, sem qualquer influência na vida social e nacional, sem nos preocupar com a saúde das instituições da sociedade civil, sem nos pronunciar sobre os acontecimentos que interessam aos cidadãos" (Papa Francisco, 2013). Em seguida, ele estipulou doze diretrizes. O primeiro ponto numerado simplesmente descrevia quais cargos estavam no âmbito da eleição. Vários defendiam a necessidade de se informar e votar contra candidatos corruptos, ao passo que vários pontos finais proibiam as candidaturas de membros do clero e a campanha dentro dos ambientes comunitários, mas pediam aos católicos que se envolvessem civicamente de outras maneiras.

Quais candidatos os líderes religiosos apoiaram? Não tocamos nesse tópico sensível diretamente com o clero. Nas observações na Igreja, a politicagem congregacional em nome de candidatos a cargos legislativos ou locais era muito mais comum do que o apoio do clero a candidatos à presidência (cf. tb. Valle, 2013). Os Estudos do Painel Eleitoral Brasileiro de 2010 e 2014 perguntaram aos brasileiros quais candidatos presidenciais seus clérigos apoiavam, se algum. Apenas cerca de 15% dos evangélicos e pentecostais e 5% dos católicos em cada ano relataram o candidato à presidência apoiados por seus líderes religiosos. Nos poucos casos em que os entrevistados católicos conheciam o candidato de seu padre, Dilma Rousseff foi a forte favorita nos dois anos. No entanto, nenhum candidato presidencial dominou entre o clero evangélico, e o clero evangélico *não* exibiu fortes preferências por candidatos de seu próprio grupo religioso. Em 2010, apenas um quarto do apoio evangélico foi concedido a Marina Silva, a única evangélica dentre os principais candidatos. Quatro anos depois, cerca de metade do apoio evangélico ao clero foi para ela ou para o Pastor Everaldo.

Embora entre um terço e um quarto dos pastores evangélicos aparentemente apoiasse a candidata do Partido dos Trabalhadores, Dilma Rousseff, em cada uma dessas ocasiões, encontramos uma variedade veemente de antipetismo entre alguns líderes religiosos pentecostais e evangélicos (cf. tb. A.D. Fonseca, 2014). Este antipetismo era frequentemente expresso em linguagem dualística. Por exemplo, um pastor da Assembleia de Deus via o PT como força apocalíptica de apoio ao comunismo, totalitarismo, ateísmo, violência e subversão da nação brasileira:

> "O Brasil sempre seguiu os Estados Unidos no combate ao comunismo... Não aceitamos o totalitarismo ou partidos totalitários. Aqui no Brasil tivemos a Revolução de 1964 [esse é o termo do regime militar para o Golpe de 1964]. Quem lutou contra a revolução era afiliado ao PT, ao Partido Comunista, ao Partido Comunista do Brasil. Esses partidos podem mudar de nome, mas continuam os mesmos. Eles não acreditam em Deus, não combatem a violência, não apoiam a legislação que apoia as famílias. Mas nada disso me surpreende... Essas coisas são sinais de que Jesus está voltando. Por isso não prego contra o PT. Eu sei que é a vontade de Deus que isso aconteça" [CO33; tb. FG5, CO15, CO34].

Como sugerem as duas últimas frases dessa citação, porém, esse pastor em particular adotou uma abordagem bastante prática da política eleitoral. Líderes antipetistas não eram necessariamente fortes defensores dos candidatos da oposição; 42% dos pastores evangélicos e pentecostais que acreditavam que o presidente do país prejudicava seu grupo religioso também disse que seus líderes congregacionais provavelmente não apoiariam candidatos. Ainda, o antipetismo pode ter levado esses líderes religiosos a desviarem seus rebanhos sutil ou indubitavelmente de certas opções partidárias.

Contudo, o partidarismo não se limitou ao antipetismo. Embora a maioria dos clérigos católicos não alegasse nenhuma tendência política específica em suas congregações, alguns padres mais antigos descreveram sua militância atual ou antiga para o PT. O Padre Miguel, da Paróquia de Santa Fé, por exemplo, nos disse que havia apoiado movimentos sociais de esquerda em seu bairro de classe trabalhadora que lutavam por melhorias nos primeiros tempos do assentamento desse bairro. Os participantes de grupos focais em uma paróquia católica nos disseram que, os primeiros anos do PT, "trouxeram renovação e se podia encontrar bons políticos lá", e os líderes da Igreja alertaram os congregados para "serem cautelosos com os tucanos" [FG2]. E, no nível nacional, a liderança da Iurd apoiou fortemente o Partido dos Trabalhadores nas eleições presidenciais de 2002, 2006 e 2010.

Após as eleições de 2014, a questão do que o líder religioso pode ou deve dizer sobre os políticos logo se tornou mais saliente, uma vez que os membros da maioria das congregações estavam profundamente polarizados com a legitimidade do *impeachment* de Dilma Rousseff. Nesse contexto, qualquer comentário político disperso do clero arriscava alienar alguns congregados, como exemplificado pela terceira anedota na introdução deste capítulo. No entanto, 27% dos entrevistados no Barômetro das Américas de 2017 relataram ter ouvido um líder religioso discutir o *impeachment*: 7% disseram que o clero era a favor do *impeachment*, 6% contra e 14% disseram que o clero era neutro. Em entrevistas em junho de 2017, muitos líderes religiosos explicaram que estavam relutantes em assumir uma posição pública durante o período que antecedeu o *impeachment* e que também estavam agora relutantes em discutir os escândalos de corrupção envolvendo o Presidente Michel Temer. Como o

Pastor Willian, da Igreja Batista de Boas Novas, explicou: "o povo tem suas próprias preferências e você deve orientá-lo sem irritá-lo".

Por que e quando o líder religioso fala sobre política eleitoral?

Nas próximas duas subseções, defendemos que três conjuntos de fatores explicam amplamente por que e quando o líder religioso apoia a participação política: pressões de afiliação, ameaça inferida e prioridades políticas. Antes de prosseguir com essas explicações, considero uma explicação alternativa. A liderança religiosa evita apoiar os candidatos nos formatos que caracterizariam um apoio ilegal? O Tribunal Superior Eleitoral publica um código eleitoral antes de cada eleição que normalmente proíbe certas formas de campanha no ambiente religioso ou apoiado por ele – por exemplo, usar de sistemas eletrônicos de alto-falantes, pendurar cartazes dentro ou fora das propriedades da Igreja e distribuir materiais impressos dentro das igrejas. Essas atividades são proibidas em todos os espaços públicos e as igrejas são consideradas espaços públicos, segundo o código eleitoral. As proibições brasileiras podem ser consideradas análogas à Emenda Johnson nos Estados Unidos, que ameaça igrejas que se envolvem em atividades de campanha com a perda de seu *status* de isenção de impostos.

O código eleitoral não pode explicar plenamente as escolhas do líder religioso sobre quando participar de um discurso político. Por um lado, o líder religioso pode tornar suas preferências conhecidas de várias maneiras sem se envolver nos tipos de "publicidade" declarada proibida pelos regulamentos eleitorais, mesmo dentro do ambiente comunitário. Fora das propriedades da Igreja, os apoios dos pastores e padres são cobertos por proteções à liberdade de expressão, embora ainda estejam sujeitos a outras normas eleitorais, como as relacionadas a calendários eleitorais. Por outro lado, as penalidades por violar a lei eleitoral são baixas ou inexistentes, conforme discutido no capítulo 1, especialmente em comparação com a perda do *status* de isenção de impostos nos Estados Unidos, sem mencionar que a probabilidade de ser pego também é baixa. No trabalho de campo, ocasionalmente, foram observadas violações de todos os padrões descritos no código eleitoral. Como líderes de opinião relativamente engajados civicamente, a maioria dos líderes religiosos certamente conhecia os códigos eleitorais, explicados nos principais meios de comunicação. Em todas as nossas discussões com os líderes religiosos, apenas uma vez ouvimos referência – e de forma reservada – ao código eleitoral como uma razão para evitar o apoio a candidatos. Embora seja possível que o código eleitoral desencoraje as campanhas do líder religioso nas margens, certamente não é uma explicação completa para a relutância em apoiar candidatos. Suspeitamos que os códigos eleitorais tenham mais probabilidade de refletir as normas sociais prevalecentes em relação às campanhas por parte dos líderes religiosos do que de influenciar essas normas.

Normas dos cidadãos sobre o líder religioso e política

Para entender quando e por que os líderes religiosos incentivam a participação política ou, em vez disso, se calam, passamos brevemente do lado da oferta para o da demanda. Esta seção investiga as normas dos cidadãos sobre o que o líder religioso deve fazer e dizer. Como argumentaremos neste e nos próximos capítulos, as normas seculares dos cidadãos são essenciais para entender as guerras culturais do Brasil, incluindo o discurso político dos líderes religiosos e a eficácia às vezes limitada dos apoios protagonizados por eles.

Nos grupos focais, os congregados receberam um folheto com um cenário fictício que envolvia um ditado comum nas comunidades evangélicas do Brasil de três ou quatro décadas anteriores: "Em uma Igreja [evangélica], o Pastor João prega aos membros: 'Política não é coisa de crente'. Ele está esperando o fim dos tempos e diz que eles devem se concentrar em salvar almas". Os participantes do grupo focal reagiram forte e negativamente a esse cenário. Um participante católico chamou a expressão de "horripilante". Outro observou que "Não se deve falar sobre política na igreja porque as pessoas já se decidiram", mas que os frequentadores da igreja deveriam, ainda assim, ter opiniões políticas [GF1]. Um participante de um grupo focal evangélico enfatizou: "Não há dicotomia entre ser cidadão e ser cristão" [FG3]. E um participante de outro grupo sugeriu que o Pastor João do cenário fictício "não leu a Bíblia. É um desconhecimento da Bíblia, porque há política em toda a Bíblia" [FG4].

Quando os cenários dos grupos focais se voltaram para o envolvimento do líder religioso nas eleições, os participantes aprovaram universalmente alguns comportamentos de seus líderes. Até os participantes de um grupo de pessoas que se identificavam como não religiosas concordaram que era correto o líder religioso informar os participantes sobre a importância do voto e enviar mensagens não partidárias incentivando o "voto consciente": escolhas de voto bem informadas e baseadas em políticas, livres de influências personalísticas e clientelísticas [FG7]. As mensagens de orientação cívica não são controversas em parte porque fazem eco a outras campanhas de conscientização pública. Nas congregações, não apenas o líder religioso, mas também os grupos religiosos laicos promovem o voto consciente. Por exemplo, o Comitê de Cidadania, um grupo cívico católico local que se reúne na Catedral de Juiz de Fora, realiza uma campanha de educação pública nas escolas secundárias a cada eleição. O grupo apela aos estudantes do ensino médio, para quem o voto é voluntário aos 16 anos de idade (e obrigatório aos 18 anos), avaliar cuidadosamente os candidatos e não vender seus votos a políticos clientelistas [CO32].

No entanto, os participantes dos grupos focais tinham sentimentos mistos sobre outros comportamentos. O desconforto deles era particularmente perceptível porque os membros da Igreja que estão dispostos a participar de um grupo focal geralmente tendem a ser um pouco mais engajados e solidários com o grupo do que a média. Em um dos quatro grupos focais evangélicos/pentecostais, todos, exceto um entrevistado, se opuseram fortemente ao líder religioso fazer campanha [FG5] e, em um segundo grupo, todos, exceto um, se opuseram levemente [FG6]. Um participante do grupo anterior observou que "hoje existem pastores no Brasil que impõem a política a seus membros e não querem ser questionados a esse respeito. Eles conduzem os membros pelas "rédeas"[34] a votarem para promover

---

34. Literalmente, eles "impõem um voto de cabresto". Essa é uma expressão comum que se refere à votação clientelística com forte controle e monitoramento por um chefe ou intermediário local.

seus próprios interesses privados". Isso deixa seus membros "angustiados", disse ela, porque "é angustiante e contraditório a Igreja e a política se misturarem" [FG5]. Mas mesmo aqueles que consideravam o envolvimento do clero na política frequentemente davam respostas sutis, na linha de "*Isso* está certo, mas não *aquilo*".

Em um terceiro grupo focal evangélico, os entrevistados geralmente concordaram que não havia problema em os pastores permitirem que determinados candidatos fizessem campanha dentro da congregação, mas o pastor não deveria realmente apoiar oficialmente ninguém [FG3]. No grupo focal mais permissivo, um participante traçou o limite em permitir que o candidato fizesse um sermão: "O candidato não pode subir ao púlpito... Se um candidato quer ser apresentado [a nossa congregação], o pastor fala com ele e o apresenta para nós durante o culto... e ora por ele, mas ele não força ninguém. Não estamos sendo guiados pela rédea para votar". E ele acrescentou: "O pastor não chega e nos diz que apoia alguém. Ele explica por que ele apoia. Não nos manda votar às cegas. O pastor deixa claro quais os seus motivos". Outro participante acrescentou que "orar pelo candidato é bíblico" [FG4]. Ainda assim, conversas informais com informantes em outros locais indicaram que a congregação desse grupo focal permissivo também havia perdido membros que estavam descontentes com a intensidade da mobilização política protagonizada pelos pastores.

Os membros de uma Igreja simplesmente ajustam suas normas aos comportamentos de seu próprio líder religioso? Algumas evidências sugerem que isso acontece em uma extensão limitada. Em 2014, duas diferentes pesquisas em nível nacional incluíram uma pergunta que questionava se era apropriado "um padre ou pastor apoiar ou fazer campanha para um determinado candidato no momento da eleição"[35]. No Barômetro das Américas do Lapop, realizado em março e abril de 2014, 49,8% dos entrevistados atribuíram ao cenário hipotético o nível mais baixo de aprovação, e 85,4% desaprovaram até certo ponto. Surpreendentemente, naquele momento, católicos e evangélicos/pentecostais relataram níveis indistintos de apoio à campanha protagonizada pelo líder religioso. Em junho de 2014, apenas dois a três meses depois, no entanto, uma discrepância entre grupos religiosos apareceu na primeira rodada do Estudo do Painel Eleitoral Brasileiro (Brasilian Electoral Panel Study, Beps) de 2014. As respostas entre os católicos foram quase idênticas nas duas pesquisas. No entanto, a aprovação evangélica do cenário hipotético aumentou oito pontos percentuais entre março/abril e junho, para 23%. Isso sugere que, quando os líderes religiosos começaram a formar alianças em preparação para a campanha que logo começaria, alguns evangélicos estavam ajustando suas normas para se adequarem ao comportamento deles. No entanto, também é digno de nota que mais de três quartos dos evangélicos ainda desaprovavam as campanhas de seus líderes em junho de 2014, quatro meses antes das eleições do primeiro e do segundo turnos.

Pressões de afiliação e competição entre religiões

Esta seção retorna ao lado da oferta, o líder religioso. Pastores evangélicos e padres operam em um ambiente em que precisam estar atentos a seus níveis de presença. Talvez

---

35. No Barômetro das Américas de 2014, a questão é Brarel1; no Beps de 2014, é REL1.

uma nova comunidade religiosa na rua – da mesma religião ou não – irá atrás dos membros de uma outra comunidade religiosa. Talvez os jovens simplesmente decidam que a Igreja é irrelevante para suas vidas e parem de frequentá-la. Talvez um padre não seja um bom administrador da comunidade, ou talvez um diácono tenha um caso com a líder do coral, e um quarto dos membros deixem a Igreja por repugnância. Ou talvez uma comunidade tenha a sorte de enfrentar o problema de crescer para além de seu espaço atual e, de repente, precise adquirir uma nova propriedade.

Existem duas abordagens políticas adotadas pelos líderes religiosos para tentar lidar com as preocupações sempre presentes com a afiliação. As estratégias do lado da oferta envolvem a busca de aliados dentro do Estado – em cargo eleito ou na burocracia – para aproveitar o próprio grupo ou limitar a concorrência. Aliados do Estado podem ser úteis para ajudar as Igrejas a obterem licenças de construção, concessões de rádio ou contratos governamentais para fornecer serviços de tratamento antidrogas (uma estratégia para a evangelização). Um aliado bem posicionado na burocracia pode ser capaz de facilitar a aplicação da legislação secular que proíbe a evangelização, ou ele pode redobrar a fiscalização; talvez impedindo a instalação de uma Igreja rival que sua própria Igreja acredita que obstruiria o tráfego. Um aliado legislativo também pode introduzir novas leis. Assim, os líderes religiosos apoiam candidatos políticos em parte para reforçar o apoio futuro.

O segundo conjunto de estratégias políticas para lidar com a pressão de afiliação envolve a atenção ao lado da demanda: congregados existentes ou potenciais. Os líderes religiosos podem simplesmente tentar se comportar politicamente da maneira que acham que os "consumidores" religiosos desejam, como o clero católico que se torna menos conservador em seus tópicos de pregação, como visto no capítulo anterior. Mas essa estratégia nem sempre envolve avançar em direção ao consumidor religioso mediano. Às vezes, os consumidores religiosos realmente não sabem o que querem, ou suas preferências podem mudar. Assim, o clero empreendedor e carismático pode criar novos mercados para novas formas de ação político-religiosa.

Se as pressões de afiliação levam o líder religioso a procurar aliados no Estado, o experimento de ameaças à afiliação discutido no capítulo anterior deve induzir o apoio a candidatos e a pressionar mais ativamente as autoridades do Estado.

A figura 11 mostra que, quando os líderes evangélicos e católicos são lembrados da ameaça de concorrência, os evangélicos se tornam mais favoráveis à defesa legislativa, enquanto os católicos se tornam mais propensos a dizer que sua congregação provavelmente apoiará um candidato. Em ambos os casos, o grupo menos engajado imita seu concorrente religioso mais engajado. No entanto, o tratamento da ameaça não afeta o apoio a movimentos sociais ou planos para discutir comparecimento às urnas ou a votação consciente – todas formas relativamente indiretas de procurar aliados no Estado.

As pressões de afiliação provavelmente tiveram um impacto muito mais forte nas atividades políticas dos evangélicos nas décadas de 1980 e 1990. Naquele período, os líderes evangélicos que procuravam aumentar suas congrega-

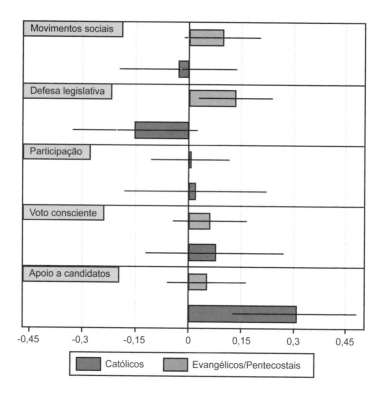

Figura 11 A ameaça de concorrência afeta a defesa legislativa e o apoio a candidatos

ções rapidamente se tornaram conhecidos pela politicagem com o interesse de obter concessões de rádio e autorizações de construção (Gaskill, 2002). Denominações como a Igreja Universal do Reino de Deus desenvolveram métodos descomunais de campanha dentro de suas igrejas para maximizar seu poder eleitoral (A.B. Fonseca, 2008; Reich e dos Santos, 2013). No processo, eles criaram o que os estudiosos do movimento social chamariam de novos "repertórios de participação" – novas maneiras de organizar suas comunidades para causar impacto na política (Dalton e Welzel, 2014; Tarrow, 1998). Esses estilos de campanha são remanescentes dos métodos anteriores de organização clientelística, pois os pastores veem as congregações como blocos de votos e exercem influência pessoal sobre "seus" eleitores. No entanto, os pastores são diferentes dos chefes rurais, ou os coronéis de tempos remotos. Não há recompensas clientelísticas por votar no pastor, exceto, talvez, espirituais, nem os pastores tentam monitorar se os eleitores cumprem suas promessas de voto. Ainda assim, esses métodos se mostraram altamente eficazes na promoção de interesses congregacionais.

Mesmo que os líderes religiosos tentem influenciar o cenário de concorrência buscando aliados políticos, os líderes religiosos também devem estar cientes dos desejos dos membros. Como o terceiro exemplo da introdução deste capítulo indica, um pastor que julga mal seu público pode inadvertidamente afastar um terço de seus congregados. É provável que o engajamento político do líder religioso seja particularmente arriscado nos grupos religiosos nos quais os adeptos estão politicamente divididos ou há discordância política entre os líderes e a comunidade (Djupe e Gilbert, 2002, 2009).

Para testar essa proposição, desenvolvemos uma medida de diversidade política dentro da comunidade religiosa. Na pesquisa dos líderes religiosos, 82,6% dos católicos, assim como 73,9% e 71,6% dos evangélicos e pentecostais, respectivamente, disseram que suas congregações estavam politicamente divididas em relação à eleição presidencial. Além disso, 45,7% dos clérigos católicos, 29,9% dos evangélicos e 31,3% dos pentecostais disseram que eles pessoalmente tinham visões "muito" ou "um tanto" diferentes da maioria de seus membros. Combinamos essas duas variáveis em uma única medida da diversidade política dentro de uma comunidade ou congregação, variando de 0 a 1. O nível médio de diversidade política é de 0,66 nas comunidades católicas, 0,56 nas congregações evangélicas e 0,55 nas pentecostais. O nível de apoio dos líderes às cinco atividades políticas diferentes – movimentos sociais, defesa legislativa, participação, votação consciente e apoio a candidatos – varia de acordo com o nível de diversidade política da comunidade. Nas congregações evangélicas, a diversidade congregacional diminui significativamente o apoio do pastor para todas as cinco atividades. Entre o clero católico, a diversidade parece apenas deprimir o apoio à votação consciente e apoios.

Para resumir os resultados desta seção, as pressões de afiliação têm efeitos mistos no apoio do líder religioso à participação política. Por um lado, ser lembrado da ameaça de perder membros para outras Igrejas aumenta o interesse do líder religioso em apoiar candidatos e defender determinada legislação – as duas maneiras de encontrar aliados do Estado que poderiam ajudar o grupo religioso que está tendo concorrência. Especulamos que esse efeito possa ter sido mais forte entre os pastores pentecostais nas décadas de 1980 e 1990, quando os pentecostais desenvolveram novos estilos de campanha nas congregações, ou novos repertórios de participação, com o objetivo de melhorar o acesso a bens controlados pelo Estado, como concessões de rádio e permissões de construção. Por outro lado, os líderes religiosos também devem ter em mente que a maioria dos brasileiros, e até a maior parte dos evangélicos e pentecostais, acredita que as Igrejas não devem se envolver muito na disputa eleitoral. Embora evangélicos e pentecostais, em particular, pareçam dispostos a ajustar seus padrões até certo ponto, suas normas não são infinitamente elásticas. A liderança religiosa é especialmente cautelosa em falar sobre política em suas comunidades quando são politicamente diversas.

Prioridades políticas e visões do processo político

As guerras culturais do Brasil não são simplesmente o resultado dos esforços de grupos religiosos para manter e expandir seu número de membros no mercado religioso altamente competitivo. Ideias também são importantes. Três tipos de crenças afetam a maneira como o líder religioso conversa com os fiéis sobre ativismo político. A primeira envolve a percepção de como o Estado trata o grupo religioso – se isso prejudica o grupo (aqui chamado de "agravos" ou "prejuízo inferido"); ajuda o grupo ("favoritismo inferido"); ou nenhum desses ("neutralidade inferida"). Segundo, as visões teológicas – em particular o conservadorismo doutrinal – são importantes. Como mostram as cenas introdutórias do capítulo 4, discussões de visões políticas e religiosas conservadoras geralmente acompanham apelos para defender a família cristã. Esse capítulo também revelou que o líder doutrinalmente conservador tem maior probabilidade de acreditar que o Estado está prejudicando seus interesses de grupo e tem menos probabilidade de acreditar que o Estado é neutro. Agora, argumentamos que o conservadorismo doutrinal motiva os apelos do líder religioso ao ativismo político, mesmo depois de considerar as percepções do viés ou neutralidade do Estado. Até os conservadores doutrinais que veem o Estado como neutro se sentem compelidos a agir para mudar a política. Terceiro, as atitudes democráticas também influenciam os apelos à ação. Os líderes religiosos que apoiam mais a democracia e são mais tolerantes, interna e externamente, apoiam mais fortemente a participação democrática.

Nas últimas duas décadas, a política e as políticas públicas brasileiras se deslocaram para a esquerda em muitas questões relacionadas ao tradicionalismo sexual e familiar. A mais importante é a legalização do casamento entre pessoas do mesmo sexo em duas decisões de tribunais superiores em 2011 e 2013. Mas essa passagem para a esquerda é observável de outras maneiras. Por exemplo, a controvérsia em torno da orientação sexual de Margarida Salomão na disputa da Prefeitura de Juiz de Fora em 2008 foi precursora de controvérsias posteriores sobre as orientações sexuais de outros políticos de esquerda nas disputas locais e legislativas. No Congresso Nacional, os legisladores de esquerda promovem cada vez mais o que seus críticos conservadores chamam de "ideologia de gênero" – a noção de que os papéis de gênero são socialmente construídos e de que indivíduos transgêneros merecem proteção. Essas mudanças são, sem dúvida, influenciadas pelas tendências globais à esquerda para essas questões nas democracias ocidentais. O aborto é outra questão polêmica. Embora o aborto seja legal apenas em algumas circunstâncias especiais, os políticos de direita e de esquerda procuram afastar a política de aborto do *status quo*. Após uma decisão do Supremo Tribunal Federal de dezembro de 2016, alguns observadores especularam que ele em breve legalizaria o aborto. No entanto, no final de 2017, a

Câmara dos Deputados tomou medidas para criminalizar o aborto em todas as circunstâncias, retirando um projeto de lei controverso do comitê.

As tendências de políticas para a esquerda provavelmente mobilizam o ativismo evangélico e pentecostal dos líderes religiosos. Não apenas evangélicos e pentecostais assumem posições conservadoras sobre a dimensão do tradicionalismo sexual e familiar, mas, como visto no capítulo anterior, suas posições não se movem prontamente para a esquerda em resposta à pressão social. Os mesmos métodos de organização que promovem interesses particulares de grupos também podem ajudar o clero a perseguir objetivos políticos. Além disso, à medida que os evangélicos e os pentecostais crescem em número, esses métodos de organização se tornam cada vez mais eficazes.

A tabela 2 explora como esses três conjuntos de atitudes, em combinação com as pressões de afiliação, afetam a atividade política dos líderes religiosos[36]. Por simplicidade, as células marcadas com sinais negativos mostram que uma determinada variável independente (listada na coluna mais à esquerda) *diminui* o apoio do líder religioso à forma de ação política encontrada no topo da coluna; um sinal positivo indica que a variável independente fornecida *aumenta* o apoio do líder religioso a essa forma de ativismo político. A tabela mostra apenas efeitos que são

---

36. As variáveis dependentes são deixadas em suas escalas originais e a análise usa regressão logística ordinal. Católicos e evangélicos/pentecostais são apresentados juntos em um único modelo, porque os modelos multivariados são pouco potentes entre os católicos. Discuto os resultados para os grupos separados quando diferem significativamente.

Tabela 2 Características associadas ao apoio dos líderes religiosos à atividade política (todas as tradições religiosas combinadas)

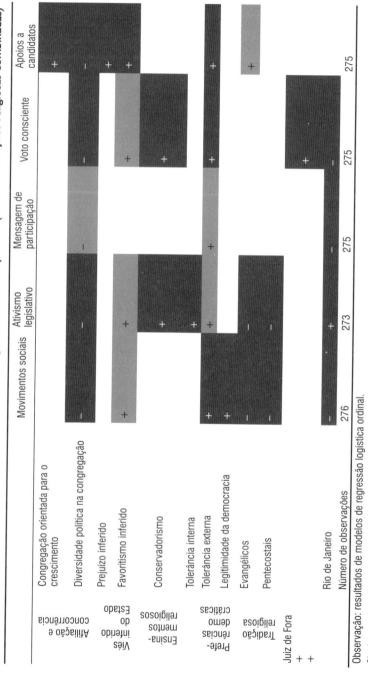

Observação: resultados de modelos de regressão logística ordinal.

Sinais negativos denotam coeficientes negativos estatisticamente significativos e sinais positivos denotam coeficientes positivos estatisticamente significativos. As células cinza escuro são estatisticamente significativas em $p < 0,05$; as células cinza claro são estatisticamente significativas em $p < 0,10$.

estatisticamente significativos em p <0,10 (cinza claro) ou p <0,05 (cinza escuro).

Essa análise, novamente, demonstra a importância das pressões dos membros. A diversidade política dentro de uma congregação diminui substancialmente o apoio dos líderes religiosos a todas as cinco formas de ativismo. Ao mesmo tempo, o apoio a candidatos é mais comum em congregações orientadas para o crescimento[37].

Curiosamente, ver o Estado como tendencioso – seja a favor ou contra o grupo – também motiva o discurso político dos líderes religiosos. Aqueles líderes religiosos que pensam que o Estado é neutro têm menos probabilidade de incentivar o ativismo. O impacto no apoio a candidatos é bastante grande – a probabilidade de apoiar candidatos cai de 0,47 para 0,26 para aqueles que dizem que o Estado é neutro.

Os resultados de um quase-experimento que ocorreu no componente de Fortaleza da pesquisa indicam que os líderes evangélicos se tornam mais favoráveis ao ativismo político quando lembrados do tratamento dado pelo Estado a seus grupos religiosos. Conforme discutido no capítulo 3, no segundo dia da conferência evangélica, uma nova versão mais curta da pesquisa foi colocada em campo devido a problemas de logística. As duas perguntas sobre o tratamento do Estado a grupos religiosos foram incluídas na parte inferior da versão do tratamento original ("versão A") e próxima à parte inferior, diretamente acima do tratamento "ameaça à afiliação", na versão de controle original ("versão B"). No entanto, no novo questionário ("versão C") colocado em campo no se-

---

37. Os resultados serão mantidos se também incluirmos um controle para o tratamento de ameaças à afiliação.

gundo dia da conferência, essas perguntas foram movidas para o topo do questionário, após uma única pergunta sobre mudanças recentes nos níveis de participação e diretamente antes das perguntas sobre atividades políticas. As diferenças entre as respostas às "versões A" e "B" no primeiro dia da conferência e as da "versão C" no segundo dia podem ser instrutivas. O tratamento do "agravo político" na versão C não é um experimento verdadeiro, pois foi administrado em um único dia de entrevistas, e a administração não randomizou entre a versão C e versões A e B. Diferenças nas respostas entre as versões C e versões A e B podem ser o resultado de outro choque nas atitudes políticas no terceiro dia da conferência, talvez uma palestra politicamente motivadora. No entanto, não temos conhecimento de nenhum choque assim que possa explicar as diferenças nos efeitos.

A figura 12 apresenta os impactos do tratamento de agravos a partir do segundo dia da conferência e o tratamento da ameaça à afiliação no primeiro dia da conferência em relação às respostas das condições de controle no primeiro dia[38]. A amostra é limitada aos entrevistados de Fortaleza, pois eles podem diferir de várias maneiras dos evangélicos e pentecostais entrevistados em Juiz de Fora ou no Rio de Janeiro. Os entrevistados da versão C no segundo dia da conferência tiveram probabilidade substancial e significativamente maior de apoiar o ativismo legislativo e dizer que promoveriam o comparecimento às urnas e endossariam os candidatos. O aparente impacto da mudança no questionário referente ao apoio ao ativismo

---

38. A lista de variáveis dependentes omite mensagens de voto consciente porque essa pergunta não foi feita na versão C.

legislativo é muito grande. Uma análise mais aprofundada revela que os efeitos são estatisticamente significativos apenas entre aqueles que relatam que o Estado é tendencioso. Entre aqueles que acreditam que o Estado é neutro, a mudança no questionário não está significativamente associada a nenhuma forma de ativismo político. Embora não possamos dizer conclusivamente que essas diferenças se devam à colocação do tratamento de agravos no início do questionário, elas são sugestivas.

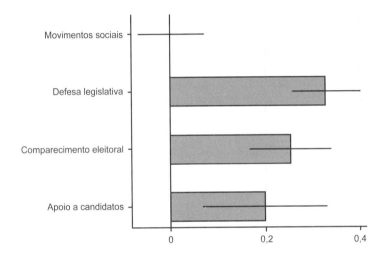

Figura 12 **O impacto quase experimental do tratamento de agravos no apoio do clero ao ativismo político**

As visões religiosas também são importantes. Na figura 12 o conservadorismo doutrinal prevê o apoio ao ativismo legislativo e a votação consciente. Seccionando a análise por grupo religioso, contudo, descobrimos que o conservadorismo doutrinal afeta fortemente o comportamento dos pastores evangélicos e pentecostais, mas tem pouco impacto no clero católico.

Finalmente, as orientações democráticas influenciam como o líder religioso conversa com os fiéis sobre participação política. A orientação mais importante é a tolerância externa. Os líderes religiosos que estão mais dispostos a acomodar discordâncias dentro da sociedade em geral têm mais probabilidade de apoiar todas as cinco formas de participação política. Além disso, aqueles que consideram a democracia como mais legítima apoiam os movimentos sociais, enquanto aqueles que são mais tolerantes à discordância em suas congregações apoiam mais fortemente o ativismo legislativo.

Resumo

A parte II deste livro mostra que o atual período de polarização político-religiosa no Brasil resulta de duas forças. Primeiro, os esforços estratégicos dos membros do clero para manter e aumentar seu número de membros em um mercado religioso em constante evolução afetam quais pontos de vista políticos eles discutem e quais ações políticas eles apoiam. Diferentes tradições religiosas respondem diferentemente à concorrência. Às vezes, as pressões de afiliação induzem o líder a mudar seus ensinamentos religiosos e políticos. Por exemplo, quando o clero católico é lembrado da ameaça de concorrência de outros grupos religiosos, eles se tornam menos doutrinalmente conservadores. As pressões de afiliação também podem induzir o clero a apoiar atividades políticas, já que os líderes religiosos buscam aliados políticos em suas lutas contra os concorrentes. No entanto, as pressões de afiliação levam mais frequentemente o clero a *evitar* apoiar atividades políticas, por medo de ofender os membros.

Segundo, porém, visões teológicas sinceras e não estratégicas também importam. Alguns ensinamentos são imunes às ameaças de afiliação, incluindo a relutância dos líderes católicos em discutir a homossexualidade e a ênfase evangélica no conservadorismo doutrinal. O resultado foi uma divergência crescente entre católicos e evangélicos em ensinamentos relacionados a políticas, já que os pentecostais e evangélicos têm menos probabilidade de evoluir em uma direção liberal do que os católicos. Na medida em que a política também evoluiu em uma direção liberal, grupos religiosos conservadores viram essa mudança como uma ameaça. Isso levou ao aumento da mobilização evangélica e à utilização de métodos de organização política que foram desenvolvidos primeiro para ajudar os pentecostais a desenvolver aliados eleitos no Estado.

Parte III

Como os fiéis respondem

6
Influência da Igreja nas visões de políticas e no partidarismo dos cidadãos

A parte III deste livro considera como os cidadãos reagem às prioridades e posições políticas dos líderes religiosos. Encontramos evidências das guerras culturais entre os fiéis que aderem a uma Igreja e os não religiosos? Ou seja, o engajamento político e a polarização religiosa entre os líderes religiosos levam a uma brecha crescente nas atitudes políticas ou na escolha de votos entre os cidadãos? Este capítulo investiga diferenças (ou, em muitos casos, a falta de diferenças) entre grupos religiosos no partidarismo, opiniões sobre políticas em relação ao cristianismo, tradicionalismo familiar/sexual e atitudes socioeconômicas e ambientais.

Ele revela que a influência religiosa nas atitudes políticas no Brasil é *parcial* – limitada a uma faixa relativamente estreita de questões. As evidências confirmam pesquisas anteriores que mostram que, em termos comparativos, os evangélicos brasileiros são bastante liberais em questões como política para pobres e assistência social (McAdams e Lance, 2013; Nishimura, 2004; Pew Research Center, 2006). Em muitos domínios políticos, as opiniões de católicos, evangélicos, não religiosos e adeptos de outras religiões são indistinguíveis. É o caso das atitudes socioeconômicas, bem como as relativas a meio ambiente e raça. No entanto, as diferenças religiosas são grandes e crescentes quanto à aceitabilidade da homossexualidade e o apoio ao casamento entre pessoas do mesmo sexo. As disparidades religiosas também estão se ampliando nas atitudes relacionadas a aborto, enquanto membros de diferentes grupos religiosos discordam fortemente sobre até que ponto o Estado brasileiro deve privilegiar o cristianismo. Finalmente, embora não tenha havido diferenças religiosas no partidarismo em grande parte do período após 2002, uma divisão partidária surgiu em 2017 entre católicos e adeptos de outros grupos religiosos. Assim, no nível de massa, as guerras culturais brasileiras giram em torno de um conjunto limitado de assuntos, mas altamente salientes em termos políticos, e de atitudes partidárias.

O que explica essas diferenças religiosas? Usando as pesquisas congregacionais e os estudos em nível nacional, testamos a influência social nas Igrejas estudadas, procurando congruência dentro de congregações e entre congregações e seus arredores mais amplos. Os resultados qualitativos e quantitativos indicam que as comunidades desenvolvem culturas políticas distintas em algumas questões – a saber, questões relacionadas ao tradicionalismo familiar e sexual e às relações Igreja-Estado. Embora quase não existam divergências intercongregacionais em tópicos como política socioeconômica, raça ou meio ambiente, as congregações variam bastante entre si nas questões da guerra cultural mencionadas acima. Isso sugere que a religião pode levar à polarização apenas em alguns domínios de políticas.

A influência religiosa nas atitudes políticas também é *assimétrica*, afetando algumas pessoas mais do que outras. Os conservadores doutrinais são mais facilmente influenciados pelo líder religioso e por outros fiéis, provavelmente levando as comunidades religiosas a uma direção conservadora. No entanto, normas seculares impõem grades de proteção à influência do líder religioso. O capítulo anterior argumentou que a resistência do cidadão limita o que o clero pode dizer no púlpito. Agora descobrimos que essa mesma resistência também limita a influência das congregações nos membros. Assim, no contexto de normas seculares amplamente adotadas, a natureza impulsionada pelo clero das guerras culturais do Brasil reduz o escopo da polarização em relação ao que geralmente se encontra nas guerras culturais impulsionadas por partidos.

Antes de prosseguir, uma observação sobre terminologia religiosa se faz necessária. Até agora, pentecostais e evangélicos eram frequentemente analisados e discutidos separadamente. A seguir, porém, o termo "evangélico" normalmente se refere a todos os protestantes, evangélicos e pentecostais. Há algumas razões para isso. Primeiro, a parte II mostrou que os líderes religiosos pentecostais e os evangélicos se comportam de maneira semelhante. Segundo, pesquisas no nível do cidadão tratam protestantes, pentecostais e evangélicos de maneira inconsistente no Brasil devido a uma ampla divergência sobre como classificar diferentes denominações. Terceiro, os evangélicos laicos e os pentecostais tendem a relatar suas próprias afiliações a essas categorias de maneira inconsistente. Embora o Pew Forum calcule que os pentecostais superaram os evangélicos não pentecostais no Brasil durante pelo menos a última década (Pew Research Center, 2006), algumas pesquisas nacionalmente representativas indicam que os evangélicos superam os pentecostais. Parece que alguns pentecostais podem não se identificar como tais. Os líderes religiosos, como especialistas em religião, entendem melhor as distinções e relatam com mais confiabilidade se são pentecostais ou evangélicos.

Quatro cenas

1) Ao final de outubro, seis participantes da paróquia católica de São José estavam conversando comigo em uma bem-iluminada e recém-mobilhada sala de reuniões no andar de cima. A Igreja era importante na vida de todos os seis participantes de grupos focais. Um deles era um membro ativo do Comitê de Cidadania da Catedral; outro participava da Escola da Fé, um programa de educação católica para adultos; um terceiro apresentou-se declarando que: "Meu interesse é Deus, Jesus, Nossa Senhora e minha fé". Mas quando surgiu o tópico "homossexualidade", a falta de uma estrutura comum para entender a questão era clara. Alguns opinaram que a homossexualidade era uma característica biológica inata, outros que era um comportamento. Uma pessoa declarou: "Está na Bíblia, é um pecado!" Outro se mostrou como um forte defensor do casamento entre pessoas do mesmo sexo: "Precisamos de uma legislação que atenda a todos. O governo não pode forçar a Igreja a realizar casamentos *gays*, mas para casamentos civis, precisamos resolver esse problema de uma vez por todas". Observando a diversidade de perspectivas, perguntei se eles conversavam muito sobre esse tópico na Igreja. A resposta foi universalmente negativa. Como disse um participante: "Esses tópicos podem incomodar umas pessoas e elas nunca mais voltarão". Enquanto o

grupo concluía, a participante que havia expressado as opiniões mais negativas queria ter certeza de que seus colegas participantes não achavam que ela era contra os *gays*. Todos concordaram que os *gays* deveriam ter permissão para frequentar a igreja e participar de atividades [FG1].

2) Quatro dias antes, eu havia conversado com um grupo de jovens adultos em uma Igreja evangélica de classe média. A maioria dos participantes tinha alguma educação pós-secundária e geralmente era um pouco mais tolerante com a homossexualidade do que outros evangélicos que encontrei. Eles concordaram um com o outro que, como um participante disse: "A prática da homossexualidade é um pecado, mas devemos amá-los sem julgá-los ou condená-los. O pecado deles é diferente do nosso. Não podemos rejeitar essas pessoas como minoria". Apesar da mensagem relativamente tolerante, os participantes consideraram claramente os *gays* como um grupo externo com o qual contrastaram o seu endogrupo. Eles esperavam que os *gays* que frequentavam sua Igreja rejeitassem "o estilo de vida homossexual". Outro participante acrescentou: "Assim como respeitamos os homossexuais como pessoas, eles também devem respeitar nossos princípios" [FG3].

3) Num domingo de setembro de 2014, o santuário com painéis de madeira da Assembleia de Deus de Juiz de Fora continha, talvez, cem adultos divididos em quatro grupos, todos recebendo aulas na escola dominical. Sentei-me com um grupo de cerca de trinta mulheres

ouvindo a professora laica, Irmã Enilda. Seguindo o guia curricular distribuído nas congregações da Assembleia de Deus em todo o Brasil, a lição do dia era da Epístola de Tiago e enfatizava os pecados de omissão, como a cobiça e a falta de caridade. Rejeitando vigorosamente o evangelho da prosperidade, Enilda declarou que: "Sempre haverá pessoas pobres. Não é culpa delas. Precisamos ter o cuidado de fornecer serviços sociais". Ela exortou aqueles de nós que tinham mais do que precisávamos para doar nossas melhores coisas a outras pessoas. "A Igreja é um corpo único. Se uma pessoa está doente, estamos todos doentes. Na primeira Igreja, estávamos todos juntos, comendo juntos, fazendo coisas juntos. Precisamos de solidariedade e caridade dentro da Igreja." Ela definiu o serviço social não apenas como a coisa certa a fazer, mas como um interesse próprio esclarecido: "Hoje talvez eu não precise de ajuda, mas amanhã vou... A riqueza não é para sempre" [CO21].

4) Em outubro de 2014, na Igreja Batista Boas Novas, dez participantes de grupos focais sentaram-se em cadeiras dobráveis em círculo em um grande espaço de adoração no estilo de um armazém. Sentados sozinhos sob os tetos altos, o grupo parecia muito pequeno. Quando os participantes se apresentaram, um homem nos disse que havia compreendido a importância da política porque as leis do país impediam a educação religiosa nas escolas. Trabalhar como capelão de hospital, ele havia descoberto, era uma "estratégia" muito boa para evangelizar fora da igreja. Ele gostaria de ter capelães de escola também, mas o secularismo do Estado

("*o Estado laico*") não permitiu. Por causa disso, ele se tornou "uma pessoa muito envolvida em política". Dois outros participantes entraram na conversa, argumentando que o Estado brasileiro era apenas "secular entre aspas". "O catolicismo controla tudo", disseram eles, e "só podemos ensinar catolicismo" nas escolas. [FG4; observe que a educação católica é legalmente proibida nas escolas públicas, mas uma educação religiosa que "respeita a diversidade religiosa cultural" faz parte do currículo (L.A. Cunha, 2009)].

Religião e atitudes políticas dos cidadãos

O que os cidadãos brasileiros pensam sobre questões de política? Os membros de uma Igreja refletem as divisões ideológicas encontradas entre os seus líderes? Se as guerras culturais nos Estados Unidos podem ser utilizadas como um guia, há motivos para suspeitar que não. Embora a polarização esteja aumentando nos Estados Unidos, as divergências ideológicas entre os partidos permanecem maiores entre as elites e ativistas do que entre outros cidadãos (Abramowitz, 2010; Fiorina e Abrams 2008; Fiorina, Abrams e Pope, 2006; Mason 2015; Wolfe, 1999).

O mesmo padrão ocorre no Brasil? Em muitas questões, existem poucas diferenças entre os cidadãos em diferentes grupos religiosos. Atitudes em relação à homossexualidade e ao casamento entre pessoas do mesmo sexo – a mesma questão em que as diferenças de líderes religiosos são maiores – constituem uma exceção importante. Os evangélicos também estão se tornando mais conservadores sobre o aborto, levando a uma crescente discrepância evangélico-católica nessa questão. Finalmente, membros de diferentes grupos religiosos discordam sobre políticas que privilegiariam o cristianismo sobre outras religiões. Tomadas em conjunto, essas descobertas indicam uma polarização ideológica incipiente, na medida em que os cidadãos seguem as indicações dos líderes religiosos.

A figura 13 baseia-se em seis edições do Barômetro das Américas do LAPOP para avaliar como as opiniões políticas de diferentes grupos mudaram entre 2008 e 2017. Todos os itens são convertidos em escalas de 0 a 1; valores mais altos indicam maior apoio para cada política[39]. As maiores e mais consistentes diferenças religiosas estão relacionadas à homossexualidade. Em 2007, 49% dos evangélicos se opunham aos homens que faziam sexo com outros homens, contra 36% dos católicos, 28% daqueles sem afiliação religiosa e 27% daqueles em outros grupos religiosos[40]. Três anos depois, o Barômetro das Américas começou a pedir a opinião dos entrevistados sobre o casamento entre pessoas do mesmo sexo. O apoio ao casamento entre pessoas do mesmo sexo aumentou gradualmente em todos os grupos entre 2010 e 2017, fazendo eco às tendências globais. Embora a mídia e as redes internacionais tenham difundido rapidamente novas normas e entendimentos da homossexualidade, no Brasil a mudança foi muito mais rápida entre os não evangélicos. No período de sete anos, o apoio ao casa-

---

39. O apêndice C online explica o texto de todas essas perguntas (ou, em alguns casos, índices).
40. A pergunta GEN8 era: "Agora vou falar sobre um tópico controverso. O que você acha dos homens que fazem sexo com outros homens? Você acha que eles são livres para fazer o que querem, ou eles não têm vergonha, ou você acha que eles têm problemas mentais?"

mento entre pessoas do mesmo sexo aumentou de 0,42 para 0,58 entre católicos e de 0,54 para 0,68 entre "outros". No entanto, o aumento foi de 0,28 a 0,34 entre os evangélicos.

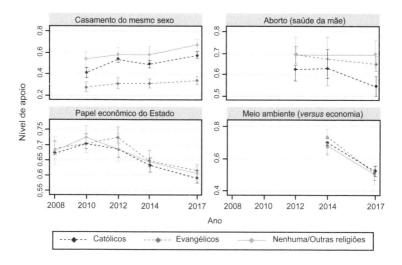

Figura 13 **Afiliação religiosa e preferências políticas**

Essa crescente divergência religiosa sugere que diferentes comunidades religiosas vêm construindo diferentes entendimentos da homossexualidade. De fato, observamos uma linguagem muito diferente nas congregações. Os católicos muitas vezes justificavam a tolerância dizendo: "Somos todos filhos de Deus". Por outro lado, uma participante de um grupo focal da Igreja Batista declarou que: "Gays não são filhos de Deus. Um filho de Deus é alguém que recebe a palavra" [FG4]. Foi a única vez que ouvimos essa opinião e suspeitamos que essa participante estivesse em minoria em sua própria congregação. Ainda assim, as Igrejas evangélicas geralmente tentam "curar" a homossexualidade por meio de aconselhamento e oração e insistem que só aceitarão *gays* que se submeterem a terapia. No mesmo grupo focal, um participante relatou: "No momento, no Congresso, eles estão planejando leis para extinguir a família como uma base social". Outro participante acrescentou que "a Igreja será forçada a realizar esse tipo de união". Um terceiro temia que o estado de Minas Gerais aprovasse leis para que "mesmo nas escolas eles ensinem que isso é normal" [FG4].

O Barômetro das Américas revela diferenças menores, mas igualmente crescentes, sobre o aborto. As diferenças religiosas nas opiniões sobre se o aborto deve ser permitido quando a saúde da mulher está em perigo não foram estatisticamente significativas em 2012 ou 2014, mas a diferença se tornou estatisticamente significativa em 2017. Isso ocorreu em grande parte devido ao crescente conservadorismo entre os evangélicos.

Contudo, a questão única sobre o aborto do Barômetro das Américas internacional corresponde mal ao Código Penal Brasileiro, que permite o aborto quando a *vida* da mãe (não a saúde) está em perigo, e no caso de estupro. A inconsistência é problemática, uma vez que as opiniões sobre o aborto são altamente sensíveis a como as perguntas são formuladas (Lewis, 2017). Os Estudos do Painel Eleitoral Brasileiro (Brasilian Electoral Panel Studies, Beps) de 2010 e 2014 perguntaram sobre cenários que correspondem às condições legais: "O aborto (1) jamais deveria ser permitido, (2) deveria ser permitido apenas em circunstâncias excepcionais, como estupro ou risco à vida da mãe; (3) só deveria ser permitido nos estágios iniciais da gravidez; ou (4) deveria ser permitido sem restrições?" Nos Beps de 2014, apenas 6% dos católicos e 4% dos evangélicos eram a favor da liberalização das leis de aborto, em comparação com 14%

daqueles sem religião e 9% daqueles em outras religiões. As maiorias apoiaram o *status quo*: 57% dos católicos, 51% dos evangélicos, 60% daqueles sem religião e 58% daqueles em outras religiões. Na extremidade conservadora, 37% dos católicos e 45% dos evangélicos eram a favor de tornar o aborto completamente ilegal, enquanto 26% daqueles sem religião e 33% daqueles em outras religiões o fizeram[41].

O aborto e a homossexualidade são as duas questões mais importantes que separam o eleitorado pela religião e, por fim, conduzem as guerras culturais do Brasil. Passando para um terceiro aspecto do tradicionalismo familiar e sexual, encontramos poucas diferenças religiosas nas atitudes em relação aos papéis das mulheres na sociedade e na força de trabalho. Em 2007, os católicos eram um pouco mais conservadores do que outros grupos sobre o *status* das mulheres na força de trabalho. No entanto, entre 2008 e 2017, as pesquisas não revelam diferenças religiosas nas atitudes em relação aos papéis das mulheres em cargos públicos.

Os dados da pesquisa praticamente não revelam diferenças religiosas na maioria das outras políticas. Como indica a terceira cena da abertura deste capítulo, muitos evangélicos e pentecostais apoiam fortemente a rede de segurança social. De 2008 a 2017, o Barômetro das Américas fez duas perguntas sobre atitudes socioeconômicas: se o Estado brasileiro deve possuir indústrias importantes e se o Estado deve tentar corrigir a desigualdade econômica. Embora o eleitorado como um todo tenha se tornado mais conservador durante esse período, em nenhum momento

---

41. A satisfação com o *status quo* diminuiu um pouco entre os Beps de 2010 e 2014.

houve diferenças significativas entre os grupos religiosos. Também não existem diferenças religiosas na autocolocação no espectro ideológico esquerda-direita no período de 2007 a 2017; nem em atitudes ambientais e raciais. Em 2014 e 2017, os entrevistadores do Barômetro das Américas perguntaram aos entrevistados se preferiam proteger o meio ambiente ou promover o desenvolvimento econômico. Em três anos, o apoio ao meio ambiente (*versus* o desenvolvimento econômico) diminuiu drasticamente, provavelmente devido a uma grave crise econômica. No entanto, não havia, em essência, diferenças entre grupos religiosos. E em 2012 (o único ano em que a pergunta foi feita), os evangélicos foram um pouco, embora isso não seja estatisticamente significativo, para a esquerda de outros cidadãos no apoio a cotas universitárias para afrodescendentes.

Observe que essas visões contrastam dramaticamente com as prioridades das lideranças religiosas. No capítulo 4, vimos que o clero católico está à esquerda dos ministros evangélicos e pentecostais no que tange à economia, ao meio ambiente e ao racismo. Ou seja, as atitudes dos cidadãos não correspondem às prioridades das elites religiosas locais em questões fora do domínio da família e do tradicionalismo sexual. A falta de correspondência fornecerá uma pista importante para entender a representação no capítulo 9.

E o partidarismo? O capítulo 5 encontrou uma maré de antipetismo entre alguns – embora certamente não todos – os pastores evangélicos e pentecostais. Essa hostilidade é traduzida para os congregados? A antiga aliança católicos-PT persiste hoje entre os cidadãos? Entre 2007 e 2014, há poucas diferenças estatisticamente significativas no partidarismo. Contudo, a figura 14 mostra que, quando o Partido dos Trabalhadores começou a declinar em popularidade entre 2012 e 2014, os evangélicos foram mais rápidos em abandonar o navio do que os católicos. Em 2017, uma diferença estatisticamente significativa havia se aberto entre católicos e outros grupos religiosos[42].

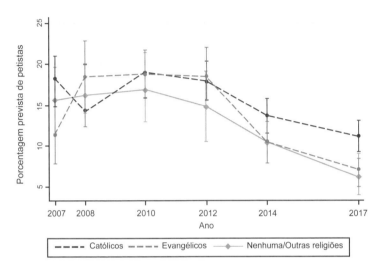

Figura 14 **Afiliação religiosa e apoio ao Partido dos Trabalhadores**

Mas, mais uma questão de políticas conduz as divisões religiosas sobre a política. Cenários de dois grupos focais ilustram debates sobre políticas que promovem o secularismo ou favorecem o cristianismo. Na Igreja Batista Boas Novas, um participante que trabalhava com reabilitação de drogados se preocupava em sofrer "pressão do governo", impedindo a evangelização em espaços públicos e programas de reabilitação financiados pelo poder público.

---

42. Essa diferença é robusta nos controles de informações demográficas, regionais e de frequência à igreja.

Outro participante ficou chateado com o fato de as leis de combate à discriminação e ao ódio do Brasil punirem algumas formas de expressão contra a homossexualidade. "Não podemos nos expressar. Assim que você diz 'os homossexuais', eles querem nos calar a boca" [FG4]. Mas nem todos os evangélicos e pentecostais queriam que as restrições fossem afrouxadas. Na Igreja do Nazareno – Comunidade da Esperança, um participante disse: "Vivemos em um 'Estado laico'. Sou completamente contra evangelizar nas escolas. Isso é ditadura e não precisamos disso..." Outro participante continuou: "Se a Igreja evangélica tiver essa oportunidade, você deve abri-la a todos. Caso contrário, você acaba dizendo: 'você tem que ser isso, não pode ser isso'. Não sou contra, mas você tem que dar a todos a oportunidade" [FG5].

Infelizmente, faltam dados de pesquisas representativas nacionalmente sobre atitudes em relação às regulamentações do Estado e privilégios do cristianismo. No entanto, o estudo congregacional de 2014 fornece um motivo para a divisão religiosa. Perguntaram a membros da Igreja e a cidadãos de Juiz de Fora, até que ponto eles concordavam com "aprovar leis que reconhecem os valores cristãos como a base de nossa nação". As diferenças entre religiões eram grandes: 74% dos católicos e 85% dos evangélicos concordaram ou concordaram fortemente com essas políticas, em oposição a 60% dos não religiosos e 50% dos adeptos de outras religiões[43]. As diferenças entre católicos, evangélicos

---

43. A concordância entre adeptos de outras religiões pode parecer alta. No entanto, as afiliações mais comuns na categoria "outro", como Espiritismo e Umbanda, incorporam elementos do catolicismo, e os adeptos costumam manter laços afetivos com o catolicismo.

e "outros" são estatisticamente significativas, mesmo após o controle da frequência da participação religiosa e da localização/congregação da entrevista.

As igrejas e seus líderes afetam as atitudes dos adeptos em questões de política?

As comunidades religiosas afetam as opiniões de políticas de seus membros? A opinião pública média nas afiliações religiosas não nos diz o que acontece na vivência junto aos membros de uma comunidade religiosa. A opinião média de um grupo sobre um assunto pode ser idêntica à da população em geral, mas diferentes Igrejas e suas comunidades podem assumir posições muito variadas. Como alternativa, a média do grupo pode estar muito longe do *mainstream* simplesmente porque o grupo atrai pessoas com opiniões extremas. Essa é uma questão perene nos estudos sobre religião e política (McClendon e Reidl, 2018). A pergunta é recorrente justamente porque demonstrar conclusivamente a influência social é difícil, dado que muitas pessoas ingressam em Igrejas e comunidades com as quais já são ideologicamente compatíveis. No Brasil, argumentamos, os grupos religiosos diferem entre si devido tanto à seleção, o que significa que as pessoas escolhem comunidades religiosas compatíveis, quanto à socialização.

Para começar a entender a influência da Igreja, podemos examinar se a presença nos bancos de igrejas – sejam eles bancos de madeira ou cadeiras dobráveis de metal – é importante. A presença na igreja afeta as atitudes dos cidadãos? Em qualquer noite da semana em qualquer cidade de tamanho médio ou maior do Brasil, encontramos dezenas de igrejas localizadas em ponto comercial abertas para atender às necessidades espirituais de fiéis e transeuntes. Muitos cidadãos, particularmente evangélicos e pentecostais, frequentam alguma forma de adoração ou culto de oração várias vezes por semana, geralmente por duas a três horas por culto. Pode-se imaginar que esse alto volume de participação religiosa aumenta a probabilidade de persuasão. De fato, nos dados do Barômetro das Américas, a frequência à igreja está fortemente correlacionada negativamente à aceitação da homossexualidade e ao apoio ao casamento entre pessoas do mesmo sexo, tanto entre evangélicos quanto católicos. No entanto, a correlação pode ser simplesmente devida ao fato de que as pessoas que se opõem à homossexualidade e ao casamento entre pessoas do mesmo sexo tendem a ir à igreja com mais frequência.

É seleção ou socialização? O Estudo do Painel Eleitoral Brasileiro de 2010 contém pistas. Na segunda rodada, perguntaram aos entrevistados se haviam começado a frequentar uma nova casa de culto no ano que se passara. A taxa de troca de religião relatada foi surpreendentemente baixa: dos entrevistados que frequentam a igreja pelo menos uma vez por ano, apenas 5,2% relataram ter trocado de congregação. Entre esses 40 que trocaram, 21 atualmente se identificam como católicos, 15 como evangélicos ou protestantes e 4 de outra religião. Quase todos os católicos disseram que haviam se mudado de outras comunidades católicas, enquanto pouco mais da metade dos comutadores evangélicos também tinham vindo do catolicismo.

Os católicos que trocaram de Igrejas ou comunidades se distinguiam dos católicos que permaneceram no mesmo local – eles assistiam à missa significativamente com mais frequência e disseram que a religião era mais importante em suas vidas. Os católicos que trocaram eram igualmente tão devotos quanto os evangélicos, embora frequentassem a igreja com menos regularidade do que os evangélicos. Esses católicos diferiam pouco dos que não mudaram de comunidade, sobretudo no que diz respeito às atitudes políticas, com uma grande exceção: os que mudaram eram significativamente mais conservadores em relação ao aborto. De fato, 59% dos católicos que mudaram disseram que o aborto não deveria ser permitido, mesmo em caso de perigo para a saúde da mãe, enquanto apenas 33% dos católicos que permaneceram na mesma comunidade adotaram essa postura. Os católicos que trocaram eram substancialmente mais conservadores do que os evangélicos, entre os quais 43% dos que ficaram e 46% dos que trocaram – incluindo 43% dos ex-católicos – se opunham ao aborto em todas as circunstâncias. No evangelismo, por outro lado, os que trocaram eram indistinguíveis dos que permaneciam em devoção religiosa ou em visões de políticas, com uma exceção: os que trocaram eram mais economicamente conservadores.

Então, o conservadorismo e a devoção religiosa levam as pessoas a mudarem de congregação, ou a adesão a uma nova congregação leva os que trocaram a se tornarem mais conservadores? Dado o número muito pequeno de pessoas que trocaram de religião, é provavelmente impossível estabelecer causalidade usando métodos estatísticos. Ainda assim, podemos esboçar uma história. Alguns que trocaram podem adotar rapidamente as atitudes predominantes em suas novas casas de culto. No entanto, os que trocam de católico para católico são bastante devotos e muito conservadores sobre o aborto – provavelmente até mais do que a maioria das pessoas em suas novas congregações. O conservadorismo e a devoção dos evangélicos anteriormente católicos e dos católicos que mudaram para outra congregação católica sugerem que católicos conservadores e devotos deixam comunidades que consideram permissivas em busca de Igrejas mais rigorosas.

Resultados congregacionais

As comunidades religiosas ainda tem o poder de exercer influência sobre seus membros e o meio onde elas estão inseridas, mesmo que as pessoas, cada vez mais, mudem de filiação religiosa. A socialização e a seleção provavelmente ocorrem simultaneamente – às vezes até operando no mesmo indivíduo. O estudo congregacional das Igrejas de Norte e Sul oferece uma oportunidade de entrar nas congregações para examinar como as opiniões são coerentes e mudam em diferentes comunidades.

A figura 15 examina o apoio a várias políticas nas oito comunidades religiosas do estudo quantitativo, bem como em locais das comunidades vizinhas. As respostas foram recodificadas para ir de 0 a 1. Quando a média congregacional é superior a 0,5, o entrevistado médio nessa congregação concorda com as políticas (mesmo que apenas um pouco); quando a média congregacional é inferior a 0,5, o entrevistado médio discorda. O intervalo de confiança, representado pelos fios de bigodes que cercam cada ponto, representa a variação de atitudes dentro de cada congregação. Quanto maior o intervalo de confiança, maior a diversidade de atitudes dentro de uma congregação.

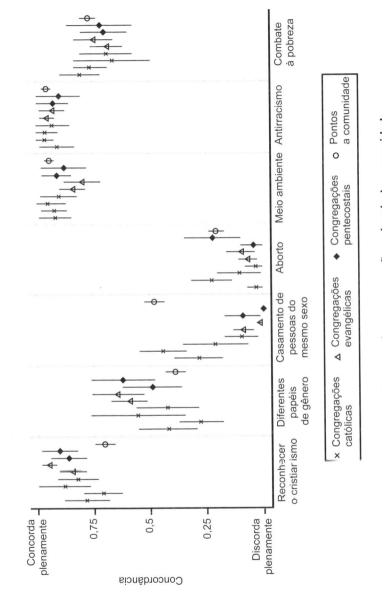

Figura 15 Agrupamento em visões de política em oito congregações e locais da comunidade

A figura revela uma tremenda variação entre grupos religiosos ou mesmo dentro desses grupos no que diz respeito às várias questões centrais das guerras culturais do Brasil. Embora todos os grupos tenham apoiado leis que reconhecem o cristianismo, o maior apoio foi encontrado em uma congregação evangélica e o mais baixo em uma paróquia católica. Os grupos religiosos também tinham visões diversas sobre os papéis de gênero. Os entrevistados foram questionados sobre o quanto eles concordavam ou discordavam, em uma escala de cinco pontos, de que "é importante que homens e mulheres tenham papéis diferentes na sociedade". Três das quatro congregações evangélicas/pentecostais, na média, apoiaram a distinção dos papéis de gênero, enquanto a maioria em três das quatro comunidades católicas, bem como os entrevistados nos pontos da comunidade, opôs-se a ela. Assim, embora possa haver poucas diferenças nas atitudes de gênero *entre* tradições, existem grandes diferenças *dentro* delas. Em relação ao casamento entre pessoas do mesmo sexo, a opinião média nos pontos da comunidade e em uma comunidade católica foi neutra. No outro extremo do espectro, os entrevistados nas quatro congregações evangélicas e pentecostais discordavam muito do casamento entre pessoas do mesmo sexo, assim como os de uma comunidade católica. Finalmente, os entrevistados em todos os locais discordavam da legalização do aborto. Ainda assim, houve diferenças entre os locais. Os entrevistados em uma comunidade católica e uma pentecostal foram substancialmente mais liberais sobre esse assunto do que os de outras congregações e se alinhavam com os entrevistados nos locais da comunidade. Por outro lado, observe três questões de políticas no lado direito da figura. A variação intra e intercongregacional sobre proteção ambiental, combate ao racismo e discriminação e políticas antipobreza é notavelmente baixa, contrastando fortemente com a variação nas quatro primeiras questões.

O capítulo 3 descreveu uma comunidade católica carismática muito pequena em que a equipe de pesquisa conseguiu entrevistar apenas sete dos menos de vinte membros do grupo. Devido ao pequeno número de observações, esse local está excluído da figura 15 e análise mais quantitativa. No entanto, os resultados para os sete membros entrevistados sugerem como é a extremidade liberal do catolicismo. Nesse grupo, o apoio médio ao casamento entre pessoas do mesmo sexo é de 0,61, substancialmente mais alto do que em qualquer local mostrado na figura 15. Além disso, a média do grupo na questão "papéis de gênero separados" é 0,32, colocando-a perto do fundo. No entanto, esse liberalismo não se estendeu ao aborto, em que a média do grupo foi de apenas 0,07.

Por que algumas comunidades dentro de uma tradição são relativamente progressistas e outras são conservadoras? As atitudes dos fiéis são afetadas pelas de seus líderes religiosos? O líder em sete dessas oito comunidades foi entrevistado no estudo realizado junto aos líderes religiosos (os últimos recusaram). Mesclando as respostas do líder com os dados da comunidade, podemos testar a correlação entre eles. Embora com apenas sete grupos religiosos nossa capacidade de extrair inferências seja limitada, modelos lineares hierárquicos demonstram que um índice de conservadorismo doutrinal dos líderes religiosos prediz fortemente as atitudes dos membros da comunidade em relação a papéis de gênero, casamento entre pessoas do mesmo sexo e proteções especiais para o cristianismo[44]. Passando do nível mais baixo para o mais alto de conservadorismo doutrinal, o nível previsto de apoio de uma comunidade para o casamento entre pessoas do mesmo sexo cai de 0,25 para 0,01. Da mesma forma, o apoio previsto para diferentes papéis de gênero aumenta de 0,44 para 0,62, e a probabilidade prevista de concordar que o cristianismo deve receber reconhecimento legal especial aumenta de 0,77 para 0,92. O conservadorismo dos líderes religiosos também tem uma associação menor, estatisticamente marginalmente significativa com as atitudes em relação ao aborto e ao meio ambiente. No entanto, não há associação entre atitudes do líder religioso e apoio a políticas antirracismo ou antipobreza. Assim, o estudo congregacional revela que as comunidades religiosas desenvolvem culturas políticas distintas compartilhadas por líderes e seus seguidores, mas a influência é *parcial* – limitada a algumas atitudes, mas não a outras.

Quais indivíduos são mais facilmente influenciados? A influência acaba sendo assimétrica – limitada a certas pessoas. Primeiro, aqueles que passam mais tempo na igreja, no culto e em outras atividades devem ser mais fortemente influenciados (Djupe e Gilbert, 2009). Segundo, pessoas com normas seculares mais fortes, medidas pela oposição a consagrar "valores cristãos" na nação brasileira, podem resistir à influência religiosa. Terceiro, o conserva-

---

44. Um índice do conservadorismo doutrinal dos membros do clero acaba por ser um melhor preditor de atitudes congregacionais do que a frequência com que o padre ou pastor relata pregação sobre o tópico político individual.

dorismo doutrinal também pode ser importante. Quando a opinião média em um grupo religioso diverge do que os conservadores doutrinais acreditam ser biblicamente correto, os conservadores doutrinais podem realmente resistir à influência. Em outros momentos, porém, os conservadores doutrinais podem estar ansiosos para seguir líderes religiosos[45]. Quinto, eu controlo o gênero, pois os estudos de socialização mostram que as mulheres são mais sensíveis à influência social do que os homens (Djupe, Sokhey e Gilbert, 2007; Djupe, McClurg e Sokhey, no prelo); e para educação e renda, pois esses dois recursos podem ajudar os cidadãos a resistirem à pressão para se conformarem.

A figura 16 apresenta resultados de três modelos de regressão da função de variância. Cada modelo tenta prever quais indivíduos estão mais próximos da opinião média em suas comunidades (Western e Bloome, 2009; cf. tb. Boas e Smith, 2019). A variável dependente é o desvio do indivíduo em relação ao valor previsto para o grupo religioso. Quando um coeficiente para uma dada variável independente no lado esquerdo da figura é estatisticamente significativamente abaixo de 0, isso significa que essa característica aumenta as chances de as pessoas concordarem com outras pessoas em suas comunidades. Quando um coeficiente é estatisticamente significativamente acima de 0, ao contrário, torna as pessoas menos propensas a concordarem com seus grupos religiosos.

---

45. No nível do cidadão, por necessidade, desenvolvo uma medida diferente de conservadorismo doutrinal do que a utilizada para o clero. Aqui, o conservadorismo doutrinal é a média dos níveis de literalismo bíblico dos cidadãos e o medo de um Deus vingativo.

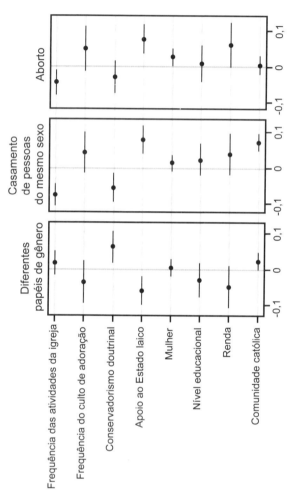

Figura 16 Determinantes da variação nas visões de políticas

A análise mostra que as pessoas que passam mais tempo na igreja chegam a concordar mais fortemente com seus companheiros de comunidade. No entanto, apenas o tempo gasto nas atividades da Igreja é importante; participar do culto não aproxima as pessoas da opinião média em seu grupo social. Isso sugere que os sermões por si só são insuficientes para a influência social. Em vez disso, as mensagens devem ser reforçadas por meio da interação repetida com colegas e líderes religiosos. Ao mesmo tempo, aqueles que aderem mais fortemente às normas seculares têm maior probabilidade de divergir de suas comunidades no casamento entre pessoas do mesmo sexo e aborto. Contudo, contrariamente às expectativas, normas seculares levam as pessoas a *concordarem* com suas comunidades quanto a papéis de gênero. O conservadorismo doutrinal funciona na direção oposta das normas seculares. Ele diminui a adesão à opinião grupal média sobre os papéis de gênero e aumenta a adesão à opinião média sobre o casamento entre pessoas do mesmo sexo. Finalmente, o gênero tem um impacto pequeno e marginalmente significativo em termos estatísticos apenas no apoio ao aborto, de modo que as mulheres têm maior probabilidade de divergir da média grupal no que tange o aborto. Isso é contrário às expectativas, mas as mulheres são significativamente mais favoráveis aos direitos ao aborto nesta amostra. Talvez as mulheres estejam simplesmente mais dispostas a resistir ao seu líder religioso (predominantemente masculino) sobre esse assunto, como resultado de diferenças em outras experiências pessoais, bem como em interesses pessoais. Por fim, a renda fortalece a resistência à opinião grupal em apenas uma questão, o aborto, enquanto a educação não tem impacto na socialização em nenhuma questão.

Resumo

Este capítulo examina as opiniões dos cidadãos sobre políticas. As divisões religiosas são pronunciadas e em crescimento em duas questões: casamento entre pessoas do mesmo sexo e aborto. Por outro lado, há pouca diferença entre grupos religiosos na maioria das outras questões políticas. A falta de clivagens em questões como racismo, meio ambiente e economia é digna de nota: os cidadãos não conseguem refletir a divisões da questão entre os líderes religiosos. No entanto, diferenças crescentes nas questões do aborto e do casamento entre pessoas do mesmo sexo podem explicar parcialmente uma nova divergência religiosa, embora pequena, no partidarismo.

De onde vêm as atitudes dos fiéis? Os níveis de conservadorismo doutrinal dos líderes religiosos estão correlacionados com as opiniões políticas dos membros sobre questões relacionadas ao tradicionalismo familiar e sexual. Provavelmente, isso se deve tanto à seleção quanto à socialização. Por um lado, cidadãos conservadores procuram congregações conservadoras. Por outro lado, quando os congregados chegam aos bancos das igrejas, os líderes religiosos podem ter uma influência substancial e as pessoas que passam mais tempo no ambiente social religioso são mais fortemente influenciadas. Além disso, mesmo depois de controlar o conservadorismo doutrinal e o envolvimento na Igreja, os evangélicos têm maior probabilidade de aderir à posição do grupo do que os católicos. Assim, nas guerras culturais dirigidas por padres e pastores, as posições doutrinais assumidas pelo líder religioso contribuem para a polarização nas visões políticas entre congregações e entre membros de diferentes tradições religiosas.

No entanto, os cidadãos podem resistir à influência do clero. Como mostrado no final deste capítulo e será visto no próximo capítulo, as normas seculares condicionam as respostas dos congregados à influência da Igreja. Além disso, como o capítulo anterior demonstrou, as normas seculares também restringem o que o clero pode dizer às suas congregações sem medo de perder membros.

Por fim, a natureza parcial e assimétrica da influência dos líderes religiosos influencia as guerras culturais do Brasil. O fato de influenciar uma faixa bastante estreita de pontos de vista políticos pode limitar o escopo das guerras culturais no nível do cidadão. No entanto, o fato de que os cidadãos que são mais facilmente influenciáveis tendem a ser conservadores (e aqueles dentro de congregações conservadoras) polariza a política brasileira.

7
Influência da Igreja no comportamento de voto

No capítulo 5, vimos que o clero católico e os pastores evangélicos incentivam a participação política. Às vezes, eles também se aventuram em discussões partidárias. Mas estes líderes religiosos são capazes de influenciar o comportamento do voto, seja no comparecimento às urnas ou nas escolhas de candidatos? Se as pessoas selecionam a participação religiosa com o critério da compatibilidade ideológica, correlações entre afiliação religiosa e comportamento eleitoral podem resultar dessa autosseleção, em vez da influência que as comunidades e seus líderes exercem sobre elas.

Este capítulo começa examinando as diversas maneiras pelas quais a afiliação religiosa e as opções de voto se correlacionaram nas últimas eleições. Essa exploração nos orienta para os padrões que procuraremos explicar. O capítulo, então, se volta para a questão de quais mensagens os católicos e evangélicos dizem ouvir sobre as eleições na igreja. O capítulo 5 já descreveu o que o líder religioso *relata* dizer. No entanto, os fiéis podem não receber as mensagens que o seu líder diz enviar (p. ex., McClendon e Reidl, 2018; Zaller, 1992). Talvez os líderes religiosos não sejam claros ou sejam deliberadamente vagos. Talvez os membros de uma comunidade estejam ausentes ou simplesmente se desliguem assim que o seu líder religioso começa a falar sobre política. Os resultados mostram que os relatos dos cidadãos e do líder religioso se alinham de modo geral, mas também há desvios nos canais de comunicação. Mesmo nas comunidades com maior engajamento político, alguns fiéis não conseguem entender a mensagem.

Finalmente, o capítulo se volta para a espinhosa questão da influência. Considerando várias formas de evidências, os resultados apoiam a conclusão de que as Igrejas influenciam diretamente as escolhas de voto dos fiéis. Ainda assim, a influência está longe de ser um modelo ingênuo "hipodérmico" de persuasão, no qual o líder religioso pode injetar mensagens diretamente nas veias dos membros da comunidade (sobre "modelos hipodérmicos de comunicação" e o *status* do modelo como a falácia do espantalho na teoria contemporânea, cf. Lasswell, 2011; Bineham, 1988). A análise de pesquisas representativas indicaria apenas uma influência mista de mensagens políticas das lideranças religiosas. Para abordar as deficiências dessas pesquisas, o capítulo trata de experimentos de *survey* realizados online nas eleições locais de 2012 e presidenciais de 2014, além de dados quantitativos e qualitativos do estudo congregacional das Igrejas do Norte e Sul. Juntas, essas formas de evidências indicam fortemente que o líder religioso e as comunidades religiosas como um todo influenciam os eleitores, especialmente os evangélicos. Os cidadãos que são doutrinalmente conservadores têm maior probabilidade de responder à influência política dentro dos muros da igreja, enquanto aqueles que mantêm normas altamente seculares resistem à influência.

No geral, e em combinação com os resultados do capítulo anterior, isso sugere que, no nível do cidadão, que as guerras culturais do Brasil são travadas mais intensamente na direita política e em congregações evangélicas.

Ainda assim, vale lembrar que as campanhas de pastores evangélicos geralmente acabam tendo pouco impacto nos resultados das eleições, principalmente nos pleitos para cargos do executivo, porque o líder religioso muitas vezes falha em coordenar seus apoios. Dada a fragmentação das denominações evangélicas e do sistema partidário brasileiro, geralmente é difícil identificar o candidato ou partido escolhido pelas elites e eleitores evangélicos. Todavia, quando o clero se coordena, eles podem influenciar os resultados das eleições.

Duas cenas

1) Na manhã de 7 de setembro de 2014, perdi várias ligações de minha supervisora de trabalho de campo. Quando vi as notificações no celular e liguei para ela, as coisas estavam indo mal. Ela e uma equipe de assistentes de pesquisa estavam visitando a Igreja Universal do Reino de Deus no Bairro de Santa Amélia para realizar entrevistas com os congregados enquanto estes deixavam o culto da manhã. Eles estavam parados na entrada mal iluminada e acarpetada, como eu havia concordado anteriormente com o pastor principal da Iurd. Inesperadamente, o porteiro – um dentre um grande número de assistentes devotados e uniformizados que faziam as coisas correrem pela congregação – pediu à equipe de pesquisa que fosse embora. Consegui colocar o porteiro no telefone e

acalmar as coisas. Cerca de uma hora depois, porém, recebi outro telefonema de minha supervisora de campo: o pastor principal havia revogado sua autorização para que eles conduzissem entrevistas dentro da igreja. Eles poderiam ficar com as pesquisas preenchidas, ele concordou, mas teriam que deixar o local. Mais tarde, soube que, pouco antes do porteiro pedir que saíssemos pela primeira vez, alguns entrevistadores haviam olhado para uma sala de reuniões com uma porta aberta para a entrada, onde haviam visto membros da Igreja reunindo grandes pilhas de cartazes de campanha para candidatos a deputado estadual e federal apoiados pelas congregações locais da Iurd [CO13].

2) Em outubro de 2014, a Igreja do Nazareno – Comunidade da Esperança alugou um imóvel para a congregação localizado em ponto comercial em um bairro poeirento e de baixa renda de Juiz de Fora. A porta metálica, de enrolar, que cobria a frente da igreja tinha talvez seis metros de largura. Aos domingos, a música alta que vem da igreja certamente desperta qualquer vizinho adormecido em um raio de um ou dois quarteirões em qualquer direção – talvez um motivo para a mudança da congregação (cf. capítulo 9). Em um grupo focal, em uma tarde de domingo daquele mês de outubro, as luzes fluorescentes estavam apagadas, e a luz indireta que batia pela entrada ensolarada dava à reunião uma atmosfera suave. Os congregados discordavam entre si sobre se deveriam apoiar candidatos da mesma religião. Um participante afirmou que "sem os cristãos no comando, as coisas só vão piorar e eu tenho medo de que a Igreja

acabe aceitando os valores do mundo". Como exemplo, ele mencionou que "no Vaticano, a Igreja Católica está querendo apoiar a homossexualidade dentro da igreja. Devemos orar e tomar cuidado para que isso não aconteça..." Mas outro participante discordou: "Quando dizemos que precisamos de legisladores evangélicos para defender nossos direitos, acho isso egoísta. E as outras instituições [religiosas], o que lhes acontecerá? Tem a ver apenas com os nossos direitos?" Outra participante entrou na conversa: "Não devemos nos preocupar apenas com nossos direitos, mas com os direitos da sociedade". Ela ressaltou que os evangélicos em cargos públicos muitas vezes se envolveram em corrupção. "Talvez algumas leis vão nos afetar, mas a solução não é ter crentes [evangélicos] lá [no governo], porque a Igreja evangélica está perdendo sua identidade" [FG5].

Afiliação religiosa e comportamento de voto

Os eleitores brasileiros escolhem candidatos segundo as linhas religiosas? Como as duas cenas acima indicam, os evangélicos debatem até que ponto a religião do candidato é importante. A análise de pesquisas realizadas nas eleições presidenciais de 2002, 2006, 2010 e 2014, bem como nas eleições municipais de 2008 em Juiz de Fora, revela uma tremenda variação no tempo e no espaço nas maneiras como a religião "é importante". Às vezes, candidatos evangélicos atraem eleitores evangélicos, mas candidatos não evangélicos também podem capitalizar em cima das clivagens religiosas. Se os candidatos polarizam religiosamente o eleitorado depende do contexto partidário e da mobilização dos líderes religiosos.

Para começar, considere a escolha nas eleições presidenciais do primeiro turno em 2002 e 2006 em Juiz de Fora e também em Caxias do Sul, uma cidade no sul do estado do Rio Grande do Sul[46]. Em 2002, a religião importava bastante nas duas cidades. Uma pluralidade de católicos, não religiosos e adeptos de outras religiões preferia Luiz Inácio Lula da Silva, que passaria a ganhar a presidência no segundo turno. Por outro lado, a maioria dos evangélicos preferia o presbiteriano Anthony Garotinho. Em 2006, por outro lado, a afiliação religiosa não estava correlacionada com o voto – os evangélicos votaram quase de forma idêntica aos católicos nas duas cidades. A principal divisão nessa eleição foi geográfica. Os que moravam em Juiz de Fora preferiam Lula, e os de Caxias do Sul preferiam o candidato Geraldo Alckmin[47].

Além disso, considere a escolha do voto para presidente em 2010 e 2014, conforme relatado nos Estudos do Painel Eleitoral Brasileiro. Nas duas eleições, Dilma Rousseff recebeu uma pluralidade ou maioria de preferências em todos os grupos religiosos. No entanto, a afiliação religiosa ainda era importante, pois os evangélicos estavam notavelmente menos entusiasmados com a candidata petista do que membros de outros grupos. No entanto, apesar do fato de a maioria dos candidatos principais ter sido consistente ao longo das duas eleições, a extensão da votação do endogrupo variou

---

46. Os resultados discutidos aqui são baseados em autorrelatos no *Two Cities Study*, um estudo de painel de seis ondas e quatro anos focado em entender como o contexto social afetou a escolha de voto (para obter mais informações sobre o estudo e a cidade de Caxias do Sul, cf. apêndice C online).

47. A divisão geográfica está relacionada a diferenças partidárias de longa data nas duas cidades (p. ex., Ames e Rojo-Mendoza, 2014).

de uma campanha para a outra. Marina Silva, membro da Assembleia de Deus, capturou maior apoio dos membros de sua religião em 2014 do que em 2010. Além disso, a eleição presidencial de 2014 incluiu um candidato menor, o Pastor Everaldo Dias Pereira, da Assembleia de Deus. Conforme discutido no capítulo 5, dados do Beps indicam que o Pastor Everaldo pode ter recebido mais de um terço do apoio do clero evangélico. No entanto, ele recebeu menos de 2% dos votos evangélicos relatados no Beps de 2014. Um participante do grupo focal evangélico relatou o que ele sentia como a preferência de sua congregação depois que Marina Silva perdeu por pouco as eleições do primeiro turno em 2014: "Porque ele é católico, Aécio não é exatamente o candidato ideal da nossa Igreja... Mas se a escolha for entre uma barra de ferro e Dilma, vamos votar na barra de ferro. Está ruim para nós agora" [FG4].

Por fim, a eleição local de Juiz de Fora em 2008 apresentou outro cenário: votação religiosamente polarizada, apesar de todos os candidatos compartilharem da mesma identificação religiosa católica. Na primeira disputa da prefeitura, o empresário Custódio Mattos era a forte preferência dos evangélicos e sem religião, enquanto Margarida Salomão era a forte preferência dos católicos e daqueles de outras religiões. A oposição evangélica a Margarida foi motivada em grande parte por sua orientação sexual. A preferência dos não religiosos por Custódio pode ter sido motivada por suas credenciais comerciais. A oposição unida e feroz dos evangélicos a Margarida provavelmente se mostrou decisiva nessa eleição, emprestando credibilidade a uma reivindicação evangélica comum: quando o clero evangélico está unido, eles podem mudar o rumo das eleições.

Tomados em conjunto, esses resultados levam a uma conclusão difícil de resistir: a afiliação religiosa é importante no Brasil, mas não devido a qualquer tendência automática em direção à votação por endogrupos religiosos. De fato, a segunda cena na introdução deste capítulo sugere uma ambivalência substancial em relação à noção de voto baseado simplesmente na identidade religiosa dos candidatos. Em vez disso, as comunidades religiosas constroem suas próprias histórias das implicações políticas de suas identidades religiosas, crenças e práticas de outra forma dentro do contexto de cada eleição. Às vezes, eles interpretam as eleições em termos de interesses do grupo. Outras vezes, eles se concentram nas condições e necessidades regionais seculares. Às vezes, eles se concentram na compatibilidade entre a vida pessoal de cada candidato e a doutrina religiosa. Em cada nova eleição, as elites e massas religiosas debatem, adulam, argumentam, persuadem, brincam e fofocam enquanto interpretam e reinterpretam coletivamente as informações políticas filtradas pelo ambiente político mais amplo.

Recebendo sinais persuasivos: que mensagens de voto os cidadãos ouvem na Igreja?

Na tarde de quarta-feira antes da eleição do primeiro turno, participei de um culto de oração em uma pequena congregação evangélica de classe média no centro de Juiz de Fora. Apenas cerca de vinte e cinco pessoas estavam presentes, a maioria era composta por aposentados que deviam estar no centro da cidade para compras ou coisas do dia a dia. O culto foi curto e moderado, e houve pouca menção à política. No entanto, ao concluir, o pastor conduziu aqueles ali reunidos em uma oração pela eleição, dizendo:

"Vamos eleger homens e mulheres de Deus que entendem a vontade de Deus. O mundo está arruinado, e somente Jesus pode consertá-lo".

Que mensagens políticas os cidadãos recebem na Igreja? Os sinais que os líderes religiosos enviam se quebram entre a boca do clero e os ouvidos dos congregados? Modelos proeminentes teóricos sobre persuasão colocam o "receber" uma mensagem como o primeiro passo da persuasão (Petty e Cacioppo, 1986; Zaller, 1992). Antes de tentarmos analisar a influência do líder religioso, precisamos avaliar se os congregados realmente recebem o "tratamento" persuasivo.

Para entender o que os cidadãos ouvem seus líderes religiosos, examinamos os relatórios de pesquisas de um estudo em nível local da eleição de Juiz de Fora de 2008 e o Estudo do Painel Eleitoral Brasileiro em nível nacional de 2014. Os cidadãos têm um pouco menos probabilidade de relatar cada tipo de mensagem relacionada às eleições do que os padres e pastores, indicando alguma deterioração entre líderes e fiéis. No entanto, fortalecendo a confiança na validade das medidas, outros padrões nos dados correspondem às respostas do líder religioso. Os cidadãos nas duas eleições têm maior probabilidade de relatar mensagens cívicas não partidárias do que outros tipos de mensagens. Entre metade e três quintos dos evangélicos em 2008 e 2014 disseram que seus pastores os incentivaram a ir às urnas ou a votar de modo consciente. Cerca de dois em cada cinco católicos em cada campanha o fizeram. Por outro lado, pouco menos de 40% dos evangélicos e cerca de um em cada cinco católicos relataram ter ouvido discussões sobre os candidatos políticos. Mensagens partidárias e apoios abertos foram menos comuns em todos os grupos religiosos. De fato, apenas cerca de 5% dos católicos relataram que o clero apoiava candidatos em cada campanha.

A principal diferença entre os relatórios de pesquisas de 2008 e 2014 refere-se aos relatórios de evangélicos sobre o apoio do líder religioso. Embora cerca de 35% dos evangélicos em 2008 tenham relatado que seu clero havia endossado um candidato, em todo o país apenas 15% dos evangélicos seis anos depois relataram que seus líderes religiosos haviam endossado um candidato à presidência. Essa inconsistência é reveladora. Lembremo-nos de que as eleições locais de 2008 foram marcadas por uma oposição feroz à líder, Margarida Salomão, com base em sua orientação sexual. Por outro lado, embora a eleição de 2014 tenha apresentado dois candidatos evangélicos proeminentes e uma petista na liderança, nem o voto do endogrupo nem a ameaça relacionada a políticas mobilizou o clero evangélico da mesma maneira. A congregação da Iurd discutida na primeira cena na introdução deste capítulo provavelmente considerou meus entrevistadores excessivamente intrusivos nas operações da campanha da congregação. Todavia, a congregação estava focada exclusivamente nas eleições legislativas. Conforme apresentado na primeira cena do capítulo 5, as congregações da Iurd em Juiz de Fora ignoraram amplamente as eleições de nível executivo em 2014. Em suma, essas eleições levam à conclusão de que os níveis reais de mobilização evangélica variam dramaticamente de acordo com a disputa e o tempo, dependendo em grande parte da natureza dos candidatos e questões em jogo em cada eleição.

Até que ponto as congregações diferem umas das outras? Mais uma vez, o estudo congregacional das Igrejas de Norte e Sul de 2014 oferece a oportunidade de um olhar dentro das comunidades religiosas.

A figura 17 descreve uma variação dramática no envolvimento do líder em oito grupos religiosos. Porcentagens semelhantes em todas as quatro comunidades católicas relataram ouvir mensagens cívicas não partidárias. Em geral, os membros das congregações evangélicas e pentecostais foram mais propensos a relatar terem ouvido mensagens de comparecimento às urnas e de voto consciente, contudo, a congregação com o nível mais baixo relatado de mensagens cívicas na amostra é a pentecostal. No culto de domingo dessa congregação, na semana anterior à eleição, não ouvimos uma palavra sobre política. O sermão totalmente não político tratava de como ter um relacionamento amoroso com os filhos.

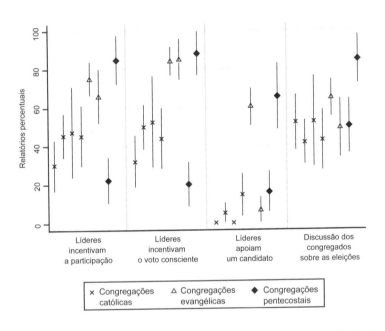

Figura 17 Campanha e debate eleitoral em oito congregações, Juiz de Fora (2014)

Em seis dos oito grupos religiosos, muito poucos entrevistados relataram apoio de seus líderes a candidatos. Somente em duas congregações evangélicas/pentecostais, altas porcentagens de congregados relataram apoio de seus líderes a candidatos. Finalmente, o último conjunto de estimativas demonstra que, mesmo nas comunidades menos politizadas, discussões políticas casuais dentro dos muros da igreja podem mobilizar e influenciar os fiéis. 40 a 65% dos entrevistados em cada uma das sete comunidades relataram ouvir outros membros da Igreja falar de política. Apenas um grupo religioso teve níveis notoriamente mais altos de discussão política – a mesma com os níveis mais altos de envolvimento dos líderes religiosos em todas as outras medidas.

Os relatórios dos fiéis correspondem aos dos padres e pastores? Como a equipe de pesquisa entrevistou os líderes religiosos de sete dos oito grupos no estudo quantitativo, podemos avaliar a correspondência entre o que os líderes e os membros das comunidades dizem. Descobri que o líder e os seguidores geralmente concordavam sobre o que estava acontecendo dentro das paredes da igreja. Além disso, os membros que frequentavam cultos e atividades de adoração com mais frequência e que tinham redes de relacionamentos mais fortes relataram apoio de seus líderes com mais precisão. No entanto, relatos de fiéis sobre o discurso de seus líderes sobre participação e votação consciente não estão correlacionados a relatórios dos padres e pastores de seu próprio discurso sobre esses tópicos. Em vez disso, os fiéis tenderam a dizer que o líder que fez campanha ativamente em nome dos candidatos também incentivou a participação e o voto consciente. Talvez o estilo retórico do líder religioso que endossa os candidatos a partir do púlpito cause uma impressão maior nos fiéis do que, por exemplo, os guias impressos sobre voto consciente que são comuns nas paróquias católicas.

Aceitando mensagens persuasivas: as comunidades religiosas afetam o comportamento de voto?

O caso do candidato menor à presidência, Pastor Everaldo Dias, em 2014, levanta questões interessantes. Se o eleitorado tivesse sido limitado ao clero evangélico, o Pastor Everaldo poderia ter se saído muito bem. Na rodada do Beps de 2014, imediatamente após a eleição do primeiro turno, em relação ao Pastor Everaldo, o dobro dos entrevistados evangélicos disse que a escolha foi do pastor. Não houve sobreposição – uma correlação negativa perfeita – entre pastor e apoio pessoal ao candidato. Nem um único participante evangélico cujo pastor foi apoiado pelo Pastor Everaldo seguiu a direção do pastor, e todas as pessoas que disseram ter votado no Pastor Everaldo não relataram apoio dos pastores. As preferências do líder religioso têm alguma influência sobre os membros de sua comunidade? O caso do Pastor Everaldo é uma anomalia da vida real, ou resultado de um erro de amostragem na pesquisa?

Esta seção se volta para o modelo "A" no modelo de mudança de opinião de Zaller (1992) "R-A-S", ou "Receber-Aceitar-Experimentar" (do inglês, "Receive-Accept-Sample"). Os congregados adotam as opiniões políticas defendidas por seus líderes e companheiros de congregação? Começamos examinando a influência da congregação na participação, no envolvimento cívico e no conhecimento político. A seção passa, então, a tratar de escolha de voto.

Três tipos de evidências fornecem *insights*: pesquisas de representatividade nacional; pesquisas online em nível nacional com experimentos de *survey* incorporados; e o estudo congregacional das Igrejas de Norte e Sul.

Participação nas urnas e cívica

Antes de examinar a participação nas urnas, é útil lembrar que o voto é obrigatório no Brasil para pessoas de 18 a 65 anos. É razoável estudar a participação em um país com voto obrigatório? Uma ampla quantidade de literatura mostra que o voto é fundamentalmente um processo social, muitas vezes dependente de vínculos com outros (Bello e Rolfe, 2014; McClurg, 2006; Nickerson, 2008). No entanto, em um país com votação obrigatória, podemos esperar que o impacto da influência social na participação nas urnas seja menor. Ainda assim, essa participação está longe de ser universal no Brasil, normalmente oscilando entre 80% e 85% em uma determinada eleição, e as multas são relativamente pequenas. Os pesquisadores descobriram que as mesmas características de nível individual, conhecidas por há muito tempo influenciarem a votação em países de voto voluntário – por exemplo, *status* socioeconômico e recursos – estão fortemente associadas à votação em países de voto obrigatório em geral, e no Brasil em particular (Castro, 2007; Maldonado, 2011; Power, 2009; Singh, 2011). Assim, é plausível que os processos sociais também possam estar associados à participação nas urnas no Brasil, apesar de sua lei de voto obrigatório.

No Brasil, como em muitos outros países, as taxas de participação nas urnas tendem a ser mais altas entre cidadãos religiosos do que não religiosos. Por exemplo, analisando seis edições do Barômetro das Américas, a taxa média de participação relatada é de 85% entre católicos, 83% entre evangélicos e adeptos de outras religiões e 78% entre aqueles sem religião. No entanto, os cidadãos religiosos são diferentes dos não religiosos de várias maneiras, variando entre idade e *status* socioeconômico e propensão a participar de grupos. É necessário mais trabalho para que se desvele o papel da influência da igreja.

A figura 18 examina como a participação autorrelatada nas urnas se correlaciona com autorrelatos de dois tipos de discussões congregacionais: discussão geral sobre eleições e candidatos e o discurso do clero promovendo a participação nas urnas. Depois de levar em consideração um grande número de outras características que influenciam a participação, achamos que aqueles que disseram ter ouvido mensagens relacionadas à eleição na Igreja também relataram votar em taxas mais altas. Contudo, nas eleições locais de Juiz de Fora, apenas a discussão congregacional aumentou significativamente a participação nas urnas. Por outro lado, nas eleições nacionais de 2014 no Brasil, apenas as mensagens de participação nas urnas foram estatisticamente significativas com relação a essa participação. As razões para essas diferenças não são claras.

A participação nas urnas é maior nas comunidades e Igrejas em que o líder religioso diz que promove essa participação? Mais uma vez, o estudo congregacional das Igrejas de Norte e Sul nos permite examinar a correspondência entre as respostas da pesquisa dos líderes religiosos e o comportamento dos membros. Infelizmente, porém, a pesquisa grupal ocorreu antes das eleições e não pôde medir a

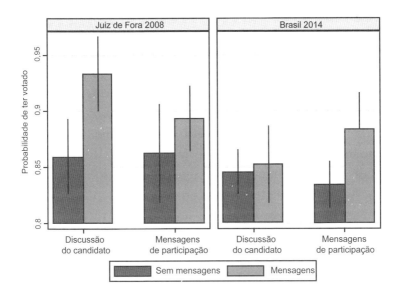

Figura 18 Mensagens congregacionais e participação nas urnas em Juiz de Fora (2008) e no Brasil (2014)

participação efetiva autorrelatada. Em vez disso, perguntaram aos membros das comunidades sobre a "probabilidade de votar" e sobre o ponto até o qual eles acreditavam que "votar é uma obrigação moral de todo cidadão". A medida baseada no líder religioso de mensagens pró-participação nas urnas não está totalmente correlacionada com a probabilidade de voto autorrelatada pelos membros da comunidade. Todavia, as mensagens de participação vindas dos padres e pastores estão correlacionadas com as *normas* de participação nas urnas. Os entrevistados em locais onde o líder disse que promoveram a votação apresentaram mais probabilidade de acreditar que tinham um dever moral de votar. Além disso, aqueles que frequentavam a igreja com mais frequência e que estavam mais engajados nas redes da Igreja tinham um forte senso de dever de votar.

Escolha do voto

Não surpreendentemente, os brasileiros altamente religiosos tendem a ver sua escolha de voto como um problema a ser resolvido usando métodos e critérios religiosos. Como um participante católico de um grupo focal relatou: "Quando chegar a hora, vou entrar [na cabine de votação] e pedir ao Espírito Santo que me ilumine" [FG1]. Ainda assim, como disse um participante do grupo focal evangélico: "A oração pode levar você por vários caminhos" [FG3]. Esta seção investiga se o clero influencia os resultados das eleições, ou seja, se eles, sutil ou indubitavelmente, conduzem os congregados por um caminho ou outro.

Os apoios dos líderes são eficazes? Em relatos populares, a politicagem do líder religioso é vista como evidência *prima facie* de que a religião afeta a política. Novaes (2002) descreve o estilo evangélico de ativismo como "clientelismo religioso". No entanto, isso parece implicar que os eleitores seguem automaticamente a direção de seus líderes, com relativamente pouca resistência. No entanto, existem poucas evidências sobre até que ponto os paroquianos seguem a orientação dos líderes da Igreja. Estudos nos Estados Unidos e no México indicam que as Igrejas são menos capazes de influenciar o voto do que se pensa (Díaz Domínguez, 2006; Putnam e Campbell, 2011). Conforme discutido no primeiro capítulo, Conrado (2001) relatou que, na virada do milênio, autoridades da Iurd projetaram que poderiam esperar uma taxa de fidelidade de 20% no apoio dos fiéis a candidatos da Igreja. Digno de nota, mas longe das taxas de fidelidade frequentemente encontradas para partidários[48].

---

48. Por exemplo, no Estudo do Painel Eleitoral Brasileiro de 2014, 73% das pessoas que se identificaram como petistas em junho de 2014 votaram em

Se as estimativas dos organizadores da Iurd permanecerem precisas, essa taxa de conformidade implica que, mesmo dentro da denominação mais mobilizada politicamente do Brasil, a influência está longe de ser automática.

Perguntamos aos entrevistados quem seu líder religioso apoiou em três estudos representativos: o estudo eleitoral local da disputa da prefeitura de Juiz de Fora em 2008 e os estudos nacionais do Painel Eleitoral Brasileiro de 2010 e 2014[49]. Curiosamente, em 2008, os pareceres relatados são estatisticamente não significativos como preditores de voto, após o controle do evangelismo. Isso é impressionante, pois essa eleição foi, dentre as três, a que apresentou maior mobilização evangélica. Em 2010 e 2014, por outro lado, há alguma indicação de que o apoio político pode ser importante: o apoio a Dilma por parte dos líderes religiosos é um preditor estatisticamente significativo da votação em 2010 da mesma forma que o apoio dos líderes religiosos a Marina o é para 2014. Todavia, o apoio a outros candidatos é estatisticamente não significativo nos modelos de escolha de votos nas duas eleições. No geral, com base nessas três eleições, parece que talvez o apoio seja importante, mas os

---

Dilma Rousseff nas eleições de outubro de 2014, enquanto apenas 39% dos que não se identificaram como petistas em junho votaram nela em outubro.

49. A análise deste parágrafo resulta de três modelos de regressão logística multinomial que regridem à escolha de voto do primeiro turno autorrelatada sobre os apoios relatados pelo clero, controlando a afiliação religiosa. Em 2008, devido à perfeita multicolinearidade, foram excluídos quatro indivíduos que disseram que eles e seus pastores haviam apoiado o candidato menor, Tarcísio Delgado. Os modelos do Beps de 2010 e 2014 baseiam-se nas rodadas pós-eleitorais e incluem um controle para a escolha do voto defasada. As variáveis dependentes defasadas melhoram a inferência causal (Morgan e Winship, 2007).

brasileiros certamente não eram lêmingues dispostos a pular dos penhascos atrás de seus pastores.

No entanto, existem razões para suspeitar que esses resultados de observações falham totalmente em captar a influência dos líderes religiosos. Primeiro, essas campanhas específicas podem não ser as mais apropriadas para detectar a influência desses líderes. Os principais candidatos nessas três disputas eram do PT e do PSDB, dois partidos sem fortes vínculos religiosos. Além disso, os endossos dos padres e pastores podem ter mais importância nas disputas legislativas do que executivas. Quando as Igrejas evangélicas e pentecostais se envolvem em campanhas, geralmente o fazem em apoio a candidatos de endogrupos em disputas legislativas estaduais ou federais.

Segundo e mais importante, o uso de relatórios de membros das comunidades apresenta problemas em potencial. Os fiéis podem não ser particularmente bons em identificar a quem seu líder apoia. Não apenas as mensagens se deterioram, mas – e o mais importante – os endossos dos líderes religiosos costumam alcançar os congregados apenas em segunda mão, filtrados pelas redes da Igreja de maneiras que obscurecem a fonte original. O efeito difuso da aprovação de candidatos pode explicar os resultados de Juiz de Fora em 2008. Naquela eleição altamente mobilizada, até a principal associação evangélica dos pastores assumiu oficialmente uma posição. Os evangélicos que falharam em relatar o tratamento foram certamente tratados com eficácia, seja diretamente por seus pastores ou, indiretamente, por seus companheiros de congregação nos bancos das igrejas, no estudo da Bíblia ou em pé no ponto de ônibus na manhã seguinte a um culto vibrante.

Terceiro, no contexto de campanhas eleitorais reais, muitas forças de persuasão operam simultaneamente nas Igrejas e em comunidades religiosas. Mensagens diretas dos líderes religiosos, aprovando ou opondo-se a candidatos, aparecem em um ambiente no qual os fiéis também estão falando sobre a eleição. Além disso, líderes e seus seguidores também transmitem argumentos persuasivos sobre questões de política e informações factuais sobre as posições dos candidatos nessas questões. Pode ser difícil separar os efeitos de fatores de covariância, como frequência à Igreja, exposição a apoios dos líderes religiosos, transmissão de informações, identidade de grupo religioso e conservadorismo geral.

Alguns exemplos ilustram a complexidade da mobilização eleitoral nas Igrejas e nas comunidades religiosas. Tomemos, por exemplo, as eleições de 2010 discutidas na introdução deste livro. Quando os católicos nos bancos das igrejas compartilhavam DVDs nos quais Dilma Rousseff parecia apoiar o aborto, sem dúvida, o aspecto mais importante das campanhas congregacionais subterrâneas envolvia a transmissão de informações. Contudo, as informações transmitidas traziam uma mensagem partidária implicitamente persuasiva. Ou, então, tomemos outro exemplo da Igreja Batista Boas Novas, na qual os participantes do grupo de discussão falavam de sua raiva pelas políticas que eles consideravam que os impediam de realizar proselitismo no curso de suas atividades públicas e de caridade [GF4]. Um participante argumentou que "o povo de Deus precisa abrir os olhos e reconhecer" a importância de se envolver na política para manter a "liberdade de expressão na adoração a Deus". Em ambos os casos, os congregados enquadraram a eleição em termos das possíveis consequências para políticas de interesse central para o grupo religioso. A mão invisível do líder religioso pode ser sentida como latente nas duas histórias – pregando oposição ao aborto ou trazendo à tona a preocupação dos membros de que as políticas estavam prejudicando os interesses corporativos evangelísticos. Entretanto, as mensagens persuasivas em si, como eram, vieram dos próprios congregados.

Para isolar com maior precisão os efeitos das campanhas empreitadas pelos líderes religiosos, recorremos a pesquisas. Durante as eleições locais de 2012, um estudo em todo o país testou os impactos de apoios dos líderes religiosos e posições de candidatos frente a questões (cf. apêndice C online para obter detalhes). Na condição de controle, os entrevistados leram sobre um candidato hipotético da Câmara dos Vereadores da cidade, José Vargas dos Santos, que "trabalhava na comunidade há mais de 20 anos". Em três condições de tratamento, os entrevistados receberam as informações adicionais de que (1) "ele participa ativamente do movimento *gay*"; (2) "vários pastores evangélicos se manifestaram contra suas posições políticas"; ou (3) que ele era tanto parte do movimento *gay* quanto contra os pastores. Seu partido foi randomizado entre o PT, PMDB e PSDB em todas as condições. Os entrevistados nas condições de tratamento e controle foram então questionados sobre a probabilidade de "votar em uma pessoa como essa", usando uma escala de sete pontos (redimensionada aqui para ir de 0 a 1).

Esse experimento melhora a análise observacional discutida acima. Primeiro, ele se concentra em uma disputa legislativa local, com destaque para as posições de candidatos em um tema central das guerras culturais brasileiras, os direitos dos *gays*. Esse é precisamente o tipo de campanha em que se pode esperar que a politicagem dos líderes religiosos seja importante. Segundo, o ambiente controlado do experimento de pesquisa permite um tratamento mais limpo. A mensagem do líder religioso é inequívoca – não pode ser filtrada ou obscurecida pelas redes sociais existentes. Terceiro e talvez mais importante, somos capazes de separar com mais clareza os efeitos das recomendações dos padres e pastores e das posições dos candidatos. Embora os estudiosos expressem importantes precauções em relação à validade externa de experimentos de *survey* (Barabas e Jerit, 2010), um desenho de pesquisa que combina resultados experimentais e observacionais nos permite triangular por meio de várias formas de evidências.

Consideremos primeiro os efeitos médios do tratamento apresentados no painel esquerdo da figura 19. Em todos os participantes, todos os três tratamentos deprimiram significativamente o apoio ao candidato, com efeitos um pouco maiores na condição, *não* incluindo informações sobre as posições dos pastores. O painel direito da figura apresenta efeitos heterogêneos de tratamento em quatro tradições religiosas. O experimento não teve efeitos estatisticamente significativos entre católicos, não religiosos ou daqueles de outras religiões. Os católicos apoiavam ligeiramente o candidato na condição de "direitos dos *gays* apenas", enquanto aqueles sem religião e de outras religiões o apoiavam-no levemente *mais* em algumas condições de tratamento, mas nenhum desses resultados é estatisticamente significativo.

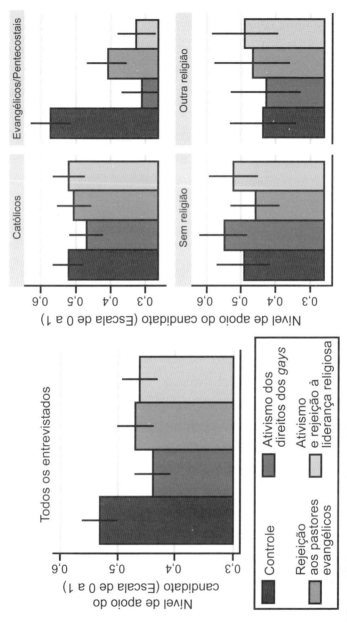

Figura 19 Impacto experimental das campanhas do clero e posturas de questões de candidatos sobre o cidadão

No entanto, os evangélicos responderam fortemente aos tratamentos. Os maiores efeitos entre os evangélicos são encontrados nas condições que mencionam o ativismo do candidato em relação aos direitos dos homossexuais. A oposição do líder religioso ao candidato teve um impacto menor, mas ainda significativo. Quando os dois tratamentos foram combinados, os resultados entre os evangélicos são idênticos aos da condição "direitos dos *gays* apenas". Esses resultados confirmam que os eleitores evangélicos prestam atenção às indicações das elites de endogrupos, mas são tão ou mais sensíveis às posições reais dos candidatos. Isso sugere que as posições dos líderes religiosos podem, em parte, servir como uma heurística para ajudar os evangélicos a estimarem as posições dos candidatos frente a questões.

As campanhas empreitadas pelos líderes religiosos também podem afetar os resultados políticos, mesmo sem persuadir as pessoas. Imediatamente após a pergunta sobre o apoio ao candidato, os entrevistados foram questionados sobre sua elegibilidade. Na análise não mostrada aqui, descobri que todos os entrevistados acreditavam que os três tratamentos tornavam o candidato menos elegível. Os candidatos menos elegíveis terão mais dificuldade em construir uma base de apoiadores e angariar fundos. Assim, o ativismo dos pastores evangélicos pode ter um impacto enorme em uma candidatura, mesmo sem convencer os não evangélicos.

Até este ponto, a discussão tem ressaltado algumas conclusões. Primeiro, o que o líder religioso diz sobre candidatos e eleições é importante – pelo menos uma parte do tempo. Segundo, os grupos religiosos constituem ambientes de informação complexos nos quais várias mensagens de vários mensageiros podem se mostrar persuasivas. Terceiro, nem todos os membros das comunidades são igualmente suscetíveis à influência de seus líderes. Somente os evangélicos responderam aos tratamentos experimentais. Naturalmente, é lógico que os evangélicos seriam mais sensíveis aos pastores. Ainda assim, é revelador que as informações sobre a posição do candidato em relação aos direitos dos homossexuais também tiveram um efeito estatisticamente significativo apenas nos evangélicos.

Outras características pessoais também podem influenciar a forma como os membros das comunidades respondem às campanhas de seus líderes. Os fiéis que se opõem a misturar religião e política podem ter menos probabilidade de apoiar candidatos identificados como religiosos ou apoiados pelos líderes religiosos. A figura 20 apresenta os resultados de um experimento nacional similar online realizado durante a campanha eleitoral geral de 2014 (cf. apêndice C online). A condição de controle envolveu, novamente, um candidato chamado José Vargas dos Santos, desta vez escolhido como candidato a deputado estadual e proprietário de uma padaria local. Nesse caso, ele foi descrito alternadamente em vários tratamentos como apoiado por líderes católicos, apoiado por líderes evangélicos ou ativo em sua Igreja. Essa pesquisa também mediu as normas seculares, perguntando até que ponto os entrevistados concordavam, em uma escala de sete pontos, que "É correto as pessoas basearem suas atitudes na religião" e "É correto que as pessoas falem sobre política e eleições na Igreja". O painel esquerdo da figura mostra que, entre todos os entrevistados, os tratamentos não tiveram impacto algum no apoio a ele. O painel direito, no entanto, mostra que os três tratamentos (aqui combinados para simplificar a apresentação) tiveram um efeito positivo entre aqueles com baixo nível de normas seculares, e um efeito negativo entre aqueles com alto nível de normas seculares[50].

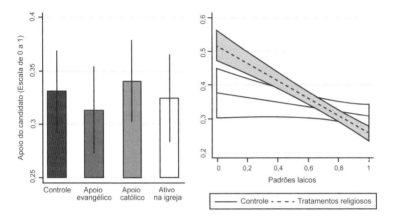

Figura 20 O impacto das características religiosas dos candidatos, por normas seculares dos entrevistados

As características do grupo religioso afetam a extensão da influência exercida pelo seu líder ou pelo próprio grupo? Para entender a campanha em comunidades religiosas, recorremos aos dados combinados dos estudos congregacionais e de líderes religiosos das Igrejas de Norte e Sul. A desvantagem de retornar aos dados observacionais é que se é menos capaz de controlar os fatores que envolvem diferen-

---

50. Na análise de mais um experimento realizado no mesmo estudo, constato que apenas os evangélicos com baixas normas seculares apoiam os candidatos do grupo, enquanto os não evangélicos com altas normas seculares se opõem a candidatos evangélicos. No entanto, a análise do Estudo do Painel Eleitoral Brasileiro de 2014 indica que as normas seculares não condicionaram as respostas aos endossos relatados pelo clero.

tes formas de exposição religiosa – por exemplo, a devoção religiosa. No entanto, esses dados observacionais melhoram outros dados da pesquisa, no sentido de que incluem medidas independentes das opiniões do líder religioso.

O ativismo dos líderes aparentemente ajudou os membros da comunidade ou Igreja a se decidirem antes das eleições. O estudo congregacional das Igrejas de Norte e Sul foi uma pesquisa pré-eleitoral realizada entre um e dois meses antes da eleição, quando muitos entrevistados ainda não haviam escolhido candidatos. Embora 86% dos entrevistados tenham declarado "muito provável" que votariam, apenas 63% relataram seu candidato à presidência. Em um sistema de votação compulsória, muitas pessoas tomam decisões imediatamente antes da eleição, como sugere o exemplo da mulher que pede ao Espírito Santo que a ilumine na cabine de votação. No entanto, verifica-se que, controlando muitos fatores pessoais que poderiam afetar o momento da tomada de decisões, os membros das comunidades eram mais propensos a escolher um candidato quando o líder religioso relatava níveis mais altos de ativismo eleitoral.

O estudo congregacional também revela que algumas influências operam dentro da comunidade como um todo, além da agência do líder em particular. Em comunidades religiosas conservadoras, os seus membros são simplesmente mais propensos a votar da mesma maneira. Cientistas políticos desenvolveram estatísticas que avaliam até que ponto os eleitores de um grupo estão divididos entre muitas opções ou, em vez disso, se unem em uma única opção. Uma dessas medidas é o Índice Laakso-Taagepera, que representa o "número efetivo de partidos" ou o "número efetivo de candidatos" apresentado em um grupo de pessoas (Laakso e Taagepera, 1979). O índice pode variar de um mínimo de 1, quando todos no grupo escolhem um único candidato, a até o número de membros do grupo, se cada pessoa escolhe seu próprio candidato em separado. Calcula-se, aqui, um índice de Laakso-Taagepera para a diversidade no voto presidencial em cada comunidade religiosa. O índice resultante varia de 1,36 na congregação menos diversa a 2,98 na comunidade mais diversa. Isso foi redimensionado para variar de 0 a 1. Esse índice está correlacionado em 0,74 com o nível de diversidade política relatada pelos líderes religiosos.

O que prevê o nível de diversidade política de um grupo religioso? Com apenas oito igrejas, é difícil fazer inferências. Ainda assim, mesmo com pouquíssimos casos, esse índice está estatisticamente correlacionado de forma significativa a um índice de ativismo eleitoral do líder religioso (-,69) e conservadorismo doutrinal do líder religioso (-,70). Também está correlacionado com as atitudes seculares dos membros da comunidade (-,60). Contudo, outro fator está ainda mais fortemente correlacionado com a fragmentação do voto. O nível médio de conservadorismo doutrinal dos fiéis está correlacionado em -,93 – uma correlação negativa quase perfeita – com a fracionalização do voto[51]. Ou seja, comunidades onde seus membros são menos favoráveis às normas seculares, onde os líderes se envolvem nas eleições e onde líderes e fiéis são doutrinalmente conservadores, são muito menos diversificadas na escolha do voto para presidente.

---

51. O conservadorismo doutrinal dos congregados se baseia em seus níveis de literalismo bíblico e na medida em que eles dizem que temem a ira de Deus.

Resumo

Este capítulo considerou como o líder religioso influencia o comportamento eleitoral dos fiéis. Como o estabelecimento da influência social pode ser desafiador, várias formas de evidências foram apresentadas, incluindo pesquisas representativas nacionalmente, dados experimentais de pesquisas e dados quantitativos e qualitativos de estudos congregacionais. Em todos esses estudos, conclui-se que o clero influencia o comportamento político dos cidadãos – participação nas urnas, normas cívicas e escolha de votos. No entanto, a influência está longe de ser automática. Mais uma vez, encontramos evidências de que a influência do líder religioso é assimétrica, afetando os conservadores religiosos mais do que outros. Os evangélicos podem ter mais chances de receberem indicações dos pastores do que os católicos de seus padres, enquanto membros de todos os grupos religiosos que mantêm normas seculares mais fortemente têm menos probabilidade de responder à influência do líder religioso. Finalmente, as Igrejas e as comunidades doutrinalmente conservadoras têm muito mais probabilidade de se unir em suas escolhas de candidatos.

Qual é a conclusão deste e do capítulo anterior para as guerras culturais do Brasil? No nível do cidadão, a política religiosa no Brasil pode ser menos polarizada do que se pensava. Evangélicos, católicos e não religiosos concordam amplamente na maioria das questões importantes, com as importantes exceções de relações Igreja-Estado, homossexualidade, casamento de pessoas do mesmo sexo, aborto e talvez papéis de gênero. E, o que é mais importante, nenhum partido desenvolveu uma forte lealdade dos eleitores em nenhum grupo religioso em particular. Embora os grupos religiosos muitas vezes votem diferentemente um do outro, nenhum padrão único de divisão religiosa surgiu em disputas recentes. Às vezes, a afiliação religiosa parece afetar a escolha do voto; outras vezes, a mobilização dos líderes religiosos parece ter importância; e, em outros momentos ainda, a religião parece ser superada por outras forças.

Ainda assim, também encontramos muitos sinais de polarização religiosa. Embora os evangélicos laicos e os católicos se sintam da mesma forma sobre muitas questões – desde políticas antipobreza e racismo até proteção ambiental – os evangélicos estão se tornando cada vez mais conservadores e distantes de outros cidadãos em questões relacionadas ao tradicionalismo sexual e familiar. Além disso, as congregações evangélicas exibem maior tendência à homogeneidade nas visões sobre essas questões. O crescente conservadorismo dos evangélicos pode ser uma das forças que impulsionam uma divergência religiosa pequena, embora potencialmente crescente, no partidarismo.

Além disso, o crescente conservadorismo dos evangélicos é prontamente mobilizado na política eleitoral. É preciso repetir que o grupo que agora está tendendo para uma direção conservadora é precisamente aquele que desenvolveu os repertórios mais ativos de engajamento político no período posterior à retomada da democracia no Brasil. Os resultados apresentados neste capítulo indicam que os grupos religiosos, especialmente os evangélicos, podem e influenciam "seus" eleitores. Estilos de campanha protagonizada por líderes religiosos podem ter sido implantados para promover interesses do endogrupo; eles são prontamente bélicos no apoio a candidatos e questões cada vez mais conservadores.

No entanto, normas seculares ainda são importantes. O amplo compromisso dos cidadãos brasileiros com a separação entre religião e política inibe o discurso do líder religioso (capítulo 5), restringindo a extensão da politicagem dentro das igrejas. Além disso, fiéis com visões mais seculares da sociedade são mais propensos a resistir à influência em questões de guerra cultural, potencialmente limitando a polarização ideológica das campanhas que ocorrem nas comunidades religiosas (capítulo 6). Finalmente, normas seculares levam alguns brasileiros – evangélicos e católicos – a resistirem às mensagens relacionadas a campanhas que recebem dentro dos muros da igreja.

Assim, temos uma tensão entre a crescente polarização ideológica e o engajamento religioso na política por um lado e, por outro, normas seculares que restringem a ferocidade de tais disputas. Qual é o resultado final para a democracia brasileira? Passamos a essa questão nos próximos dois capítulos.

8
Influência da Igreja no apoio do cidadão à democracia

Como as interações entre líderes religiosos e fiéis em torno da política influenciam a democracia brasileira? O capítulo anterior considerou a política eleitoral. As eleições constituem a principal instituição da democracia representativa – talvez a inovação mais importante na organização social nos últimos séculos. No entanto, a democracia pode, por fim, se tornar estéril e frágil quando o papel dos cidadãos é limitado à participação nas urnas e ao voto. Este capítulo expande a visão da democracia para além das eleições, argumentando que a política religiosamente infundida do Brasil afeta a participação e a confiança dos cidadãos na sociedade mais ampla e entre si.

O capítulo baseia-se em várias visões de democracia. Teóricos da legitimidade democrática argumentam que a preservação das instituições democráticas exige que os cidadãos apoiem a noção de democracia em geral e acreditem que seus sistemas democráticos são basicamente legítimos (Booth e Seligson, 2009). Os teóricos da democracia liberal, deliberativa e participativa vão mais longe, postulando que a democracia é medida não apenas pela maneira como os cidadãos se sentem em relação às suas instituições, mas também pela forma como respondem e interagem com seus concidadãos. A teoria democrática deliberativa sustenta que os cidadãos constroem a democracia se unindo para discutir questões controversas, atravessando linhas de diferenças, sob condições de respeito mútuo e igualdade de voz (Gutmann e Thompson, 1996; Ryfe, 2005). Enquanto isso, as visões liberais da democracia não exigem que os cidadãos discordantes conversem entre si, mas simplesmente se tolerem, respeitando os direitos inerentes a cada indivíduo, independentemente das opiniões políticas. Finalmente, a teoria democrática participativa enfatiza o papel dos cidadãos na construção da democracia por meio de um processo contínuo de engajamento (Pateman, 1970).

Essas visões de democracia são operacionalizadas usando diversas variáveis dependentes. Primeiro, o capítulo considera o impacto do engajamento político do clero no apoio abstrato dos congregados à democracia e ao sistema político. Segundo, ele se volta para a relação entre participação religiosa e atitudes dos cidadãos em relação a exogrupos, bem como a tolerância à participação política de candidatos homossexuais. Terceiro, ele examina o impacto da vida congregacional em várias formas de participação política.

O envolvimento de grupos religiosos na política ajuda ou prejudica a qualidade da democracia brasileira? A resposta é "sim". As Igrejas e os grupos religiosos podem fortalecer a democracia. Os líderes religiosos transmitem amplo apoio à democracia e ao sistema político aos membros de suas comunidades – não é pouca coisa em um país onde a legitimidade democrática se corroeu de maneira alarmante nos últimos anos. Além disso, as Igrejas mobilizam os cidadãos, ajudando-os a transmitir suas opiniões políticas aos políticos. No entanto, a política divisória do líder religioso também pode enfraquecer a democracia. Quando padres ou pastores acreditam que o sistema é injusto com seu próprio grupo, seus seguidores perdem a fé na democracia e na legitimidade do sistema político. Além disso, a participação religiosa e a campanha protagonizada pelo líder aumentam a polarização afetiva, tanto em linhas religiosas quanto partidárias. Por fim, evangélicos e frequentadores de Igrejas são menos tolerantes social e politicamente a ateus e homossexuais. Assim, as guerras culturais empreitadas pelos líderes religiosos estabilizam algumas áreas da democracia e, ao mesmo tempo, desgastam outras.

Cinco cenas

1) Na Igreja Batista Boas Novas, quando os resultados das votações chegaram na noite do domingo das eleições do primeiro turno de 2014, o Pastor Willian procurou elevar os ânimos de seus congregados. Muitas pessoas presentes naquela noite ficaram desapontadas que Marina Silva, a candidata à presidência que a maioria dos fiéis havia apoiado, havia perdido por pouco no segundo turno, quando o candidato Aécio Neves subitamente subiu nos dois últimos dias da disputa. Como um palestrante motivacional, ele convidou os congregados a gritarem: "Eu sou um vencedor!" várias vezes, cada vez mais alto. Embora Marina tenha perdido por pouco o segundo lugar, ele nos lembrou, a Igreja teve algumas vitórias eleitorais no nível de deputados e senadores estaduais e federais. Mais importante, ele disse: "*Você* é um candidato para o Reino de Deus" [CO31].

2) Em junho de 2017, sentei-me com o Pastor Eduardo, líder da pequena Igreja do Nazareno – Comunidade da Esperança, localizada em ponto comercial, em sua cozinha, comendo pão de queijo e acompanhando as mudanças em sua Igreja desde a última vez que a visitei (cf. capítulo 7). Em geral, o Pastor Eduardo não estava muito interessado nos eventos políticos recentes, dizendo-me: "O que eu quero é reunir informações sobre o Reino de Deus e o reino de satanás". Ele achava que a política às vezes afeta o Reino de Deus. Ele me disse que as regulamentações sobre ruídos urbanos associadas às leis ambientais inibiram sua capacidade e de outras Igrejas de proselitizarem. Sua congregação teve que se mudar duas vezes nos dois anos e oito meses desde a última vez que os visitei, em parte devido a reclamações dos vizinhos sobre o volume de ruído. Ele contou a história de uma Igreja diferente, onde a polícia havia removido o equipamento de som. "Obviamente, você precisa garantir que as pessoas sigam as regras", disse ele, "mas a polícia está violando a lei... De acordo com a Bíblia, de acordo com a Palavra", continuou ele, "satanás é o inimigo. Ele sempre tenta inibir o Reino de Deus por meio de leis. As leis de satanás inibem o Reino de Deus na terra" [CO43].

3) Em junho de 2017, também voltei à comunidade de oração católica Discípulos do Amor (cf. capítulo 4), que havia crescido de um humilde apartamento de um quarto para um prédio de três andares com um grande espaço de adoração no segundo andar e uma capela no terceiro desde que eu os havia visitado da última

vez. Sentado em um sofá de couro na sala de entrada recém-construída e com teto alto, conversei com os oito membros reunidos sobre os planos da comunidade para o evangelismo católico carismático em todo o Brasil. Quando a conversa se voltou para o estado da nação brasileira, José Luiz, fundador e líder do grupo, situou os eventos recentes em termos apocalípticos. "Este não é o fim", explicou, "este é o começo do fim... A democracia já está terminando. Eles estão removendo a autoridade da Constituição, mas continuam usando o nome da democracia". Ele concordou que as pessoas deveriam lutar para manter a democracia, mas infelizmente ele previu que o povo brasileiro continuaria reelegendo os mesmos bandidos de sempre. Falando sobre o atual presidente, ele explicou que "Temer é um satanista". Um pouco surpresa, perguntei: "Como assim?" José Luiz respondeu: "Ele serve ao Mal. Satanás veio para matar, roubar, destruir. Temer tem a atitude de satanás... O povo de Deus morre em desolação" [CO47; cf. tb. CO35].

4) Em 8 de outubro de 2014, às 19h30, o Comitê de Cidadania se reuniu na catedral católica, no centro da cidade, para o que o presidente anunciava formalmente ser a 167ª reunião mensal. Embora o grupo seja ostensivamente ecumênico, todas as doze pessoas presentes eram católicas. A reunião começou com a presença do presidente, anotando várias ausências justificadas e lendo em voz alta a ata da reunião anterior. Os participantes relataram as atividades da Câmara dos Vereadores no mês anterior – embora um membro, uma idosa, tivesse se esquecido completamente da reunião da câmara à qual

foi designada. Um relatório escrito sobre as atividades da Câmara dos Vereadores daquele mês seria posteriormente impresso no boletim público que o comitê produz com os fundos pessoais dos membros. O grupo também discutiu brevemente as atividades do Conselho Municipal da Mulher, do qual um dos membros fazia parte. Enquanto os membros discutiam os assuntos da Câmara dos Vereadores, eles se ajudavam a entender o processo legislativo local e a legislação aguardavam solução.

5) O Pastor Osésa Rodrigues, presidente do Partido Liberal Cristão, encerrou sua conversa de uma hora no Conselho de Pastores de Juiz de Fora exortando os pastores a agirem (cf. capítulo 4). Eles não devem apenas incentivar os congregados a votar em candidatos evangélicos. O casamento entre pessoas do mesmo sexo não era final, disse ele. Embora o Supremo Tribunal Federal o tenha legalizado, o Congresso ainda pode reverter a decisão do tribunal legislativamente. Ele nos exortou a trabalhar com a recém-formada e ecumênica Aliança Cristã da Defesa da Família, que procurava desenvolver um projeto de lei popular que definisse o casamento entre um homem e uma mulher. Uma disposição de democracia direta na constituição brasileira de 1988 exige que o legislador considere qualquer iniciativa popular que colete 1,3 milhão de assinaturas. O Pastor Osésa distribuiu canetas impressas com o endereço da web do novo movimento e pediu a cada pastor que coletasse assinaturas em sua congregação. A conversa terminou com ele chamando vários membros da plateia até a frente para colocar suas mãos nele para ajudá-lo a orar pela família cristã.

Democracia legítima

Esta seção examina as percepções dos brasileiros sobre a legitimidade da democracia e do sistema político atual. Líderes religiosos e suas comunidades exacerbaram ou melhoraram a crise da democracia brasileira discutida no capítulo 1?

Há razões para ter esperança de que os líderes religiosos possam reforçar o apoio dos fiéis à democracia e ao sistema político. Como vimos no capítulo 4, o líder religioso expressa níveis de apoio à democracia muito mais altos do que os cidadãos em geral nas pesquisas. Mesmo em 2017, em meio à crise política, líderes religiosos deixaram clara sua convicção de que a democracia brasileira deveria ser defendida. Essas atitudes podem emprestar legitimidade a um Estado que perde outras fontes de legitimidade. Como elites da sociedade civil conhecidas e altamente confiáveis, os líderes religiosos poderiam transmitir seus compromissos democráticos a seus rebanhos. A pregação do Pastor Willian na Igreja Batista Boas Novas, discutida na primeira cena da introdução deste capítulo, fornece um exemplo de como a liderança religiosa pode ajudar seus fiéis a lidarem com as inevitáveis decepções da democracia.

Há também motivos de preocupação de que o padre ou o pastor possa às vezes – talvez inadvertidamente – minar a confiança dos membros de sua comunidade em instituições políticas. Como vimos também no capítulo 4, muitos pastores evangélicos e pentecostais veem o sistema político brasileiro como prejudicial ao seu grupo religioso. Quando o líder religioso prega sobre injustiças ao seu endogrupo, os fiéis podem concluir que a democracia brasileira e o sistema político não funcionam. Assim, na segunda e terceira cenas da introdução deste capítulo, os cidadãos podem extrapolar sua insatisfação pessoal para com o sistema político de maneira mais ampla.

Os níveis de apoio dos brasileiros à democracia e ao sistema político caíram drasticamente entre 2012 e 2017 (cf. capítulo 1). Qual foi o papel da religião? Surpreendentemente, a afiliação religiosa não está correlacionada ao apoio à democracia no Barômetro das Américas. Ou seja, não existem diferenças estatisticamente significativas e consistentes entre grupos religiosos nos níveis de apoio à democracia; a presença na Igreja, tampouco, prevê apoio à democracia em nenhum grupo.

No entanto, a religião *é* correlacionada significativamente com as opiniões dos cidadãos sobre a legitimidade do sistema político. Em todos os anos do Barômetro das Américas, a legitimidade era maior entre evangélicos e católicos do que entre aqueles sem religião e em outros grupos religiosos[52]. Além disso, em 2017, uma diferença estatisticamente significativa se abriu entre evangélicos e católicos, de modo que os evangélicos apoiaram ligeiramente a legitimidade do sistema político; essa diferença é robusta nos controles de partidarismo, interesse político e demografia. Além disso, há algumas evidências de que essas diferenças religiosas podem ser devidas a forças que operam dentro dos grupos religiosos. Em 2017 e ao longo de todos os anos, a frequência à Igreja aumentou os níveis de apoio ao sistema entre católicos e evangélicos, embora não entre aqueles afiliados a outras religiões.

---

52. Essas diferenças são robustas para os controles para educação, riqueza, gênero e tamanho do local de residência.

Para ter um vislumbre das comunidades religiosas por dentro, voltemo-nos, novamente, ao estudo congregacional das Igrejas de Norte e Sul de 2014.

A figura 21 examina a variação na legitimidade da democracia e do sistema político por grupo religioso. Os níveis de legitimidade democrática foram bastante semelhantes entre os grupos, embora uma congregação evangélica tenha relatado uma legitimidade democrática significativamente menor do que várias outras. A legitimidade média do sistema político variou mais de uma congregação para outra, com os dois locais evangélicos não pentecostais um pouco mais baixos do que as outras congregações.

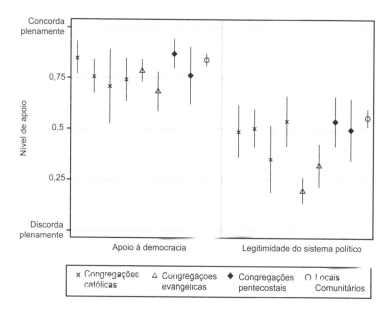

Figura 21 Atitudes em relação ao sistema político em oito congregações

Qual o papel que o líder religioso desempenha? No capítulo 4, descobrimos que os padres e pastores que acreditam que o Estado é tendencioso contra os interesses de seu grupo têm propensão a ver o Estado como um todo como menos legítimo. Essas atitudes dos líderes religiosos podem se espalhar em suas comunidades. Assim, é de se esperar que quando o líder religioso tiver agravos relacionados a grupos, seus seguidores possam se tornar menos favoráveis à democracia e ao sistema político; em contraste, o líder religioso que apoia fortemente a democracia pode reforçar essas atitudes. Além disso, os padres e pastores que menos apoiam o laicismo do Estado também podem ver a democracia e o sistema político como menos legítimos, uma vez que consideram injustas as restrições a seus próprios grupos religiosos. Por exemplo, um participante do grupo focal batista anunciou que as restrições à evangelização haviam levado a uma "situação crítica". Ele alertou que "se o governo de hoje continuar, poderemos estar enfrentando uma ditadura socialista no Brasil" [FG4].

A figura 22 examina os determinantes do apoio à democracia e da legitimidade do regime no estudo congregacional de 2014. As opiniões dos líderes religiosos foram importantes. Os cidadãos cujo líder religioso via o Estado brasileiro como neutro em relação a seu grupo, e aqueles cujo líder apoiava mais fortemente a democracia, expressaram níveis mais altos de apoio à democracia e ao sistema político. Além disso, os níveis de apoio dos cidadãos ao laicismo do Estado também afetaram a legitimidade da democracia e do sistema político. Como alguns dos exemplos deste capítulo sugerem, as políticas seculares do sistema político brasileiro podem ser fontes de agravos para aqueles que

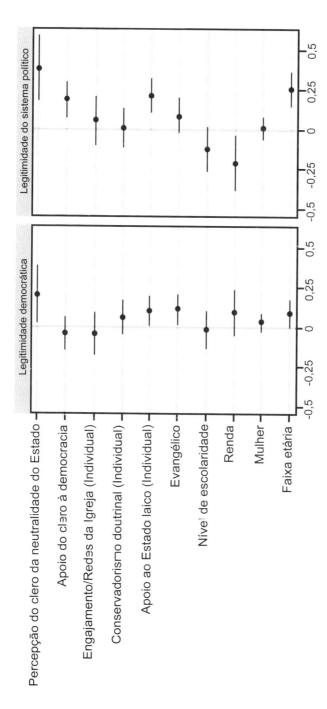

Figura 22 Determinantes de atitudes em relação ao Estado e ao regime democrático

estão fracamente comprometidos com as normas seculares. Depois de levar em consideração todas essas outras variáveis, os evangélicos tiveram um nível ligeiramente mais alto de apoio à democracia do que outros grupos religiosos, mas o envolvimento nas redes da Igreja não foi estatisticamente significativo. Outras variáveis demográficas também influenciaram a legitimidade. A renda foi associada a percepções mais baixas da legitimidade do Estado, enquanto os entrevistados mais velhos consideraram tanto a democracia quanto o sistema político atual como mais legítimos.

Democracia deliberativa e liberal

A democracia pode ser vista como um conjunto de instituições nas quais os cidadãos resolvem desacordos políticos sob condições de igualdade estrutural entre todos os participantes. Para manter essas instituições, a legitimidade democrática – o apoio do cidadão à democracia em geral e ao sistema político – é útil, mas insuficiente. Os compromissos democráticos abstratos geralmente naufragam quando se solicita aos cidadãos que estes reconheçam a igualdade estrutural daqueles de quem eles não gostam ou até temem.

Nesta seção, examinamos as atitudes dos cidadãos em relação aos exogrupos com os quais eles compartilham a organização política. O engajamento político dentro das igrejas afeta as atitudes dos cidadãos entre si? Há razões para preocupações de que a politicagem na igreja possa alimentar uma desconfiança mútua.

A democracia traz consigo um paradoxo. Eleições livres e justas são o componente central das definições contemporâneas de democracia representativa, mas a natureza combativa das eleições pode dificultar que os grupos concorrentes tenham um bom relacionamento em tempos de paz e confiem no Estado. As próprias eleições que definem a democracia podem gradualmente diminuir a qualidade desta. As disputas eleitorais exacerbam a polarização afetiva – significando grandes diferenças nas atitudes dos indivíduos em relação a seus endogrupos e exogrupos – entre vencedores e perdedores. No entanto, a legitimidade do próprio sistema sofre um impacto quando os concorrentes se sentem prejudicados pelo processo, um sentimento que é mais comum entre os perdedores de eleições (C.J. Anderson et al., 2005; Przeworski, 1999). Os cidadãos que passam a ver a política eleitoral como um jogo de soma zero também podem se tornar intolerantes à participação política dos grupos que consideram ser ameaças. O aumento da polarização afetiva e a intolerância mútua podem potencialmente levar a um colapso democrático. Como Levitsky e Ziblatt observam em trabalhos recentes, "o retrocesso democrático hoje começa nas urnas" (2018, p. 5).

Quando grupos religiosos se posicionam sobre questões e disputas controvertidas, eles podem ser afetados pela polarização social. Membros de diferentes grupos religiosos podem não gostar um do outro por causa das opiniões políticas de seus grupos e alianças eleitorais. A polarização afetiva pode aumentar gradualmente com o tempo, pois as diferenças entre os grupos são reforçadas ao longo de várias eleições. O risco de polarização é particularmente grande quando grupos religiosos se envolvem na política porque a religião é uma fonte poderosa de identidade, com base em laços familiares, socialização na infância e redes sociais de adultos. A polarização afetiva ao longo de linhas religiosas pode ser exacerbada pelo contexto brasileiro de competição religiosa, se o líder religioso procurar aumentar as diferenças sentidas entre os grupos como uma forma de competição.

As doutrinas religiosas que envolvem uma visão dualista do conflito social entre o bem e o mal podem ser particularmente propensas à polarização afetiva. Grupos religiosos às vezes literalmente demonizam grupos de que não gostam, atribuindo seu comportamento a forças sobrenaturais. Um exemplo dessa demonização literal é a lenda urbana de que o Presidente Temer é um satanista. Esse mito generalizado pode ter se originado nas eleições de 2010 (Orrico, 2016). Embora evangélicos proeminentes tenham emitido defesas de Temer, afirmando que ele não é um satanista, a mensagem ainda não chegou completamente às elites políticas ou elites da sociedade civil, como o clero. Em novembro de 2016, por exemplo, o deputado federal evangélico Cabo Daciolo fez um discurso no plenário da Câmara pedindo a Temer que renunciasse aos laços com o satanismo (assim como com a Maçonaria) (Agência O Globo, 2016). No entanto, a demonização literal não se limita a como Temer é visto; também é evidente na maneira como muitos evangélicos discutem o papel do movimento LGBT e na maneira como alguns católicos discutem o aborto. Acreditando que as pessoas cuja política não se gosta estão deliberadamente servindo ao mal e à destruição presumivelmente reduz a tolerância às liberdades civis desses exogrupos. Afinal, não há como chegar a um meio-termo com o diabo.

A campanha presidencial do Brasil em 2014 frequentemente envolveu uma retórica polarizada e acalorada. No final dessa campanha, começamos a nos perguntar se a intensidade da campanha eleitoral havia prejudicado a confiança entre membros de diferentes grupos religiosos e políticos. Na rodada pós-eleitoral do Estudo do Painel Eleitoral Brasileiro (Beps) de 2014, incluímos perguntas sobre as atitudes dos entrevistados em relação a cinco grupos: petistas, peessedebistas e católicos, evangélicos e "ateus, ou pessoas que não acreditam em Deus". A pesquisa perguntou até que ponto os entrevistados acreditavam que as ações de cada grupo estavam "muito erradas" ou "muito certas" numa escala de 0 a 10. Infelizmente, não temos dados sobre essas atitudes no início da campanha, portanto, não podemos acompanhar como elas mudaram ao longo do tempo. Ainda assim, os resultados indicam a extensão da polarização afetiva pós-eleição.

A figura 23 mostra a classificação média dos cinco grupos, por afiliação religiosa do entrevistado. As respostas foram recodificadas para variar de 0 a 1; portanto, a linha em 0,5 indica uma classificação neutra. Todos os quatro grupos religiosos relataram atitudes neutras ou positivas em relação a católicos e evangélicos. Católicos e evangélicos, de fato, aprovaram uns aos outros de maneira razoavelmente alta: os católicos classificaram os evangélicos em 0,69, e os evangélicos classificaram os católicos em 0,64. Além das classificações de católicos e evangélicos de seus próprios grupos (0,83 para católicos e 0,87 para evangélicos), essas foram as classificações de grupo mais altas do estudo. Portanto, há muito pouca evidência de polarização social entre católicos e evangélicos. Além disso, as diferenças entre evangélicos e católicos podem estar diminuindo com o tempo. Comparando as classificações de 2014 com as avaliações de evangélicos em 2002 e 2006, parece que os católicos estão se tornando mais calorosos com os evangélicos ao longo do tempo[53].

A aprovação mútua de católicos e evangélicos contrasta fortemente com as atitudes dos partidários em relação aos rivais do partido. Voltando aos dados de 2014, os petistas pontuaram seu próprio partido político em 0,84, e o PSDB em 0,41, uma diferença de quase metade da escala. Enquanto isso, os peessedebistas pontuaram o seu próprio partido em 0,75, e o PT em 0,43. De maneira tranquilizadora, porém, a polarização partidária não se estendeu a grupos religiosos. Por exemplo, grupos religiosos basicamente coincidiram em suas classificações de partidos políticos. Todos os grupos religiosos classificaram o PT melhor do que o PSDB, embora a diferença de classificação entre o PT e o PSDB fosse maior entre os não religiosos e menor entre os evangélicos. Da mesma forma, os partidários não foram altamente polarizados em suas classificações de grupos religiosos. Os petistas classificaram os evangélicos em 0,73 e os católicos em 0,78, enquanto os peessedebistas classificaram os evangélicos em 0,78 e os católicos em 0,67. Assim, há poucas evidências de uma aliança PT-católicos *versus* PSDB-evangélicos em termos de atitudes de endogrupos-exogrupos, mas os vínculos são fracos.

---

53. Os dados de 2002 e 2006 são do *Two Cities Study*. Os entrevistados classificaram apenas evangélicos nesses dois anos. Como esse estudo foi limitado em termos geográficos, não podemos tirar conclusões definitivas sobre as mudanças.

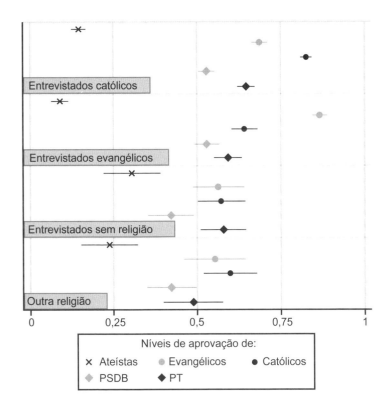

Figura 23 Afiliação religiosa e atitudes intergrupais

A ausência de qualquer tensão social católico-evangélica séria é uma boa notícia para a democracia brasileira. Dois aspectos da demografia religiosa e das guerras culturais do Brasil ajudam a explicar essa descoberta feliz. Primeiro, a falta de uma aliança religiosa entre grupos e partidos, o que impediu a polarização afetiva que caracteriza as guerras culturais nos Estados Unidos. Ou seja, divisões partidárias *não* dividem consistentemente os grupos religiosos. Segundo, a frequência da conversão religiosa significa que quase todos os brasileiros têm amigos e familiares evangélicos e católicos. As redes sociais de religião mista provavelmente reduziram a tensão, assim como os pesquisadores descobriram no caso dos Estados Unidos (Putnam e Campbell, 2012).

No entanto, encontramos uma forma diferente e problemática de polarização afetiva. Todos os grupos desaprovaram fortemente os ateus. Os ateus receberam uma pontuação média de 0,09 de evangélicos, 0,14 de católicos e 0,24 de adeptos de outras religiões. Surpreendentemente, mesmo os não religiosos deram aos ateus uma pontuação de apenas 0,30, provavelmente porque a grande maioria dos não religiosos diz acreditar em Deus. Em um país onde a maioria das pessoas valoriza normativamente a religião, não ser religioso pode ser difícil. Um ateu em um grupo focal descreveu os obstáculos sociais que enfrenta: "No caso de pessoas que já me conhecem, quando menciono que sou ateu, vejo que elas estão em conflito entre a imagem que têm dos ateus como algo do diabo, como pessoas que vão para o inferno... e a pessoa que eles sabem que sou" [FG7].

As forças dentro das comunidades religiosas promovem antipatia mútua entre vários grupos? Embora o estudo congregacional não tenha medido atitudes entre grupos, outros dados do Beps de 2014 iluminam as fontes de tensões entre eles. Com base nos dados apresentados na figura 23 calculamos a polarização afetiva: a diferença entre as pontuações atribuídas aos grupos com maior e menor pontuação (Iyengar e Westwood, 2015). A medida varia de 0 a 1, com valores mais altos indicando uma diferença maior nas classificações do grupo. Uma pontuação corresponde à polarização afetiva entre grupos religiosos, e uma segunda a partidos políticos.

Na análise multivariada, variáveis religiosas afetaram a polarização afetiva partidária e vice-versa. Os entrevistados que disseram que seu líder religiosos apoiava um candidato viam diferenças maiores entre o PT e o PSDB. Enquanto isso, as pessoas que simpatizavam com o PT eram polarizadas mais afetivamente nas preferências religiosas e partidárias. Usando modelagem de equações estruturais, tento separar qual forma de polarização tem maior influência na outra. Embora os resultados devam ser tomados com um pouco de cautela, parece que a polarização partidária alimenta a polarização religiosa, mas essa polarização religiosa não tem impacto na polarização partidária.

Um aspecto crítico da democracia é que os concorrentes partidários devem reconhecer os direitos civis dos grupos de quem não gostam ou – talvez com certas exceções – que consideram perigosos. Há razões teológicas e sociais para esperar diferenças entre católicos e evangélicos quanto à tolerância política. Primeiro, a doutrina religiosa dualista ou maniqueísta que identifica indivíduos, grupos ou comportamentos como maus pode incentivar alguns cidadãos a negar participação igual a exogrupos. Segundo, lembremo-nos de que ministros evangélicos e pentecostais expressaram níveis substancialmente mais baixos de tolerância interna (intracongregacional) e externa (extracongregacional) do que o clero católico (capítulo 4). Se os evangélicos seguem as indicações de seus líderes, podemos esperar que a divergência religiosa na tolerância política seja maior entre os que vão ao culto com mais frequência.

Para avaliar a tolerância, recorremos ao Barômetro das Américas do LAPOP, que pergunta regularmente aos entrevistados se candidatos homossexuais devem concorrer à presidência. Essa questão é imediatamente relevante para a política do mundo real, já que grupos religiosos no Brasil frequentemente se mobilizam precisamente para se oporem a políticos homossexuais – por exemplo, na disputa para a Prefeitura de Juiz de Fora em 2008.

A figura 24 examina a relação entre afiliação religiosa, participação congregacional e tolerância para com homossexuais que concorrem a cargos públicos. Consistente com pesquisas anteriores em outros países, os não religiosos são os mais tolerantes, e existem diferenças consideráveis entre os vários grupos religiosos (Beatty e Walter, 1984). Os católicos são significativamente menos tolerantes do que os não religiosos e os que pertencem a outras religiões, enquanto os evangélicos são menos tolerantes do que os católicos. O painel direito da figura examina como a frequência à igreja afeta essa forma de tolerância política. A participação religiosa tem um pequeno impacto estatisticamente significativo na tolerância política entre os católicos. No entanto, a presença na igreja reduz substancialmente a tolerância entre evangélicos e "outros". Entre os que nunca frequentam a igreja, os não religiosos e os de outros grupos religiosos têm níveis quase idênticos de tolerância, assim como os evangélicos e católicos. No entanto, os níveis de tolerância são substancialmente mais baixos entre os evangélicos e adeptos de outras religiões que frequentam a igreja regularmente.

Assim, os grupos religiosos têm um impacto misto nas atitudes sociais e políticas dos brasileiros em relação a seus concidadãos. Há notícias positivas. Há evidências de tensão entre grupos religiosos no clima político altamente carregado de 2014, mas evangélicos e católicos ainda tinham atitudes

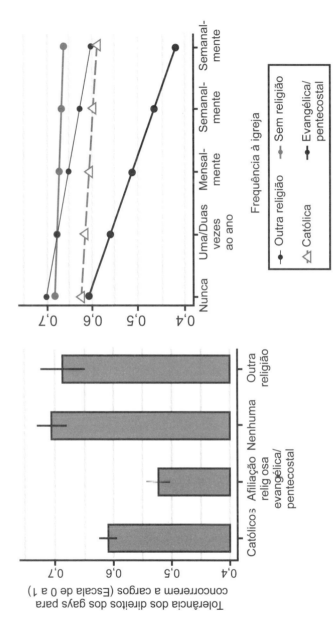

Figura 24 Religião, frecuência à igreja e tolerância política

bastante positivas em relação um ao outro. No entanto, também há motivos para se preocupar. O partidarismo – em particular, o petismo – prejudica a confiança entre grupos, e os membros do clero que se envolvem em campanhas eleitorais contribuem para a polarização partidária. Além disso, a aceitação de ateus é extremamente baixa. Finalmente, os cidadãos religiosos estão muito menos dispostos do que os não religiosos a estender os direitos civis a grupos dos quais não gostam, e a participação na Igreja diminui ainda mais a tolerância, com maior destaque entre os evangélicos.

A democracia participativa

As ideias e os comportamentos dos cidadãos apoiam ou minam a democracia continuamente, este capítulo argumenta. A participação eleitoral em si só é insuficiente. As seções anteriores investigaram as atitudes dos cidadãos em relação ao regime democrático e entre si. Esta seção se volta aos comportamentos dos cidadãos, com foco na participação fora das eleições e campanhas. O eminente teórico político Robert Dahl propôs que "uma característica fundamental de uma democracia é a contínua capacidade de resposta do governo às preferências de seus cidadãos, considerados como iguais políticos" (1971, p. 1). Essa "capacidade de resposta contínua" exigiria "instituições para fazer com que as políticas governamentais dependessem de votos e outras expressões de preferências" (p. 3)[54]. Está implícita nessas proposições a exigência de que os cidadãos comuni-

---

54. Esta é uma tarefa difícil. Dahl reconheceu que os regimes mais ou menos democráticos existentes, que ele preferia chamar de "poliarquias", nunca a cumpriram de forma plena.

quem regularmente seus desejos políticos entre si ou com o governo além dos limites de qualquer ciclo eleitoral.

Os grupos religiosos e seus líderes incentivam a participação política além das campanhas? No capítulo anterior, vimos que os líderes religiosos promovem efetivamente a participação nas urnas e o voto consciente. Agora nos voltamos para várias outras formas de participação política, variando de altamente institucionalizadas a não institucionais. Primeira: os cidadãos podem fazer *lobby* com representantes políticos em busca de mudanças nas políticas. Segunda: eles podem tirar proveito de ferramentas da democracia direta, como referendos populares, tentando forçar mudanças políticas. Terceira: eles saem às ruas em protesto, usando repertórios de participação contenciosa para tentar aumentar a conscientização sobre questões que não estão na agenda pública. Quarta: eles podem trabalhar no nível local para resolver problemas comunitários em suas próprias comunidades sem a intermediação de políticos ou recorrer ao processo legislativo.

Há duas razões para suspeitar que as congregações incentivam todas essas formas de participação. Primeiro, líderes religiosos costumam falar sobre participação não eleitoral. Lembremo-nos do capítulo 5, em que pastores e padres concordam majoritariamente com a ideia de que suas comunidades deveriam defender uma legislação que promovesse os valores da Igreja e apoiar movimentos sociais que protegessem os direitos dos pobres. Ao longo do livro, lemos várias anedotas descrevendo como os padres e pastores incentivam a participação política: de esforços de *lobby* para interromper uma parada *gay* local ou parar a construção de uma congregação vizinha (cf. capítulo 1), ao trabalho do

Pastor Osésa de aprovar um referendo popular para forçar o legislador a considerar um projeto de lei que anula o casamento entre pessoas do mesmo sexo (introdução deste capítulo). Além disso, no capítulo 7, vimos que os esforços do clero para promover uma forma específica de participação, o comparecimento nas urnas, foram eficazes.

Segundo, o ativismo dos líderes religiosos não é a única força que torna as comunidades religiosas locais potentes para a mobilização. Em vez disso, as redes sociais construídas dentro de instituições religiosas promovem a organização política. As comunidades religiosas oferecem aos possíveis líderes comunitários um grande conjunto de participantes potencialmente mobilizáveis e altamente interconectados, bem como mecanismos de monitoramento e prestação de contas. Além disso, as próprias comunidades religiosas oferecem uma ampla variedade de oportunidades para trabalhar em ministérios e atividades. Ou seja, muitos aspectos da vida da Igreja constituem formas de participação da sociedade civil que podem potencialmente levar a um maior envolvimento da comunidade. A loja de roupas de segunda mão (administrada pela Comunidade Discípulos do Amor) e o Comitê de Cidadania da catedral católica constituem apenas dois exemplos de contribuições congregacionais para a sociedade civil.

Embora a pesquisa congregacional não inclua perguntas sobre participação não eleitoral, o Barômetro das Américas do LAPOP examina muitas formas de participação política. Como esperado, dentro de cada grupo religioso, a participação na igreja está associada ao contato com representantes e assinatura de petições, depois de controlar uma série de fatores demográficos. A participação religiosa também aumenta a probabilidade de os cidadãos dizerem que trabalharam com outras pessoas para resolver um problema da comunidade no ano passado ou que participaram de uma reunião de uma associação que busca melhorar a comunidade. O efeito da participação religiosa na solução de problemas da comunidade é particularmente pronunciado entre os católicos, como os exemplos no parágrafo anterior podem sugerir.

Protestos políticos

Desde 2013, formas políticas controversas, como protestos, se tornam cada vez mais comuns no Brasil. Como as outras formas de participação, o protesto constitui uma maneira importante para os cidadãos expressarem opiniões políticas. Os protestos, de fato, podem ser distintamente eficazes para trazer novas questões à agenda de políticas (M. W. Moseley, 2015). No entanto, o protesto pode ter uma relação ambivalente com a democracia. O protesto não apenas expressa muitas vezes agravos contra o sistema político, mas, em seu extremo, pode desestabilizar governos eleitos ou mesmo regimes. Assim, os protestos refletem exclusivamente os problemas democráticos do Brasil desde 2013.

Os grupos religiosos incentivam ou desencorajam a participação em protestos? As comunidades religiosas podem servir como um local pronto para mobilizar protestos. Católicos e evangélicos que vão às ruas podem recrutar alguns amigos da Igreja para acompanhá-los, assim como alguém que indo trabalhar em um turno na loja de caridade da congregação também pode pedir ajuda a um amigo da Igreja. Perguntado sobre o que ele diria a um paroquiano pensando em ir a um protesto, o Padre Miguel, da paróquia de Santa

Fé, respondeu: "Vá! E leve alguém com você!" [CO36]. Embora o clero tenha ignorado amplamente o tópico dos protestos quando entrevistado em 2014, três anos depois, vários clérigos reconheceram explicitamente os protestos como legítimos. O Pastor Eric, da Igreja Metodista de Vila Bela, opinou que cada cidadão deve participar do ativismo correspondente a seus grupos sociais: os professores devem participar de protestos dos grupos de professores, e os trabalhadores sindicais das greves dos trabalhadores [CO37].

No entanto, o evangelismo também pode desencorajar protestos. Ainda em 2017, a maioria dos pastores evangélicos expressou desconforto com os protestos. Como o Pastor Djalma explicou: "As pessoas não entendem que, quando você é cristão, não tem tempo para essas coisas. Estamos muito ocupados construindo o Reino de Deus" [CO40]. Um grupo focal de 2014 para jovens evangélicos indica como os padrões de interação dentro das congregações e além dos muros da igreja podem desencorajar protestos. Uma estudante universitária relatou que conhecia muitos evangélicos na universidade que haviam saído às ruas, mas que muitos outros jovens da Igreja incentivavam uns aos outros a não participarem. Outra temia que, se ela participasse de protestos, ela poderia "ferir os princípios bíblicos". E uma terceira explicou que ela saíra para as ruas, mas se desanimou devido à linguagem obscena e comportamento indecente [GF3]. Assim, tanto a influência social nas congregações quanto os padrões de comportamento socializados nesses locais desencorajaram os jovens desta congregação de participarem de protestos.

A figura 25 apresenta níveis de participação em protestos, por grupo religioso, nas seis rodadas do Barômetro das Américas. Durante quase todo esse período, os não religiosos e os de "outras" afiliações religiosas tiveram maior probabilidade de participar de protestos. No entanto, encontramos dinâmicas religiosas intrigantes. Entre 2010 e 2014, as diferenças religiosas aumentaram à medida que a participação em protestos aumentou mais rapidamente entre os "não religiosos" e "outros" do que entre os católicos ou evangélicos. No entanto, entre 2014 e 2017, as diferenças religiosas se fecharam, pois a participação em protestos aumentou dramaticamente entre evangélicos e católicos. Essas dinâmicas refletem a natureza mutável dos protestos no Brasil. Os protestos até 2014 eram frequentemente organizados por grupos de esquerda. Por outro lado, em 2017 os protestos haviam se tornado uma ferramenta da direita e da esquerda na luta para definir o futuro do país e no contexto de prolongada crise política.

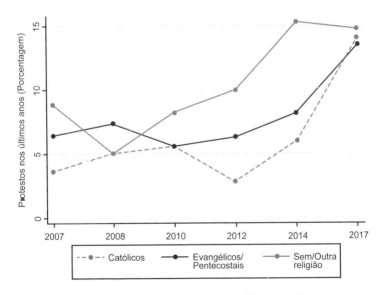

Figura 25 Participação em protestos por afiliação religiosa, ao longo do tempo

Até que ponto as comunidades religiosas incentivaram ou desencorajaram a participação em protestos? Aqui, as experiências de evangélicos e católicos diferem consideravelmente. Entre os católicos, tanto em 2017 como em todos os anos, a participação na Igreja está associada ao aumento da participação em protestos. A probabilidade prevista de os católicos relatarem em 2017 que haviam participado de um protesto no ano anterior sobe de 0,13 para aqueles que nunca frequentam a igreja, para 0,18 para aqueles que frequentam a igreja mais de uma vez por semana, depois de controlar muitas formas de dados demográficos. Por outro lado, entre os evangélicos, a frequência à igreja *diminuiu*, em vez de aumentar, a participação em protestos. Essas descobertas estão alinhadas com os resultados qualitativos de entrevistas e grupos focais.

Resumo

Como as interações dos líderes religiosos e dos cidadãos com a política influenciam as perspectivas do Brasil para uma democracia deliberativa, liberal, legítima ou participativa? Este capítulo mostra que as Igrejas têm impactos multivalentes na democracia brasileira. Primeiro, a relação com o grupo religioso influencia a confiança dos cidadãos nas instituições básicas do Estado-nação. O apoio dos líderes religiosos à democracia pode reforçar criticamente a legitimidade do sistema em um período em que os cidadãos brasileiros ficam cada vez mais desencantados com seu regime atual. No entanto, quando os padres e pastores acreditam que o sistema político é tendencioso contra seu grupo, eles desautorizam seu apoio à democracia e ao regime político entre os cidadãos.

Segundo, a vida junto ao grupo religioso afeta as atitudes dos cidadãos em relação aos exogrupos. A boa notícia é que, apesar das "escaramuças do clero" que frequentemente conduzem as guerras culturais do Brasil, católicos e evangélicos têm atitudes bastante positivas em relação ao outro. Ainda assim, existem evidências de que a política religiosa alimenta tensões partidárias, e que tensões partidárias, por sua vez, alimentam tensões religiosas. Embora a conexão entre polarização afetiva em linhas religiosas e partidárias tenha sido fraca em 2014, repetidas batalhas nos mesmos pontos de tensão nos anos subsequentes poderiam exacerbar as tensões sociais. Além disso, as doutrinas religiosas dualistas afetam mais geralmente atitudes em relação a ateus e homossexuais. Finalmente, tanto a afiliação religiosa evangélica quanto a frequência à igreja diminuem a disposição dos brasileiros de estender as liberdades civis a grupos com os quais não têm afinidade.

Terceiro, as comunidades religiosas estimulam a participação em muitos locais pelos quais os cidadãos buscam influenciar as políticas públicas além das eleições. Evangélicos e católicos que frequentam cultos religiosos com maior frequência têm mais chances de entrar em contato com seus representantes, assinar petições e participar de esforços em nível local para melhorar a comunidade. Muitas forças dentro das instituições religiosas promovem a participação. Não apenas o líder religioso frequentemente incentiva explicitamente a participação, mas as redes sociais das Igrejas e comunidades religiosas fornecem os recursos humanos necessários para uma mobilização efetiva. Além disso, as atividades da sociedade civil são frequentemente estimuladas pelos grupos religiosos e fornecem uma porta de entrada para uma maior mobilização. A participação no protesto é uma exceção parcial, no entanto. Enquanto o clero católico muitas vezes incentiva a participação em políticas controversas, os pastores evangélicos e os congregados tendem a desencorajá-la.

Nas partes II e III deste livro vimos como as guerras culturais do Brasil se desenvolvem entre líderes religiosos e cidadãos. O líder religioso motivado por uma combinação de ideias e interesses organizacionais se polariza em torno de um conjunto de questões relacionadas a família, gênero, sexualidade e direitos e responsabilidades das Igrejas e, às vezes, se envolve em políticas eleitorais partidárias. Os cidadãos adotam algumas de suas atitudes no mesmo conjunto de questões. Os cidadãos recebem indicações do comportamento eleitoral de seus líderes, e Igrejas mais doutrinalmente conservadoras tendem a se unir mais fortemente em suas escolhas de voto. Além disso, como vimos neste capítulo, a polarização religiosa não é apenas uma questão de atitudes políticas abstratas. Em vez disso, a polarização afetiva se estende às atitudes das pessoas em relação a seus concidadãos e ao sistema político. No entanto, normas seculares levam os cidadãos a resistirem parcialmente à influência do líder religioso e ao ativismo político, e aumentam a legitimidade da democracia e do sistema político. Se os conflitos ideológicos, eleitorais e sociais são os sintomas das guerras culturais brasileiras, normas seculares – mesmo, ou especialmente, as normas seculares de cidadãos altamente religiosos – são a cura potencial.

Parte IV

Representação

9
O triângulo representacional

Como as guerras culturais do Brasil afetam a representação democrática? Este capítulo traz o terceiro vértice do "triângulo representacional" apresentado no final do capítulo 2: autoridades eleitas para cargos públicos. Ele examina as relações entre cidadãos, líderes religiosos e as pessoas que eles elegem para cargos políticos. Nas teorias democráticas representativas, o papel mais importante dos cidadãos é selecionar representantes, preferivelmente com base em critérios relacionados a políticas, e monitorar esses representantes fora das eleições. As eleições devem produzir órgãos de funcionários eleitos, ou seja, legislaturas e membros do executivo que efetivamente *representem* o eleitorado de alguma forma. Embora a representação possa envolver a correspondência demográfica de seus eleitores ("representação descritiva") ou ajudá-los a se sentirem incluídos no sistema político ("representação simbólica"), este capítulo se concentra principalmente no que Pitkin (1967) chama de "representação substantiva": representaçao dos pontos de vista políticos ou ideológicos dos eleitores.

Conseguir uma representação substantiva da maioria dos eleitores tem sido um desafio persistente enfrentado pelas democracias em desenvolvimento da "terceira onda" de Huntington (1991). Em contextos altamente desiguais, as elites entram no jogo eleitoral com muitas vantagens e podem se tornar hábeis no uso de instituições para produzir resultados não representativos. Muitas forças e práticas informais facilitam o controle da agenda política por parte da elite: clientelismo e distribuição informal de outros bens particularistas, baixos níveis de escolaridade e vulnerabilidade econômica, e a inadequação da educação cívica nas escolas.

Os funcionários evangélicos e católicos eleitos representam efetivamente membros de seus próprios grupos religiosos? A análise empírica começa examinando as afiliações religiosas dos legisladores. Enquanto a diversidade religiosa está em ascensão entre os políticos eleitos, os católicos permanecem super-representados, e todos os outros grupos religiosos sub-representados. Assim, as percepções populares de uma aquisição evangélica da política são substancialmente exageradas. A seguir, o capítulo examina a representação substantiva. Concluímos que as autoridades evangélicas eleitas representam bem as posições de seus eleitores na dimensão do tradicionalismo familiar e sexual. Embora faltem dados quantitativos, as autoridades evangélicas eleitas também parecem representar o desejo dos evangélicos de uma maior defesa das prerrogativas religiosas do endogrupo. Contudo, a eleição de representantes dentro do grupo também impõe custos políticos aos cidadãos evangélicos. Fora da dimensão do tradicionalismo familiar/sexual, os legisladores evangélicos não são bons representantes das posições políticas, ideológicas ou partidárias de seus eleitores. Em particular, os políticos eleitos são substancialmente mais conservadores e mais propensos a estar alinhados com os partidos de direita do que os cidadãos que tendem a votar neles.

O que impulsiona essas falhas representacionais parciais? Argumentamos que a resposta está em grande parte na maneira como as comunidades religiosas constroem relações pessoais com os políticos que tendem a apoiar para assumirem cargos eleitos. Políticos de base religiosa trazem sangue novo ao cargo eleito. Eles são muito menos propensos a confiar nos laços familiares oligárquicos para assumir o cargo e estão mais fortemente ligados ao que consideram sua base mais fundamental. Além disso, eles dependem em muito menor grau de grandes doações de campanhas (Netto, 2016). Em vez disso, os laços pessoais parecem impulsionar as campanhas dos políticos evangélicos. As comunidades religiosas são um dos lugares mais importantes em que os cidadãos entram em contato com os políticos, e as redes estreitas promovidas nas congregações permitem relações mais próximas entre os políticos e seus eleitores.

A personalização de campanhas evangélicas tem muitos benefícios positivos. Como resultado de seus laços pessoais, é mais provável que os cidadãos religiosos entrem em contato com políticos para resolver problemas comunitários ou pessoais. Além disso, a menor dependência dos políticos evangélicos dos laços familiares dinásticos e das grandes doações de campanhas poderia democratizar o processo de recrutamento de candidatos e mantê-lo mais limpo. No entanto, essa personalização também tem efeitos negativos. Na Igreja, evangélicos e pentecostais são mais propensos a ser alvo de ofertas clientelísticas. As relações pessoais também podem prejudicar a atenção dos cidadãos às posições políticas dos políticos, particularmente em questões de menor relevância dentro da comunidade religiosa. Além disso, no relacionamento entre grupo religioso e político, o líder religioso geralmente tem uma vantagem informacional sobre os cidadãos. Essa vantagem leva as congregações a centralizar sua mobilização em políticos que se alinham mais com as visões (conservadoras) dos líderes religiosos do que com as visões (relativamente progressivas) dos seguidores religiosos.

Duas cenas

1) Em 17 de abril de 2016, a votação da Câmara dos Deputados para o *impeachment* da então Presidente Dilma Rousseff durou seis horas, pois cada deputado se pronunciava antes de votar. O primeiro voto "sim" foi feito por um deputado evangélico, Washington Reis, do MDB, que esperava que Deus "derramasse bênçãos sobre esta nação" (Chagas, 2016b). Um pouco mais tarde, o deputado evangélico Eduardo Bolsonaro, envolto na bandeira de seu estado (São Paulo), declarou seu voto: "Pelo povo de São Paulo nas ruas [...], pelos militares de 64 [data do golpe militar], hoje e sempre, pelas polícias, em nome de Deus e da família brasileira, é "sim". E Lula e Dilma na cadeia!" (Chagas, 2016b). Eduardo Cunha, membro da Assembleia de Deus e presidente da Câmara dos Deputados, também votou pelo "sim". As diversas dedicatórias para o voto "sim", que vão de "pela paz em Jerusalém" a "pelos maçons", tornaram-se material de sátira, com um jornal humorístico observando: "Depois de ser citado por todo deputado pró-*impeachment*, Deus será investigado pelo Ministério Público" – uma referência ao fato de que muitos deputados que votaram pelo "sim" estavam sendo inquiridos pelos promotores

públicos em conexão com o escândalo da Operação Lava Jato (Carrapatoso, 2016; Zorzanelli, 2016). Com a maioria qualificada de 2/3 exigida, o *impeachment* teria passado por pouco para o Senado se apenas os não evangélicos tivessem votado; 289 não evangélicos votaram a favor do *impeachment* e 134 contra. No entanto, os evangélicos deram ao voto "sim" uma margem confortável. Dos 81 membros evangélicos da Câmara, 93% votaram a favor do *impeachment*, após a decisão de sua liderança na bancada, bem como do Partido Republicano do Brasil (PRB), vinculado à Iurd (Chagas, 2016a; Galindo, 2016; Redação Pragmatismo, 2016). Imediatamente após a Câmara dos Deputados ter votado o *impeachment* da Presidente Dilma Rousseff, o Pastor Marco Feliciano, um pastor da Assembleia de Deus e deputado federal do estado de São Paulo, postou no Twitter: "VITÓRIA PARA O BRASIL! TCHAU, QUERIDA!"[55]

2) Em outubro de 2016, o Bispo Marcelo Crivella, Iurd, sobrinho do fundador Edir Macedo, foi eleito prefeito do Rio de Janeiro. Essa vitória foi amplamente descrita como um sinal do crescente poder político dos evangélicos. Embora os evangélicos tenham sido cada vez mais bem-sucedidos nas disputas legislativas, contando com a representação proporcional de lista aberta, ganhar eleições para cargos executivos tem sido mais difícil. Ainda em entrevista, o antropólogo Ronaldo Almeida

---

55. O "Tchau, querida" se tornou um *slogan* pró-*impeachment* durante as votações na Câmara e no Senado. A expressão veio de uma citação do ex-presidente Lula em um telefonema gravado com a Presidente Dilma.

advertiu contra fazer muito alarde em relação a esse triunfo. Crivella, ele explicou, agora:
> teria que negociar com a Câmara dos Vereadores, onde a Iurd não tem uma base forte. Crivella pode ter uma base eleitoral, mas a base política depende de alianças com outros políticos, evangélicos ou não [...] [é] um exagero dizer que, com a eleição de Crivella, a Iurd governará o Rio. A sociedade é pluralista e a Iurd é apenas uma parte de todo o setor evangélico. A maioria dos evangélicos não se sente à vontade com a Iurd [...]. É por isso que ele estava constantemente trabalhando para se distanciar da marca, mas ainda mantendo um discurso ligado à Iurd. É muito sutil (Charleaux, 2016).

Os laços religiosos dos políticos brasileiros

Antes de considerar os vínculos entre religião e representação, será útil entender a distribuição de afiliações religiosas entre políticos. Quando os observadores discutem os vínculos religiosos dos políticos no Brasil, eles se referem tanto à identificação religiosa pessoal dos políticos quanto a seus laços políticos com grupos religiosos. Por exemplo, o deputado federal Celso Russomano era associado à Iurd – ele até foi acusado de desviar indevidamente fundos federais para a Igreja – apesar de ser ele próprio católico. Dos 89 deputados evangélicos que Cunha (2016a) identificou no Congresso instalado em 2015, apenas 72 eram signatários oficiais da Frente Parlamentar Evangélica, conhecida informalmente como "bancada evangélica"[56]. Embora a maioria dos evan-

---

56. Isso conta apenas aqueles que Cunha informou que estavam realmente ocupando cargos políticos naquele momento e que não estavam de licença (ou

gélicos ausentes das listas oficiais fossem conservadores que votaram com a bancada, quatro dos seis evangélicos de esquerda não se registraram na bancada[57]. Além disso, a bancada oficialmente registrada inclui muitos simpatizantes não evangélicos, com uma forte presença da Renovação Católica Carismática (M.N. Cunha, 2016a). Registrar-se na bancada evangélica é evidentemente tanto uma declaração política quanto religiosa. Ainda mais impressionante: a recentemente criada Frente Parlamentar em Defesa dos Povos Tradicionais de Matriz Africana, dedicada a defender as religiões afro-brasileiras contra a discriminação por parte dos evangélicos, tem 202 signatários - quase o mesmo tamanho da Frente Parlamentar Apostólica Católica Romana (208 membros) (M.N. Cunha, 2016b). Isso ocorre apesar do fato de haver provavelmente pelo menos cem vezes mais católicos romanos do que praticantes de religiões afro-brasileiras no Congresso Nacional. Claramente, a escolha de um grupo religioso por um legislador não é um indicador direto da afiliação religiosa. Aqui, porém, concentramo-nos nas afiliações religiosas pessoais dos políticos, quando conhecidas.

A coleta de informações sobre as afiliações religiosas dos legisladores exige a triangulação entre várias fontes. Usando dados não publicamente disponíveis dos questionários de admissão de novos legisladores de 1988 a 2014, Mucinhato e coautores descobriram que a proporção de re-

---

seja, incluindo *suplentes* e excluindo *licenciados*). A lista de signatários oficiais pode ser encontrada em http://www.camara.leg.br/internet/deputado/frenteDetalhe.asp?id=53658

57. Os evangélicos de esquerda não registrados na bancada incluem Chico Alencar (Psol), Fabiano Horta e Rejane Dias (PT) e Humberto de Lucena (PV). Os evangélicos de esquerda que *são* registrados na FPE são Benedita da Silva (PT) e João Derly (Rede).

presentantes católicos está caindo constantemente e a proporção evangélica aumentando, mas os católicos continuam super-representados e evangélicos sub-representados (Mucinhato, 2014; Simoni Junior, Mucinhato e Mingardi, 2015, 2016). Uma pesquisa com 421 dos 513 deputados eleitos para o Congresso em 2015-2019 constatou que 71% se autoidentificaram como católicos, 16% evangélicos, 3% "cristãos" (sem especificação), 5% sem religião e 2% espíritas, enquanto um deputado (0,2%) identificou-se como judeu e dois (0,5%) com outras religiões (G1 2015). Os evangélicos não apenas são sub-representados, mas são menos propensos a desempenhar papéis de liderança na Câmara (Simoni Junior, Mucinhato e Mingardi, 2015). Os não religiosos também são sub-representados. Dada a suspeita geral de ateus (cf. o capítulo anterior), a falta aberta de religiosidade provavelmente prejudicará as campanhas. Por exemplo, o ex-Presidente Fernando Henrique Cardoso foi perseguido por alegações de ateísmo (que ele negou) que acreditavam ter levado à sua perda da disputa pela prefeitura de São Paulo em 1985 (Folha de São Paulo, 1994a, 1994b). O domínio do catolicismo é mais pronunciado no Senado; apenas 4% dos senadores eleitos para o Congresso Nacional em 2015-2019 são evangélicos (M.N. Cunha, 2016a).

O caso de Jair Bolsonaro exemplifica a complexidade da afiliação religiosa. Bolsonaro há muito tempo é afiliado ao grupo evangélico, mas se identifica publicamente como católico. Em 2011, ele disse a repórteres que "sou um católico que tem frequentado uma Igreja Batista nos últimos dez anos" (Guiame, 2011). Em 2016, ele foi batizado no Rio Jordão pelo pastor da Assembleia de Deus e pelo candidato presidencial de 2014 Everaldo Dias Pereira, o que foi amplamente interpretado como uma conversão pública ao evangelismo (Aragão, 2016). No entanto, Bolsonaro não anunciou publicamente uma mudança em sua afiliação religiosa (M.N. Cunha, 2016c), nem deixou claro a qual Igreja Evangélica ele se afilia. Pelo menos um comentarista especula que essa ambiguidade é politicamente estratégica (Stahlhoefer, 2016). Dada a conceituação deste livro de afiliação religiosa em termos de identificação pessoal, Bolsonaro permanece codificado como católico nos dados quantitativos analisados aqui.

Ideologia, atitudes políticas e partidarismo no triângulo representacional

Como a afiliação religiosa influencia as atitudes dos eleitos para cargos públicos? A figura 26 examina as atitudes dos legisladores em uma série de questões políticas semelhantes às examinadas para líderes religiosos e cidadãos (cf. capítulos 4 e 6). Os dados são provenientes das Pesquisas Legislativas Brasileiras (BLS), que examinaram 1.146 deputados de sete legislaturas desde o retorno à democratização (Power e Zucco, 2012). As afiliações religiosas e as características demográficas dos legisladores são obtidas de várias fontes[58]. (Cf. apêndice C online para obter mais detalhes.) Todas as atitudes políticas são codificadas para que valores mais altos representem posições mais liberais/progressivas, com exceção da identificação ideológica esquerda-direita, onde valores mais altos indicam que o deputado está à direita.

---

58. A afiliação religiosa vem principalmente dos dados fornecidos por Mucinhato e coautores (Mucinhato, 2014; Simoni Junior, Mucinhato e Mingardi, 2015, 2016). Onde esses dados estão ausentes, utilizo a Agência Diap (2010), Gonçalves (2011) e Cunha (M.N. Cunha, 2016a).

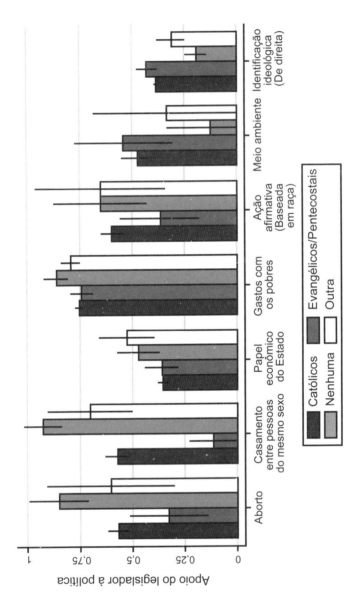

Figura 26 Opiniões políticas dos legisladores federais, por religião

294

Os resultados de alguns problemas parecem familiares. Da mesma forma que seus correligionários entre cidadãos e líderes religiosos, os legisladores evangélicos mantêm visões distintamente conservadoras sobre homossexualidade e aborto, enquanto os católicos ocupam uma posição intermediária entre evangélicos e não religiosos. No entanto, as diferenças entre legisladores de diferentes grupos religiosos são muito maiores do que entre cidadãos.

No entanto, em outras questões, encontramos padrões desconhecidos. Os legisladores evangélicos diferem dos evangélicos laicos em sua tendência ao conservadorismo em várias questões além da dimensão do tradicionalismo da família-sexual. Evangélicos e católicos são ambos um pouco mais conservadores do que os não religiosos em suas respostas a duas questões econômicas. O mais impressionante é que os legisladores evangélicos são bastante conservadores na ação afirmativa baseada na raça. Há pouca evidência de uma correlação entre conservadorismo racial e evangelismo entre os cidadãos. Além disso, no Barômetro das Américas de 2010-2014, os evangélicos laicos têm uma pele um pouco mais escura do que outros cidadãos, mesmo depois de controlar várias medidas de *status social* e região. No entanto, são abundantes as histórias de conservadorismo racial entre os legisladores evangélicos. Como apenas um exemplo, em abril de 2017, o deputado federal Jair Bolsonaro, o recente semiconvertido evangélico, anunciou que, se fosse eleito presidente, eliminaria reservas para as comunidades indígenas e quilombolas, descendentes e remanescentes de comunidades formadas por escravizados fugitivos (*Veja*, 2017). Diferentemente do nível do cidadão, as atitudes econômicas e raciais dos legisladores se unem em uma única dimensão ideológica com atitudes relacionadas ao tradicionalismo sexual e familiar. Nessa dimensão, os legisladores evangélicos são significativamente mais conservadores do que os católicos, enquanto os não religiosos são significativamente mais liberais do que os católicos[59].

Dadas as suas atitudes, não é de surpreender que os políticos evangélicos tendam a vir de partidos de centro ou de direita. Vários pequenos partidos de direita tornaram-se veículos para candidatos evangélicos. Os mais proeminentes e cada vez mais programáticos são o Partido Social Cristão (PSC), lar do Pastor Everaldo Dias, candidato em 2014, e o Partido Republicano Brasileiro (PRB) (Power e Rodrigues-Silveira, 2018). Os evangélicos também costumam estar sob a bandeira de partidos maiores, incluindo o MDB (Movimento Democrático Brasileiro), Democratas e o Partido Social Democrático (PSD). Entre os 89 deputados federais evangélicos identificados por Cunha (2016a) que estavam no cargo em outubro de 2016, seis eram de partidos de esquerda. Mais uma vez, isso difere das descobertas no nível do cidadão, em que existem poucas diferenças religiosas no partidarismo.

---

59. Entre todos os legisladores, atitudes em relação ao aborto, casamento entre pessoas do mesmo sexo, gastos com os pobres e ações afirmativas têm muita força em uma única dimensão, com um autovalor de 1,13 (análise fatorial não rotacionada). Entre os legisladores evangélicos apenas, as atitudes do Estado em relação ao aborto, casamento entre pessoas do mesmo sexo e política econômica têm muita força em uma única dimensão, com um valor próprio de 1,82. Contudo, a análise fatorial de evangélicos apenas é baseada em um número extremamente pequeno de casos, porque a 7ª rodada dos Estudos Legislativos Brasileiros (Brazilian Legislative Studies, BLS) é a única para a qual todas as variáveis estão presentes.

É provável que os legisladores evangélicos sejam fortes representantes de seus eleitores em mais uma questão: políticas para grupos religiosos. Conforme discutido no capítulo 1, os legisladores evangélicos geralmente favorecem os privilégios corporativistas: de políticas tributárias favoráveis a leis que facilitam a evangelização. Da mesma forma, vimos no capítulo 5 que os cidadãos evangélicos são muito mais propensos a favorecer privilégios legislativos para o cristianismo do que os católicos, membros de outras religiões ou não religiosos. Embora nos faltem medidas quantitativas das opiniões dos legisladores, as evidências qualitativas sugerem uma correspondência estreita entre as preferências dos legisladores evangélicos e as dos cidadãos.

Assim, os legisladores evangélicos são altamente representativos de seus constituintes sobre aborto e casamento entre pessoas do mesmo sexo, e provavelmente relações Igreja-Estado. Eles são bastante *não* representativos sobre as políticas econômicas e as relacionadas a raça. De onde vêm suas opiniões divergentes e como persistem?

Explicar o terceiro vértice do triângulo representacional – a liderança religiosa – poderia ajudar a explicar essa assimetria. As atitudes dos legisladores evangélicos correspondem às das elites evangélicas, que atuam como intermediários eleitorais, argumentamos, e não às dos evangélicos laicos.

A figura 27 apresenta as diferenças nas atitudes entre evangélicos e católicos em cinco questões-chave para líderes religiosos, cidadãos e legisladores. Para cada atitude, as respostas entre os católicos são padronizadas - a resposta católica média é definida como 0 e os valores de -1,0 e 1,0 representam as respostas dos católicos com um desvio padrão acima e abaixo da média. Assim, se a média dos evangélicos em uma determinada variável é -0,5, a média evangélica é de 0,5 desvios padrão abaixo da média católica. A liderança evangélica é significativamente mais conservadora do que o clero católico nas cinco questões. Por outro lado, os cidadãos evangélicos estão levemente para a *esquerda* dos católicos, embora isso não seja estatisticamente significativo, em economia, raça e meio ambiente. Os legisladores evangélicos se assemelham aos pastores em maior medida do que aos cidadãos em gastos sociais e políticas relacionadas a raça. Somente no meio ambiente os legisladores evangélicos parecem mais próximos dos cidadãos do que dos líderes religiosos. Esses padrões indicam que os líderes religiosos e os candidatos mobilizam os cidadãos com base no aborto e no casamento entre pessoas do mesmo sexo, mas as autoridades eleitas se desviam de sua base em outros assuntos.

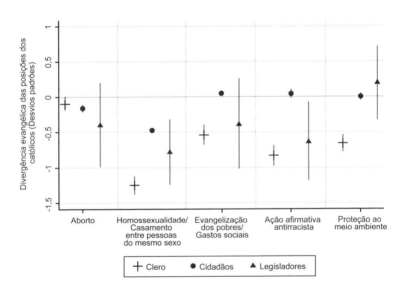

Figura 27 Diferenças entre católicos e evangélicos em relação a políticas, para clérigos, cidadãos e legisladores

O que explica as assimetrias no triângulo representacional?

Por que as atitudes dos políticos evangélicos correspondem às de seus pastores e líderes religiosos em maior medida do que as dos cidadãos? Pelo menos quatro mecanismos possíveis podem ajudar a explicar a proximidade das visões dos líderes religiosos e legisladores: os dois primeiros mecanismos envolvem um ator que transmite suas opiniões ao outro, enquanto o terceiro e o quarto envolvem mecanismos de seleção diferentes. Uma explicação potencial envolve a influência direta dos líderes religiosos: os políticos podem deliberadamente seguir as indicações de seus líderes, que eles reconhecem como guardiões dos votos evangélicos. Como alternativa, a flecha de influência pode ir na direção oposta: o líder religioso pode receber indicações de políticas vindas de políticos do endogrupo, pelo menos em questões como política econômica. Terceiro, o líder religioso pode escolher candidatos – muitas vezes membros de suas próprias comunidades religiosas – que eles sabem que compartilham suas prioridades políticas. Quarto, os evangélicos que escolhem concorrer a cargos públicos – ou pelo menos aqueles que vencem as eleições – podem ser simplesmente mais conservadores. Fazer julgamentos entre essas quatro explicações usando métodos estatísticos está além do escopo do que é possível fazer com os dados atuais. No entanto, o conhecimento do caso brasileiro leva à conclusão de que todos os quatro mecanismos provavelmente ocorrem às vezes, mas os dois mecanismos de seleção desempenham um papel desproporcional.

Nos sistemas eleitoral e partidário do Brasil, a figura do líder religioso tem grande latitude para selecionar candidatos compatíveis. De acordo com as regras da representação proporcional de lista aberta usadas nas eleições legislativas para a câmara baixa (nas eleições federais) ou para a câmara única (nas eleições locais e estaduais), os partidos colocam chapas de candidatos, com os candidatos sem classificação nas chapas. Os cidadãos podem votar em candidatos ou partidos, mas a maioria dos cidadãos escolhe votar em candidatos. Os votos em candidatos são agregados no nível do partido para determinar o número de assentos que cada partido ganha. Os votos no nível do candidato também servem para classificar os candidatos nas listas dos partidos, determinando quais candidatos ganham os assentos alocados a cada partido. Assim, os votos excedentes de um candidato que se sai extremamente bem – ou seja, os votos acima do que seria necessário para ele vencer sozinho – podem aumentar as chances de outros candidatos na lista do seu partido. Da mesma forma, os candidatos moderadamente populares, mas não eleitos, ajudam seus partidos a ganharem assentos porque seus votos são adicionados ao total do partido. Por isso, os partidos estão ansiosos para apresentar candidatos que prometem atrair votos. Além disso, na maioria dos distritos legislativos locais, estaduais e federais, dezenas de partidos procuram preencher as listas de candidatos, produzindo centenas de candidatos em cada disputa eleitoral. Como resultado, os partidos estão mais do que dispostos a aceitar candidatos com apoio crível do líder religioso. Esse mecanismo pode explicar como a hierarquia da Iurd ou alguns pastores da Assembleia de Deus colocam candidatos em campo, escolhendo estrategicamente os partidos cujas listas eles acreditam que dão a seus candidatos as melhores chances de obter cargos públicos (Conrado, 2001; Dantas, 2011).

Em outras circunstâncias, o quarto mecanismo pode fornecer uma explicação melhor. Embora o recrutamento de candidatos pertencentes às próprias fileiras do grupo religioso seja comum em algumas denominações, um modelo de recrutamento de candidatos no qual cada grupo religioso seleciona seu próprio candidato é insustentável. Poucas Igrejas e comunidades, ou mesmo grupos de congregações afiliadas, seriam capazes de reunir eleitores suficientes para eleger seus próprios candidatos, e muitas não teriam um *pool* de candidatos em potencial de alta qualidade. Na Iurd, a hierarquia denominacional resolve esses problemas coordenando candidaturas entre congregações. Muitas vezes, porém, as congregações apoiam os candidatos evangélicos de seu grupo religioso imediato. O político local Noraldino Lúcio Dias Júnior, de Juiz de Fora, é um arquétipo. Noraldino foi eleito deputado estadual por Minas Gerais em 2014. Antes disso, ele era membro da Câmara dos Vereadores de Juiz de Fora e, em 2016, realizou uma campanha forte, mas sem sucesso, para a prefeitura dessa cidade. Noraldino é membro de uma congregação metodista. Embora o clero metodista não recrute candidatos para concorrerem nem faça campanha aberta no púlpito, Noraldino conta com redes entre os próprios congregados na sua e em outras congregações metodistas em toda a cidade para obter altos níveis de apoio metodista. Sucesso gera sucesso. Noraldino aproveita sua popularidade para buscar a bênção de outros pastores evangélicos. Assim, em sua busca empreendedora por apoio, Noraldino ajuda o clero a resolver o que de outra forma poderia constituir um problema de coordenação. Ele permite que o clero estabeleça laços com um provável vencedor que promoverá suas posições em questões-chave.

Se esses dois mecanismos de seleção ajudarem a explicar a correspondência entre pontos de vista de líderes evangélicos e de legisladores, devemos ver diferenças entre a campanha protagonizada por eles e pelos não evangélicos. Nos BLS, solicitaram aos legisladores que explicassem sua base de apoio como a viam. Os legisladores de todos os grupos tendem a atribuir seu sucesso eleitoral aos apoiadores de base, em vez de aos laços tradicionais e familiares ou ao partido. No entanto, essa tendência é mais pronunciada entre os evangélicos. Os legisladores evangélicos têm muito menos probabilidade do que os católicos de acreditar que os laços familiares ou que os grupos oligárquicos tradicionais ajudaram a elegê-los. Enquanto 49,6% dos legisladores católicos dizem ter um membro da família que ocupava anteriormente um cargo público, apenas 38,9% dos evangélicos, 27,1% dos não religiosos e 30,4% dos de outras religiões o fazem. Além disso, os evangélicos são os menos voltados para o partido dentre todos os grupos religiosos. Ademais, Netto (2016) mostra que os legisladores evangélicos dependem muito menos de grandes doações de campanhas.

Quais são os grupos de base dos legisladores evangélicos? Congregações regularmente colocam cidadãos em contato com políticos. Em 2012, o Barômetro das Américas do Lapop perguntou aos brasileiros se eles conheciam alguém que se candidatara a cargo público ou que era um funcionário eleito. Houve grandes diferenças religiosas na taxa de conhecimento de políticos: 45% dos católicos e de outras religiões, e 46% dos evangélicos, disseram que conheciam pessoalmente um político, enquanto apenas 33% daqueles sem afiliação religiosa conheciam. No entanto, análises multivariadas mostram que a frequência à igreja explica o efeito da afiliação religiosa. Embora a probabilidade de conhecer um político seja de apenas 0,34 para aqueles que nunca frequentam a igreja, é de 0,54 para aqueles que frequentam a igreja mais de uma vez por semana. O impacto da participação na igreja é semelhante em magnitude àquele pertencente a uma associação comunitária ou ao passar do nível mais baixo ao mais alto nível de interesse político. Assim, a vida congregacional geralmente fornece laços pessoais com o mundo político tanto a católicos quanto a evangélicos.

Conhecer um político pessoalmente pode afetar o comportamento político dos cidadãos. Cidadãos com laços políticos comunicam mais prontamente suas visões políticas a pessoas em posições de poder. A campanha evangélica contra o desfile do *Miss Gay* de Juiz de Fora descrita no capítulo introdutório é um exemplo de como esse ativismo por trás dos bastidores pode funcionar. As pessoas que conhecem os políticos pessoalmente também têm melhor acesso para solicitar ajuda pessoal dos políticos, por exemplo, se precisarem de ajuda para localizar um espaço em um hospital público ou matricular uma criança na escola. Portanto, não é de surpreender que a análise do Barômetro das Américas mostre que os cidadãos que frequentam a igreja com mais regularidade também têm maior probabilidade de entrar em contato com autoridades locais, estaduais e federais por questões pessoais ou relacionadas a políticas. As diferenças religiosas no contato são explicadas em grande parte pelas diferenças nas taxas de conexão pessoal com políticos.

Ao mesmo tempo, conexões pessoais com políticos forjadas na Igreja também podem se tornar um veículo para ofertas clientelísticas. Em 2010, o Barômetro das Américas perguntou aos entrevistados se um político lhes havia oferecido favores ou bens em troca de seus votos. Por motivos de confidencialidade, a pesquisa não perguntou se o negócio foi fechado. Não se sabe o nível de clientelismo real. No entanto, os dados fornecem uma noção do nível *potencial* de clientelismo. Os evangélicos relataram taxas ligeiramente mais altas de exposição a ofertas clientelísticas: 20,0%, contra 15,0% entre os católicos, 16,9% para os não religiosos e 9,8% para os de outras religiões. As diferenças entre os grupos religiosos não foram estatisticamente significativas. Contudo, somente entre os evangélicos a frequência à igreja foi significativamente associada ao recebimento de ofertas clientelísticas (cf. figura 28). A probabilidade de receber uma oferta clientelista foi cerca de duas vezes maior para um evangélico que frequentava a igreja mais de uma vez por semana do que para um evangélico que nunca frequentava a igreja. O efeito da frequência à igreja se mantém mesmo após o controle de uma série de variáveis demográficas e outros aspectos da participação política e social.

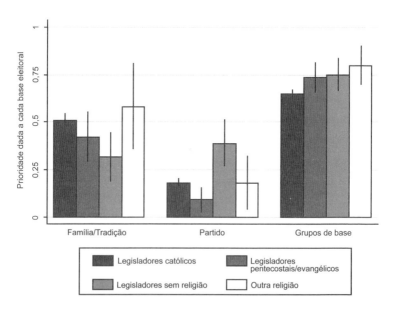

Figura 28 Frequência à igreja e exposição ao clientelismo, por religião

As ramificações da democracia representativa brasileira são profundas. Os dados não esclarecem quem dentro das Igrejas evangélicas pode fazer ofertas clientelísticas – sejam pastores, laicos que trabalham na campanha, intermediários eleitorais, ou os próprios candidatos[60]. Pesquisas recentes mostram que os intermediários costumam direcionar ofertas clientelísticas aos "seus próprios" eleitores, com o objetivo não tanto de persuadir os eleitores indecisos quanto de mobilizar aqueles que já foram persuadidos (Gans-Morse, Mazzuca e Nichter, 2014; Nichter, 2008; Nichter, 2008; Stokes et al., 2013). Isso seria consistente com a possibilidade de ofertas clientelísticas nas congregações evangélicas serem feitas por ou em nome de políticos evangélicos. No entanto, mesmo que ocorram negociações clientelistas entre membros da mesma religião, elas poderiam minar a representação substantiva, como os cidadãos que recebem recompensas materiais são menos propensos a fazer exigências políticas ou a responsabilizar os políticos por seus compromissos com as políticas (Kitschelt, 2000; Stokes et al., 2013).

Esses padrões também afetam instituições políticas. O estilo evangélico de fazer campanha contribui para a muito lamentada fragmentação do sistema partidário brasileiro. Como vimos, os políticos evangélicos dão muito baixa prioridade aos partidos políticos como fontes de apoio eleitoral. Isso ocorre principalmente porque as congregações evangélicas efetivamente servem como centros alternativos de poder eleitoral. Os líderes evangélicos podem nomear

---

60. Infelizmente, também não disponho de informações da pesquisa qualitativa sobre esse assunto. Não foram observadas ofertas clientelísticas em congregações evangélicas ou católicas.

candidatos ou, como no exemplo de Noraldino, coordenarem-se diretamente com os candidatos para maximizar a influência política desses líderes.

Em princípio, coalizões de líderes evangélicos poderiam se coordenar para formar partidos evangélicos unificados. Solidificar os evangélicos como um bloco de votação apoiando um ou talvez alguns partidos ajudaria especialmente candidatos evangélicos a ganharem eleições para cargos executivos, o que exige coalizões de eleitores maiores do que para as eleições legislativas e, portanto, provavelmente promoveriam as metas de políticas dos evangélicos. No entanto, os líderes evangélicos são motivados não apenas pelos objetivos das políticas. Os chefes de instituições religiosas também devem promover seus próprios objetivos institucionais para coletar almas para seus grupos. Esses incentivos institucionais minam os incentivos à coordenação eleitoral relacionada a políticas. Em denominações como a Iurd e a Assembleia de Deus, os líderes evangélicos usam as ferramentas da política eleitoral não apenas para promover suas prioridades de questões, mas também para promover suas próprias marcas religiosas. A sublimação da identidade denominacional para uma identidade evangélica mais ampla pode prejudicar os objetivos institucionais de longo prazo de cada líder religioso.

Resumo

Como as guerras culturais empreitadas pelos líderes religiosos no Brasil influenciaram a democracia representativa? Os legisladores evangélicos expandem dramaticamente o poder político dos pastores e das congregações evangélicas. Os legisladores evangélicos não apenas respondem aos mesmos líderes da Igreja que os evangélicos laicos, mas também se tornam ouvidos receptivos aos movimentos sociais evangélicos e ao ativismo legislativo.

Existem muitas maneiras pelas quais as lutas culturais decorrentes da rápida entrada de grupos religiosos na política eleitoral melhoraram a representação, particularmente na direita política, em que a representação substantiva tem sido historicamente pobre no Brasil. Os legisladores eleitos com o apoio de congregações evangélicas se igualam a seus eleitores estreitamente em seus pontos de vista sobre questões-chave, especialmente o aborto, casamento entre pessoas do mesmo sexo e políticas para Igrejas evangélicas. Como os legisladores não evangélicos tendem a ficar à esquerda dos cidadãos não evangélicos sobre essas questões, os legisladores evangélicos melhoram a congruência entre cidadãos e elites como um todo no casamento entre pessoas do mesmo sexo e aborto (Boas e Smith, 2019). Além disso, o estilo evangélico de campanha proporciona a muitos evangélicos laços pessoais com o mundo político que, de outra forma, não teriam. De um modo geral as Igrejas fornecem um local para cidadãos de todas as origens religiosas encontrarem políticos. Esses laços políticos permitem que os cidadãos entrem em contato com políticos para expressar suas opiniões políticas e solicitar ajuda pessoal quando necessário.

No entanto, os legisladores evangélicos divergem dos interesses dos cidadãos evangélicos sobre economia e raça. O conservadorismo racial dos legisladores evangélicos é particularmente eminente. Nessas questões, as opiniões dos políticos evangélicos se assemelham mais às dos pastores do endogrupo do que às dos eleitores. Argumentamos que essa divergência se deve à influência assimétrica do clero sobre os políticos. O líder religioso constitui um tipo de intermediário eleitoral, mas com um nível incomumente alto de poder independente. Essa autonomia proporciona ao líder religioso um poder incomum na captura de rendas de políticas. A divergência dos legisladores evangélicos das opiniões de seus eleitores sobre essas questões também pode ser facilitada pelo clientelismo.

O estilo evangélico de campanha também exacerba a fragmentação partidária, argumentamos. Conforme observado no capítulo introdutório, esse argumento ilumina antigos debates sobre as causas da fragmentação partidária – seja institucional e baseada em incentivos, ou sociológica e baseada em clivagem (Duverger, 1972; Sartori, 1976). O argumento aqui apresentado reúne os dois lados do argumento, além de sugerir que as clivagens sociológicas às vezes podem criar incentivos institucionais que promovem a fragmentação.

10
Conclusão: mobilizando o povo de Deus

Em 9 de janeiro de 2018, a Corte Interamericana de Direitos Humanos (CIDH) julgou que, de acordo com a Convenção Americana de Direitos Humanos, a Costa Rica deveria legalizar o casamento entre pessoas do mesmo sexo – uma decisão que o tribunal considerou aplicável a todos os 22 países signatários da região. A Costa Rica há muito é vista como um dos países mais democráticos da região, com alto apoio dos cidadãos à democracia e ao sistema político. No entanto, a decisão foi impopular entre os costarriquenhos, a maioria dos quais se opõe ao casamento entre pessoas do mesmo sexo. Isso provocou uma virada na campanha para a eleição presidencial de 4 de fevereiro. Quase instantaneamente, o pregador evangélico Fabricio Alvarado, do minúsculo Partido da Restauração Nacional (PRN), começou uma ascensão meteórica nas pesquisas, subindo de algo entre 3 e 5% das intenções de voto na semana da decisão da CIDH para assumir o primeiro lugar com 25% dos votos três semanas depois (*BBC News*, 2018). No processo, ele derrotou o candidato de centro, Antonio Álvarez, de um dos maiores e mais antigos partidos da Costa Rica, que anteriormente estava em primeiro lugar nas intenções de voto. No segundo turno em 1º de abril, Fabricio Alvarado enfrentou Carlos Alvarado (sem relação familiar), do pequeno e relativamente novo Partido Ação Cidadã (PAC) da centro-esquerda – uma disputa que este último venceu com facilidade. Assim, a decisão da CIDH foi transformadora: polarizou as eleições presidenciais, aumentou o perfil da direita religiosa e pode ter causado o golpe fatal no sistema partidário tradicional da Costa Rica. Os impactos prometem se estender por toda a América Latina. Enquanto os defensores dos direitos dos *gays* se preparam para instaurar processos em tribunais nacionais com base na decisão da CIDH em países como Panamá, Guatemala e El Salvador, a direita religiosa certamente começará a se mobilizar também (*The Economist*, 2018).

Na América Latina, a demografia religiosa está mudando, seguindo padrões paralelos às mudanças encontradas no Brasil. Analisando as tendências regionais no Barômetro das Américas entre 2004 e 2012, Boas e Smith descobriram que "a Igreja Católica perdeu uma parcela significativa de identificadores em todos os países, exceto na Argentina, em El Salvador e na Venezuela" (2015, p. 101). Entre 2010 e 2016/2017, uma nova análise do Barômetro das Américas indica que a porcentagem da população identificada como católica caiu de 60% para 49%. A maior parte da perda do catolicismo contribuiu para aumentar as fileiras de bancos evangélicos e pentecostais. A porcentagem identificada como evangélica/pentecostal na rodada de 2016/2017 do Barômetro das Américas variou de 43% na Guatemala a 9% no vizinho México. Enquanto isso, a porcentagem que relatou não ter religião variou de 39% no Uruguai a 2% no Uruguai e Paraguai.

Também encontramos muitos exemplos de evangélicos flexionando seus músculos políticos. A Guatemala, com a maior porcentagem de evangélicos da região, teve agora três presidentes evangélicos. O mais proeminente entre eles é o homem forte General Efraín Ríos Montt, cuja administração de 17 meses moveu uma guerra genocida contra aldeias indígenas das terras altas em 1982 e 1983. Sob a democracia, os presidentes evangélicos da Guatemala incluem Jorge Serrano Elías (1991-1993) e o artista Jimmy Morales (que assumiu o cargo em 2016). Na Colômbia, a mobilização evangélica é geralmente creditada por descarrilar o referendo do governo em 2016 para aprovar um acordo de paz negociado com o grupo rebelde das FARC. Embora o referendo em si não tenha tocado em questões de gênero ou sexualidade, os líderes políticos de direita conseguiram vincular o acordo de paz à imaginação pública com a aprovação do casamento entre pessoas do mesmo sexo em abril de 2016 e com os esforços do governo para apoiar estudantes *gays* e transgêneros em escolas públicas. E, na América Latina, encontramos um número crescente de partidos evangélicos: por exemplo, Visão con Valores (Viva) na Guatemala, ou o Partido de Renovação da Costa Rica, a Aliança Cristã Nacional e o Partido de Restauração Nacional.

Pode parecer óbvio que o primeiro conjunto de alterações – mudanças demográficas – desencadeia o segundo: a crescente incorporação de evangélicos à política. No entanto, essa conexão é menos clara do que se poderia supor. A presença evangélica na população não se traduz necessariamente em poder evangélico nas cabines de votação, muito menos representação evangélica nos corredores do poder. O Chile ilustra drasticamente a desconexão entre conversão evangélica e votação entre endogrupos evangélicos. Em 2016, o Barômetro das Américas registrou que 21% dos chilenos se identificavam como evangélicos – um número não muito distante da presença evangélica no Brasil em 2010. No entanto, Boas observa que nenhum partido evangélico se formou no Chile e que, desde sua transição democrática em 1990, "o Chile teve, em média, apenas dois representantes evangélicos no Congresso", enquanto poucos evangélicos concorrem ao cargo (2018, p. 3). No nível de massa, os evangélicos chilenos são largamente desligados da esfera política (Fediakova, 2012). Comparando o Chile ao Brasil, Boas observa que:

> Como suas contrapartes brasileiras, os evangélicos do Chile ganharam inclusão [...]. Os principais políticos chilenos tratam os evangélicos como um importante grupo de interesse, oferecendo compromissos políticos durante as campanhas e mostrando um comparecimento a um culto interdenominacional anual de ação de graças organizado por Igrejas evangélicas. No entanto, a inclusão assumiu formas muito diferentes nos dois países. No Brasil, os evangélicos buscaram e alcançaram influência dentro dos salões do poder, enquanto no Chile eles permaneceram principalmente à margem. (2018, p. 3-4)

O caso da Costa Rica constitui outro enigma. Embora os evangélicos e pentecostais constituam 26% dos entrevistados no Barômetro das Américas de 2016, os candidatos evangélicos historicamente receberam apenas uma pequena fração desse voto. De fato, um observador se espantou com o fato de os candidatos legislativos de partidos evangélicos terem recebido 8% dos votos de 2016 – reconhecidamente, um aumento dramático de 3% nas eleições de 1998

(Salazar, 2017). Também vale lembrar que até o evento surpresa da decisão da ICHR, menos de um em cada vinte prováveis eleitores da Costa Rica pretendia apoiar o candidato evangélico.

Assim, pensar no contexto mais amplo da América Latina traz novas questões e teorias que direcionam este livro a um novo patamar. Neste capítulo, revisitaremos as questões centrais do livro. Primeiro, o que explica a entrada de grupos religiosos na política e a polarização da política ao longo de linhas religiosas? Segundo, quais são as consequências para a democracia latino-americana?

Em direção a uma explicação das guerras culturais na América Latina

Por que o súbito sucesso de políticos evangélicos na Costa Rica? Ou, para ver a questão em outra perspectiva: o que explica o desempenho medíocre dos evangélicos na Costa Rica até o ponto de virada de 9 de janeiro de 2018? De maneira mais geral, por que os evangélicos entram na política em alguns momentos e lugares, mas não em outros?

Em termos gerais, existem duas respostas possíveis. Os evangélicos não entram na política porque (a) eles não querem; ou (b) eles não podem. Em outras palavras, os grupos religiosos entram na política quando têm *a motivação, a oportunidade* e *os recursos* para fazê-lo. Todos os três – motivação, oportunidade e recursos – são necessários. A ausência de qualquer desses impede que um grupo entre na política.

Dois tipos de ameaças parecem motivar candidatos com vínculos religiosos a concorrer a cargos públicos, e também motivar o apoio dos eleitores a candidatos e causas ligados à religião (p. ex., no caso do plebiscito colombiano). Primeiro, a liberalização real ou ameaçada de políticas relacionadas ao tradicionalismo sexual e familiar muitas vezes precipita uma mobilização religiosa veemente. Na América Latina, o casamento entre pessoas do mesmo sexo parece ter sido um gatilho particularmente poderoso, talvez porque as políticas públicas tenham se movido para a esquerda muito mais rapidamente nesta questão do que em outras questões delicadas, como o aborto. Assim, vimos que a legalização do casamento entre pessoas do mesmo sexo no Brasil, Costa Rica e Colômbia provocou uma reação conservadora em cada país. Corrales argumenta que evangélicos e pentecostais têm sido o grupo mais importante na resistência aos direitos LGBT na América Latina (2017). No entanto, o aborto às vezes também estimulou a mobilização em massa entre evangélicos e católicos (p. ex., Heumann e Duyvendak, 2015, sobre a Nicarágua).

Segundo, ameaças inferidas ao endogrupo religioso também motivam a ação política. Tais ameaças às vezes vêm do Estado. Por exemplo, Boas (2018) argumenta que a separação cuidadosa entre Igreja e Estado no Chile explica o enigma identificado acima – o dramático baixo desempenho político dos evangélicos, especialmente em relação a suas contrapartes no Brasil. No Brasil, após a separação entre Igreja e Estado no século XIX, a Igreja Católica gradualmente recuperou muitos privilégios no início do século XX, o que se tornou fonte de agravo para as congregações evangélicas que buscavam se expandir. A mobilização evangélica brasileira na década de 1980 foi orientada precisamente para desmantelar esses privilégios e acabou sendo bem-sucedida. Por outro lado, Boas (2018) argumenta que os evangélicos chilenos não entraram na política simplesmente porque não viam necessidade de fazê-lo, pois o Estado não ameaçava seus direitos e privilégios. Esse foi particularmente o caso devido ao conservadorismo dos políticos católicos em questões de tradicionalismo sexual e familiar. Desde 2010, e acelerando nos últimos dois anos, no entanto, as políticas públicas chilenas começaram a se mover um pouco para a esquerda em relação ao aborto e ao casamento entre pessoas do mesmo sexo. Pode-se esperar que mudanças políticas reais e ameaçadas desencadeariam um crescente ativismo político entre os evangélicos chilenos. No entanto, o conservadorismo firme da Igreja Católica Chilena – especialmente em contraste com a Igreja Católica brasileira – pode impedir a necessidade de os evangélicos entrarem na política. Ou seja, evangélicos laicos chilenos podem essencialmente delegar representação a candidatos conservadores católicos que eles acreditam representá-los substancialmente (i. é, em visões políticas), se não descritivamente (i. é, demograficamente).

Mas uma abordagem puramente centrada no Estado perde algumas das condições que podem motivar a ação política. Ameaças de exogrupos religiosos também muitas vezes motivam tais grupos a se envolverem em política. Por exemplo, conforme discutido no capítulo 2, Trejo (2009, 2014) e Gill (1998) argumentam que a crescente concorrência dos protestantes desencadeou e influenciou o curso do engajamento político católico. E nos capítulos 5 e 6, descobrimos que as ameaças à base de membros levaram o clero católico a girar em direção à esquerda em muitas questões, provavelmente buscando apelar a eleitores mais seculares e também aumentar seu envolvimento nas eleições. Enquanto isso, lembretes de ameaças inter-religiosas levavam os pastores evangélicos a enfatizarem cada vez mais a importância de pressionar as autoridades eleitas.

Grupos religiosos também precisam da *oportunidade* para se envolverem na política. Mais basicamente, o secularismo e a democracia facilitam o engajamento político, fornecendo as liberdades de consciência, fala e associação necessárias para a mobilização. Embora esse ponto possa parecer óbvio, vale a pena lembrar no contexto latino-americano, onde o ativismo evangélico e pentecostal tem sido, em grande parte, um fenômeno de democracias da "terceira onda" (i. é, após 1980). Se a América Latina entrar em uma nova era na qual as liberdades democráticas liberais se corroam, a recessão das liberdades civis poderá afetar as abordagens dos grupos religiosos à política.

Além do impacto do tipo de regime, os sistemas eleitoral e partidário também podem facilitar ou dificultar a entrada de grupos na política. No Brasil, ambos têm sido excepcionalmente porosos, garantindo muitas oportunidades de envolvimento evangélico na política eleitoral. A combinação de multipartidarismo extremo e distritos eleitorais de alta magnitude (i. é, distritos nos quais muitos representantes são eleitos em uma tacada) levou os líderes partidários sob pressão a preencher suas chapas nas votações para aceitar sangue novo (evangélico) com avidez. Além disso, a forma brasileira de representação proporcional em lista aberta em distritos de alta magnitude, possibilita que os candidatos direcionem seus esforços de mobilização para currais eleitorais específicos, como congregações (Ames, 2001). O significado dessas regras é evidenciado pelo fato de que os evangélicos têm tido muito mais dificuldade em conseguir eleger candidatos para cargos executivos ou para o Senado.

Finalmente, os grupos religiosos precisam de recursos: talvez mais importantemente, os humanos. Os dados demográficos não são o destino, mas estão correlacionados com a ventura dos grupos. Em países com populações evangélicas maiores, é mais provável que os evangélicos sejam bem-sucedidos na política eleitoral e mobilizem resistência a mudanças políticas, como a promoção dos direitos LGBT (Corrales, 2017; Mora Torres, 2010). Altos níveis de participação religiosa e devoção entre evangélicos e pentecostais aumentam o valor desses recursos humanos. Os recursos também podem ser conceptuais e psicológicos. Quando candidatos de base religiosa e clérigos fazem campanha, eles se baseiam em linguagem, teologia, símbolos religiosos e identidades de endogrupos compartilhados para mobilizar a participação e o ativismo entre grupos (Albertson, 2014; Calfano e Djupe, 2009; Chapp, 2012; Oro, 2003b, 2006).

Essa discussão destaca pelo menos três questões importantes que merecem reflexão, teorização e investigação futuras. Primeiro, *por que* os grupos religiosos são tão prontamente motivados por essas questões específicas: políticas relacionadas ao tradicionalismo familiar e sexual e ameaças ao endogrupo? O que há no aborto e na homossexualidade que os torna os gatilhos mais comuns para as guerras culturais em todo o mundo? Uma resposta possível poderia ser que essas questões violam exclusivamente o que muitos evangélicos e pentecostais veem como o cerne de sua tradição religiosa. No capítulo 1, vimos que o ascetismo moral e o evangelismo frequente são características definidoras dessas tradições religiosas. O aborto e a homossexualidade violam os ditames do ascetismo moral; a invasão do Estado ou de outros grupos religiosos ameaça o ditado de evangelizar. Além disso, a tendência a uma cosmovisão dualista do bem contra o mal no evangelismo e no pentecostalismo pode tornar os adeptos mais suscetíveis à mobilização quando o ascetismo moral e o evangelismo estão ameaçados. Essa é apenas uma possibilidade; as respostas devem se basear em pesquisas qualitativas e quantitativas em uma variedade de tradições disciplinares, incluindo a psicologia política, os estudos religiosos e o comportamento político.

Segundo, como os grupos religiosos passam a perceber e enquadrar as ameaças do Estado ou de outros grupos religiosos? Os estudiosos podem medir liberdades religiosas, níveis de secularismo e invasão estatal aos direitos de grupos religiosos com um grau razoável de objetividade. No entanto, sabemos firmemente, com base em estudos de identidade e conflitos entre grupos, que os grupos geralmente constroem suas próprias narrativas de privação e ameaça que diferem das percepções dos cientistas sociais. Além disso, a sociedade civil empreendedora e os líderes políticos frequentemente manipulam as percepções de maneira instrumental. Talvez os evangélicos chilenos pudessem ter passado a ver seu grupo como ameaçado se os líderes comunitários tivessem escolhido passar essa mensagem. Ao longo deste livro, vimos que os líderes religiosos e os cidadãos evangélicos e pentecostais do Brasil geralmente se sentem ameaçados pelo Estado de uma maneira que muitos observadores podem suspeitar que seja exagerada. Enquanto isso, os defensores das religiões afro-brasileiras também veem os evangélicos como ameaças a seu grupo. Assim, precisamos trabalhar mais sobre os determinantes da ameaça religiosa inferida.

Terceiro, o reconhecimento da importância dos recursos conceptuais e psicológicos abre novas questões. Como os líderes religiosos escolhem quais recursos simbólicos devem ser mobilizados? É provável que alguns tipos de recursos sejam mais eficazes na mobilização de indivíduos? Pesquisas futuras devem explorar essas e outras questões.

As consequências democráticas do envolvimento religioso na política

O amplo contexto latino-americano também ilustra a segunda questão que norteia este manuscrito: como as guerras culturais influenciam (e como influenciarão) a política eleitoral e a democracia na América Latina? Os primeiros estudos de evangelismo e pentecostalismo nos países em desenvolvimento nas décadas de 1960, 1970 e 1980 iniciaram um debate ainda não resolvido sobre o impacto da tradição religiosa nas disposições democráticas de adeptos (Robbins, 2004; Steigenga, 2003). Alguns estudiosos sustentam que as congregações evangélicas e pentecostais promovem o conservadorismo, o autoritarismo e a deferência à autoridade (p. ex., Bastian, 1993; Corten, 1999; Rink, 2017). No entanto, os defensores do que é frequentemente chamado de tese neoweberiana veem as congregações evangélicas e pentecostais como locais onde os adeptos – frequentemente os excluídos da sociedade – aprendem habilidades e atitudes cívicas críticas para a democracia (p. ex., Burdick, 1993b; Lankina e Getachew, 2012; D. Martin, 1993; Marshall, 2009; Stoll, 1990). Uma possível solução para essa discordância foi apontar que congregações heterogêneas têm impactos heterogêneos em indivíduos heterogêneos. Algumas congregações são hierárquicas, enquanto outras são abertas e democráticas; algumas pessoas aprendem habilidades participativas na Igreja, enquanto outras não o fazem (Ireland, 1993, 1999; Robbins, 2004).

Nossa abordagem a respeito dessa discordância é um pouco diferente. Não é simplesmente que algumas pessoas recebam os efeitos normativamente desejáveis da religião e, outras, os normativamente menos desejáveis. Quando as congregações se envolvem na política, sustentamos, elas frequentemente integram cidadãos na política democrática *e* fomentam a conformidade e a intolerância direitista. Essas histórias concorrentes são mutuamente compatíveis. A mobilização do povo de Deus tem impactos multivalentes no mundo em desenvolvimento; as duas visões parciais apresentam aspectos de uma realidade complexa.

Como a política congregacional promove o direitismo e a intolerância

Em última análise, como veremos, o engajamento congregacional na política incorpora os cidadãos à democracia de maneiras que fortalecem fundamentalmente os sistemas políticos, particularmente aqueles em crise. No entanto, a política congregacional também reformula a distribuição de preferências políticas no eleitorado, levando a opinião pública como um todo a uma direção conservadora. Além disso, as congregações podem exacerbar certos impulsos autoritários entre os cidadãos.

A frequência à Igreja Evangélica e pentecostal muitas vezes reforça e intensifica as visões de direita dos congregados sobre o tradicionalismo sexual e familiar. O líder religioso, nessas tradições é, com algumas exceções, altamente conservador em questões como aborto e homossexualidade. Cidadãos conservadores podem se autosselecionar em congregações evangélicas e pentecostais; no entanto, os não conservadores que, por ventura, estão no meio congregacional são influenciados pela tendência ideológica dominante. As congregações com pastores doutrinalmente conservadores têm maior probabilidade de aderir ideologicamente e em termos de escolha de voto. Portanto, a influência social nas congregações evangélicas e pentecostais leva muitos participantes a adotar a tendência central da congregação em questões essenciais. No entanto, os cidadãos que aderem mais fortemente às normas seculares têm menos probabilidade de se conformar às visões conservadoras de suas congregações.

As opiniões da direita sobre questões como aborto e homossexualidade necessariamente não são politicamente intolerantes ou autoritárias. Por exemplo, muitos cidadãos simultaneamente desaprovam pessoalmente a homossexualidade ou o casamento entre pessoas do mesmo sexo e acreditam que os cidadãos *gays* devem ter direitos políticos e civis plenos. No entanto, o conservadorismo promovido nas Igrejas evangélicas e pentecostais pode muitas vezes exacerbar impulsos autoritários, com membros buscando negar liberdades políticas e civis àqueles que desaprovam por razões religiosas. Dois aspectos das congregações evangélicas e pentecostais contribuem para essa tendência. Mais importante ainda, a linguagem sagrada que transmite visões dualistas do bem contra o mal das questões sociais pode exacerbar a polarização afetiva, levando os cidadãos a não gostarem de exogrupos religiosos e políticos de forma intensa. O dualismo e as noções de guerra espiritual contribuem para que os cidadãos vejam os exogrupos como pecadores, guiados por forças malignas sobrenaturais e como ameaças existenciais ao endogrupo religioso. A demonização literal de oponentes políticos talvez seja mais vívida no mito urbano generalizado de que o Presidente Michel Temer é um satanista (cf. capítulo 8) e em uma publicação de 2010 da Iurd implicando que José Serra estava possuído por demônios (cf. capítulo 1). Em última análise, a teologia dualista e a polarização afetiva podem tornar os cidadãos relutantes em tolerar as liberdades políticas e civis de exogrupos religiosos. Afinal, não há necessidade de ceder com o diabo. Ademais, além do impacto da teologia e das visões de mundo dualistas, os próprios pastores evangélicos e pentecostais podem deixar de reforçar ou mesmo minar o apoio às liberdades civis dos exogrupos. Como observado no capítulo 4, apesar do apoio dos líderes religiosos evangélicos e pentecostais à democracia em geral, eles dão baixa prioridade à pregação da tolerância política interna ou externa.

Essa discussão é baseada nos resultados de um estudo de caso de um único país em um período de tempo limitado. A politicagem religiosa necessariamente leva ao conservadorismo ou à intolerância? Certamente não – nem mesmo no caso deste país durante este período histórico. Igrejas evangélicas favoráveis a *gays* estão surgindo nas maiores cidades brasileiras, embora continuem sendo novidade e em número reduzido. E a história da Igreja Católica em alguns momentos e lugares no Brasil (como na América Latina em geral) indica que as comunidades religiosas às vezes mobilizam ativamente a ação da esquerda. Além desses exemplos, é fácil imaginar a religião empurrando ainda mais solidamente na direção da esquerda. A esquerda católica brasileira tem sido historicamente muito liberal em questões socioeconômicas, mas centrista ou mesmo centro-direita em questões de tradicionalismo sexual e familiar. Enquanto isso, as Igrejas evangélicas favoráveis aos *gays* no Brasil podem aceitar *gays* e ainda promover certos outros aspectos do conservativismo religioso.

No entanto, essa discussão deixa questões importantes por debater. Por exemplo, por que as comunidades religiosas de direita geralmente parecem crescer e se mobilizar na política de maneira mais eficaz do que as de esquerda? E sob que circunstâncias as comunidades religiosas de esquerda se mobilizam com eficácia? Novamente, serão necessárias abordagens a partir de perspectivas da psicologia política, dos estudos religiosos e do comportamento político para abordar essas questões. Os resultados apresentados neste livro sugerem uma razão pela qual a esquerda religiosa pode ter dificuldades: o liberalismo teológico pode tornar os congregados menos propensos a seguir a direção do clero ou a procurar se conformar às crenças políticas de suas congregações.

Como a política congregacional empurra a política de nível de elite para a direita

A politicagem nas Igrejas também pode empurrar os órgãos legislativos – de fato, a representação do nível da elite em geral – em uma direção conservadora. Lembre-se de que nas congregações evangélicas e pentecostais do Brasil, o líder religioso está alinhado com os congregados em questões de tradicionalismo sexual e familiar, mas eles são confiavelmente mais conservadores em relação a outras questões. No nível de massa, evangélicos e católicos têm visões idênticas sobre questões como política econômica, raça e meio ambiente. No entanto, existem diferenças significativas na importância que o *líder religioso* evangélico e católico coloca em tais questões.

As formas evangélicas e pentecostais de organização política tenderão a privilegiar as prioridades do líder religioso sobre aquelas dos fiéis, conforme discutido nos capítulos 2 e 9. Ou seja, o papel do líder religioso como intermediários – escolher candidatos e mobilizar eleitores – permite capturar "receitas" de políticas. Como resultado, quando as preferências políticas do líder religioso e as dos fiéis divergem, os candidatos eleitos com apoio de grupos religiosos tendem a estar mais próximos dos pontos de vista dos líderes religiosos, que podem controlar as informações que chegam aos membros da comunidade, concentrando-se em questões em que candidatos e congregados concordam, como aborto e homossexualidade. Além disso, é mais provável que os candidatos forneçam pagamentos colaterais clientelistas mais aos fiéis do que ao líder religioso. Finalmente, a assimetria de informação e sofisticação entre padres e pastores e fiéis aumentará a probabilidade do líder de monitorar o comportamento dos políticos.

A eleição de religiosos de direita fortalece o poder da direita no nível da elite em geral. Os políticos da direita religiosa formam alianças com outros políticos de direita, incluindo aqueles que Power e Rodrigues-Silveira chamam de "direita clientelista", "direita da lei e ordem" e "direita econômica"

(2018). O dramático alinhamento dos evangélicos com outros grupos de direita no apoio ao *impeachment* de Dilma Rousseff sinaliza a importância dos evangélicos à direita no nível da elite de maneira mais ampla. No nível da sociedade civil, o Movimento Brasil Livre (MBL), uma grande e nova organização do movimento social libertário começou a conectar as várias facetas do direitismo. E, na Colômbia, pode-se encontrar vários direitismos instrumentalmente ligados na campanha contra o acordo de paz.

Mais uma vez, permanecem questões a serem desenvolvidas em pesquisas futuras. Por exemplo, por que o líder religioso é mais conservador e confiável do que os cidadãos em tantas questões? Provisoriamente, parece provável que a resposta tenha duas partes. Primeiro, os líderes religiosos absorveram e internalizaram mais completamente a doutrina internacionalmente disseminada construída dentro das comunidades religiosas globalizadas que contém suposições ideológicas sobre "o que combina com o quê". Ou seja, não existe uma história única e logicamente necessária que conecte, por exemplo, atitudes sobre aborto e tarifas. (De fato, uma leitura ingênua das questões poderia até sugerir que o apoio ao direito ao aborto e a oposição às tarifas deveriam andar juntos.) No entanto, estes líderes são mais propensos do que os cidadãos a entender e aceitar programas ideológicos que definem "esquerda" e "direita" e restringir o apoio ao aborto a ser negativamente correlacionado com o apoio às tarifas (p. ex., Converse, 1964). Segundo, é provável que o pastor ou o padre conservador esteja mais consciente do que os cidadãos de que, na política nacional, os religiosos de direita apoiam as causas de direita de maneira mais geral.

Como a política congregacional integra os cidadãos à política democrática

No entanto, embora a politicagem religiosa no Brasil empurre a política para a direita, ela tem um impacto político ainda mais fundamental, ajudando a enraizar e estabilizar a democracia brasileira após 1985, mobilizando os cidadãos a se envolverem mais plenamente com o sistema político. Os estilos de ativismo político das comunidades religiosas sugerem uma comparação frutífera com outros dois tipos principais de instituições que organizam a política de massa: sindicatos e partidos políticos. No capítulo 2, observamos que os papéis do líder religioso são análogos aos dos chefes sindicais; os dois tipos de líderes orientam simultaneamente a opinião pública e coordenam-se com os candidatos (Verba, Schlozman e Brady, 1995). As comunidades religiosas também costumam desempenhar funções semelhantes às dos partidos políticos, argumentamos. No entanto, a adequação da metáfora do partido varia muito no tempo e espaço.

Em seu trabalho seminal, Aldrich observa que os partidos políticos "foram projetados como tentativas de resolver" três problemas endêmicos da democracia eleitoral (1995, p. 21-22). O primeiro é o "problema da ambição e busca de cargo eletivo" (p. 22). Um partido eficaz coordena as candidaturas e fornece um veículo para a ambição, traçando um caminho para os atores políticos de nível de elite ascenderem a níveis mais altos de poder. O segundo é o "problema de tomar decisões para o partido e a forma de governo" (p. 22). Os partidos desenvolvem agendas de políticas e coordenam ações para aprovar leis de acordo com a agenda. O terceiro e "mais difundido" problema que os partidos têm como objetivo resolver é o "problema da ação coletiva" (p. 23). "Como os candidatos fazem com que os partidários votem neles – pelo menos em número maior do que o da oposição – assim como fazem com que eles forneçam o quadro de trabalhadores e contribuam com os recursos necessários para vencer as eleições? O partido político tem, há tempos, sido a solução" (p. 24). A tarefa de coordenar a ação coletiva envolve muitas peças. Os partidos analisam e "embalam" questões díspares e complexas que geralmente carecem de uma conexão lógica necessária. Ao fazê-lo, explicam às elites e às massas "o que combina com o quê" e convencem os cidadãos a adotarem um "pacote" em detrimento de outro (Converse, 1964). Além disso, os partidos desenvolvem marcas continuamente para vender esses conjuntos de questões e candidatos ao grande público (Lupu, 2013). Por fim, mobilizam a participação política, levantam recursos e alocam esses recursos aos candidatos.

Pensar nos partidos a partir da perspectiva da América Latina revela um quarto problema central da democracia que os partidos políticos ajudam a resolver. Um dos desafios mais fundamentais da democracia eleitoral é manter a legitimidade entre as elites e os cidadãos que podem (bastante razoavelmente) não gostar do negócio confuso e conflituoso da política eleitoral e que muitas vezes – até 49,99% do tempo, em média – acabam no lado perdedor das disputas políticas (C.J. Anderson et al., 2005). Uma longa literatura sobre transições de e para a democracia sugere que elites ou massas descontentes podem não apenas parar de participar, mas até potencialmente desestabilizar o sistema. Os partidos podem ajudar a resolver esses problemas de legitimidade. Ao dar às elites e aos cidadãos uma equipe para se identificar e torcer, os partidos ajudam a estender os horizontes de tempo além de uma perda imediata, para a possibilidade de vitória na próxima disputa. Além disso, os líderes partidários transmitem legitimidade ao sistema político quando expressam confiança nele e reúnem seguidores para continuar. Esse processo orientado pelo líder pode reforçar o envolvimento psicológico e a compreensão dos principais problemas do dia.

Em contraste com os partidos, as congregações certamente não foram construídas de propósito para resolver nenhum desses quatro problemas democráticos. No entanto, argumentamos que, no caso brasileiro, as comunidades religiosas desenvolveram formas de ativismo que acontecem parcialmente para abordar os três problemas que Aldrich identifica, bem como o problema da legitimidade. Além do caso brasileiro, as congregações geralmente ajudam a resolver o terceiro e o quarto problemas.

Os grupos religiosos são ajustes potencialmente naturais para enfrentar o terceiro "problema" de Aldrich. Como entidades da sociedade civil nas quais elites locais com fortes visões teológicas/políticas mantêm contato frequente e sustentado com grande número de cidadãos, as comunidades religiosas coordenam prontamente a ação coletiva. Assim, um dos principais trabalhos do líder religioso é justamente agrupar questões políticas (em combinação com posturas teológicas) para os membros da comunidade. O padre ou pastor ajuda os fiéis a entenderem "o que combina com o quê" e os convence a adotar o pacote teológico/ideológico do endogrupo religioso. Os rótulos de grupos de identidade religiosa também podem ser considerados marcas, de maneira não muito diferente das marcas dos partidos. Embora muitas comunidades religiosas optem por não usar essas marcas para comercializar grupos de candidatos e questões, as próprias comunidades religiosas ou políticos empreendedores às vezes o fazem. O perigo, é claro, é que, como Tocqueville alertou, os partidos que o fazem aumentam seu "poder sobre alguns e [perdem] a esperança de reinar sobre todos" (2010, p. 484). Finalmente, as comunidades religiosas também são distintamente boas em mobilizar recursos humanos e financeiros, que às vezes eles direcionam para fins políticos. Assim, em muitas democracias, os grupos religiosos fornecem uma infraestrutura de apoio que complementa o sistema partidário na coordenação da participação dos cidadãos na política.

O interessante é que o capítulo 8 mostra que os grupos religiosos também podem reforçar a legitimidade do sistema político. Os líderes religiosos normalmente têm níveis mais altos de apoio à democracia e ao sistema político do que os fiéis e comunicam essas atitudes de apoio a seus rebanhos. Quando prega sobre questões públicas, o líder religioso legitima implicitamente os fóruns públicos nos quais essas questões são debatidas, ao mesmo tempo em que reforça o envolvimento psicológico entre os cidadãos. Talvez o mais importante seja que o padre ou pastor pode ajudar os fiéis a lidar psicologicamente com as perdas políticas, enquanto legitima o sistema político. Tomemos, por exemplo, o Pastor Willian na primeira cena do capítulo 8, incentivando seus congregados a se verem como "vencedores" depois de receberem resultados decepcionantes nas eleições, e a se concentrarem simultaneamente nas disputas em que receberam boas notícias, e no longo prazo. Essa retórica motivacional, com talvez um pouco menos referências bíblicas, não estaria fora de lugar em um discurso proferido pelo líder do partido que enfrentara perdas na noite das eleições.

Ao mesmo tempo, o capítulo 8 também revela que a influência do líder religioso tem via dupla. Ele pode legitimar o sistema político de várias maneiras, mas também pode corroer as percepções dos cidadãos sobre a legitimidade do regime político. Os ministros evangélicos e os pentecostais têm muito mais probabilidade do que o clero católico de considerar que o sistema político e os atuais titulares de cargos prejudicam seus grupos religiosos, como demonstrado no capítulo 4. Tais percepções repercutem nos congregados. É menos provável que os cidadãos percebam a democracia e o sistema político como legítimos quando frequentam Igrejas nas quais os líderes religiosos acreditam que o sistema político prejudica seu grupo.

No contexto particular do Brasil, alguns grupos religiosos também, como estratégias competitivas, desenvolveram métodos de organização que abordam o primeiro e o segundo problemas democráticos que Aldrich identifica. Primeiro, muitas congregações evangélicas e pentecostais ajudam a fornecer um veículo para a ambição política das pretensas elites. Dentro das denominações pentecostais e neopentecostais, como a Assembleia de Deus e a Iurd, os próprios líderes religiosos coordenam diretamente as candidaturas. Em outras congregações evangélicas e pentecostais, os arranjos são mais informais. Segundo, hierarquias religiosas – especialmente em certas denominações bem organizadas – ajudam a coordenar plataformas legislativas para "seus" representantes, pelo menos em questões centrais. Assim, as guerras culturais movidas pelo clero no Brasil evoluíram.

As comunidades religiosas desenvolveram essas funções no caso brasileiro por alguns motivos. Podemos seguir a estrutura descrita na primeira seção deste capítulo para identificar as forças que permitiram a inserção incomum de grupos religiosos evangélicos na política eleitoral no Brasil. Primeiro, ameaças inferidas vindas do Estado e de outros grupos religiosos inicialmente *motivaram* congregações a se envolverem diretamente na coordenação de candidaturas. Segundo, os sistemas eleitorais e partidários excepcionalmente abertos do Brasil criaram *oportunidades* que permitiram e possibilitaram essa mobilização. Terceiro, altos níveis de aderência religiosa e congregações avolumadas forneceram recursos humanos, além dos recursos doutrinais e simbólicos proporcionados pelas próprias religiões.

No entanto, é óbvio que nem mesmo as congregações pentecostais e evangélicas mais bem organizadas do Brasil substituem totalmente os partidos nas duas primeiras dimensões. Nas guerras culturais direcionadas pelos líderes religiosos, os grupos não coordenam efetivamente a ambição da elite para alcançar as posições mais cobiçadas nos salões do poder. Nem criam plataformas legislativas completas em todas as questões ou coordenam efetivamente a votação (apesar de alguns "curralamentos" de legisladores em determinadas questões). Além disso, na medida em que as comunidades religiosas substituem algumas funções partidárias em contextos em que os partidos têm pouca presença no público de massa, as congregações criam incentivos para a fragmentação partidária que podem enfraquecer a democracia brasileira.

Essa discussão deixa muitas questões em aberto. Por exemplo, quando, como e por que os líderes religiosos procuram, deliberadamente, aumentar a legitimidade do sistema político? E, para pegar um tema do começo do capítulo, o que impulsiona a percepção do líder religioso de que o sistema prejudica seu endogrupo? Os resultados do capítulo 4 indicam que a intolerância desencadeia agravos contra o sistema político, sugerindo que alguma decepção do clero com o sistema político pode ser motivada mais pelas atitudes de seu próprio exogrupo do que pelo que os cientistas sociais considerariam como prejuízos objetivos. Contudo, pesquisas mais aprofundadas se fazem necessárias.

O presente e o futuro da política religiosa no Brasil

Os brasileiros se encontram nas ruas, no ponto de ônibus, nos supermercados, no trabalho, na escola e na igreja. Em vários milhões de interações ao longo de suas vidas diárias, eles entendem a democracia brasileira e o Estado-nação e fazem escolhas juntos sobre como e quando participar da política democrática. As comunidades religiosas frequentemente entram nessa conversa nacional impulsionadas por pressões de afiliação, crenças teológicas e políticas, e comprometimento com a democracia brasileira em geral. Eles desempenham dois papéis nesse processo contínuo de socialização política. Primeiro, as congregações se *congregam*. Ou seja, as igrejas são locais onde as pessoas interagem com outras que muitas vezes não conhecem bem, incluindo políticos, em encontros estruturados regulares. Os líderes religiosos, em suas comunidades, reservam um tempo importante para falar sobre assuntos sérios; frequentemente tocam não apenas no que as pessoas deveriam fazer para se prepararem para a vida após a morte, mas em como elas deveriam estar interagindo com seus concidadãos no aqui e agora. Segundo, os grupos religiosos mobilizam o povo de Deus. Ao integrar os cidadãos na democracia brasileira, desempenham um papel crítico no contexto da crise política sustentada. No entanto, ao mesmo tempo, as políticas de guerra cultural do Brasil são, em contrapartida, mais conservadoras e, às vezes, mais intolerantes, como resultado do trabalho das Igrejas.

O que o futuro reserva para a democracia e a religião brasileiras? As constantes ondas de crise, desde 2014, esvaziaram a democracia eleitoral do Brasil. As tendências no início de 2018 são alarmantes: declínio dramático do apoio à democracia; simultaneamente, maior queda do partidarismo; e, no nível da elite, a aparente dificuldade de se unir em torno de novos candidatos presidenciais capazes de tomar o lugar de Lula nas lealdades populares e competir efetivamente com o candidato da extrema-direita Jair Bolsonaro. A democracia brasileira pode precisar de uma reformulação – não uma constitucional, mas de uma infraestrutura organizacional que mobilize ideias e ações para resolver problemas coletivos. As Igrejas brasileiras podem servir como uma pedra angular dessa reformulação, conforme o líder religioso e os fiéis se organizam - não apenas para a vida após a morte, mas em esperança pragmática para o aqui e agora.

Mas, parar aqui seria coisa de "Pollyanna". Apesar dos importantes papéis democráticos das Igrejas, a politicagem religiosa também contribui para uma ameaça crescente à própria existência da democracia brasileira. Como a nostalgia pela ditadura militar de 1964-1985 cresce na direita brasileira, o apoio evangélico a Jair Bolsonaro, assim como a outros candidatos de direita, poderia, no final das contas, pender o saldo da votação para a extrema direita nas eleições presidenciais de outubro de 2018 ou além. Nesse caso, o envolvimento político nas Igrejas pode acabar ajudando a levar ao poder as próprias elites que destruirão a democracia por dentro.

No entanto, há razões para esperar que a maioria das Igrejas, apesar de suas tendências à direita, evite se mobilizar por trás da extrema-direita antidemocrática. O apoio dos líderes religiosos à democracia, em geral, reduzirá o entusiasmo por opções abertamente autoritárias. Talvez ainda mais importante, o envolvimento de grupos religiosos na política eleitoral dê, ao líder religioso, uma participação no jogo eleitoral, que pode se sentir tentado por opções autoritárias. Além disso, incentivos à desunião eleitoral – os mesmos incentivos que impedem que as denominações evangélicas funcionem efetivamente como uma frente partidária – também podem impedir uma coalizão evangélica unificada por trás de qualquer político em particular que prometeu manipular o jogo para obter vantagens para o endogrupo. Nesse caso, as guerras culturais do clero no Brasil poderiam ajudar a estabilizar a democracia.

Posfácio

Nos meses que antecederam as eleições presidenciais de outubro de 2018 no Brasil, rumores falaciosos circularam nos círculos evangélicos por meio do aplicativo de mensagens WhatsApp. Um boato alegava que o candidato do Partido dos Trabalhadores, Fernando Haddad, havia enviado mamadeiras em forma de pênis para creches do Estado para ensinar a homossexualidade infantil. Outro atribuiu uma citação falsa a Haddad, supostamente pedindo que as crianças se tornassem tuteladas do Estado aos seis anos, para que o Estado pudesse forçosamente reatribuir seus sexos. Tais mensagens – uma variante de "notícias falsas" dos CDs que anunciavam a posição de Dilma Rousseff sobre o aborto na campanha de 2010 – provavelmente contribuíram para o apoio evangélico a Jair Bolsonaro, de extrema-direita. De fato, surgiram diferenças religiosas consideráveis na votação. Alves (2018) estima que Bolsonaro recebeu 50,1% dos votos católicos e 43,0% dos não religiosos, mas 68,3% dos votos evangélicos e pentecostais, e teria perdido por pouco a presidência se não fosse por evangélicos e pentecostais.

Os líderes religiosos desempenharam um papel de destaque. Nas últimas semanas da campanha do primeiro turno, Bolsonaro havia acumulado endossos de nomes proeminentes, como Edir Macedo, Silas Malafaia e da Frente Parlamentar Evangélica. Após sua vitória no segundo turno, a primeira aparição pública do presidente eleito foi em um culto na Igreja do Pastor Silas Malafaia.

Enviei o rascunho final deste manuscrito para impressão em julho de 2018. Estou digitando esse posfácio no início de novembro, nas semanas após a vitória do segundo turno de Bolsonaro. O que os últimos quatro meses nos ensinam sobre religião e a democracia brasileiras?

A eleição presidencial de 2018 confirma grande parte do argumento do livro. À medida que o sistema partidário que dominava a democracia pós-1985 desmoronava, a polarização da guerra cultural impulsionava as escolhas dos eleitores. Entre os evangélicos, posturas conservadoras sobre sexualidade e gênero se combinaram com o antipetismo para dar forte apoio à direita. As câmaras de eco nas mídias sociais podem ter intensificado o apoio a Bolsonaro e o medo de seu oponente. Enquanto isso, muitos comentaristas católicos orientados para a justiça social rejeitaram fervorosamente o candidato que fez campanha com o *slogan* de que "Bandido bom é bandido morto".

No entanto, o comportamento das elites pentecostais em 2018 se afasta de suas táticas das duas décadas anteriores. Pela primeira vez, uma frente pentecostal amplamente unida favoreceu um candidato à presidência – provavelmente liderando e reagindo ao apoio sólido dos cidadãos evangélicos a Bolsonaro. O paralelo à campanha para a prefeitura de Juiz de Fora em 2008 com a professora lésbica Margarida Salomão é revelador. Enquanto muitas Igrejas protestantes históricas mantinham distância de Bolsonaro, o resultado ainda era uma coesão evangélica substancialmente maior do que aquela vista anteriormente na política presidencial.

Os políticos de direita do Brasil serão capazes de manter essa base? A vitória de Bolsonaro mostra o caminho para futuras coalizões evangélicas-direita estáveis baseadas na ansiedade sobre as noções liberais de gênero e sexualidade. Contudo, a unidade evangélica provavelmente só irá até aí. No nível das disputas legislativas, os incentivos das Igrejas à desunião continuarão fragmentando o voto evangélico entre muitos candidatos e partidos diferentes, principalmente à direita.

Então, para onde vai a democracia brasileira? Como especulei nas últimas páginas do capítulo final, o apoio evangélico a Jair Bolsonaro ajudou a eleger um presidente que ameaça os direitos humanos e a ordem democrática, talvez mais do que qualquer político desde a democratização. No entanto, o envolvimento religioso em nome do vencedor final provavelmente também aprofundou o apego dos cidadãos a um sistema democrático com legitimidade popular desgastante. Nos próximos anos, a presidência de Bolsonaro pode testar o compromisso da elite e da massa com valores e procedimentos democráticos. Tenho esperança de que católicos, evangélicos e os que não possuem religião encontrem um meio termo no sonho de um Brasil tolerante e democrático.

Referências

ALVES, J.E.D. (2018). O voto evangélico garantiu a eleição de Jair Bolsonaro. *Ecodebate* (Blog), 31/10/2018 [Disponível em https://www.Ecodebate.Com.Br/2018/10/31/O-Voto-Evangelico-Garantiu-A-Eleicao-De-Jair-Bolsonaro-Artigo-De-Jose-Eustaquio-Diniz-Alves/].

Apêndice A
Lista de grupos focais e observações em Igrejas

A menos que indicado de outra forma abaixo, todos os nomes de entrevistados e de Igrejas usados no livro foram alterados com o objetivo de anonimizar os dados qualitativos. As aspas nas terceiras colunas indicam que o nome de uma congregação foi alterado.

Grupos focais

Citação	Data	Local/Descrição
[FG1]	22 de outubro de 2014	"Paróquia São José": grande congregação católica em um bairro de classe média
[FG2]	24 de outubro de 2014	"Comunidade Discípulos do Amor": uma pequena comunidade de oração católica em um bairro de baixa renda
[FG3]	18 de outubro de 2014	"Igreja Metodista Vila Bela": grande congregação metodista de classe média
[FG4]	19 de outubro de 2014	"Igreja Batista Boas Novas": grande congregação batista de classe média
[FG5]	19 de outubro de 2014	"Igreja do Nazareno - Comunidade da Esperança": uma pequena igreja nazarena localizada em um estabelecimento comercial em um bairro de baixa renda
[FG6]	27 de outubro de 2014	"Assembleia de Deus de Juiz de Fora": grupo focal de pastores evangélicos em uma congregação de médio porte e de renda mista da Assembleia de Deus
[FG7]	24 de outubro de 2014	Grupo focal para respondentes não religiosos recrutados por meio de anúncios na comunidade; realizado na Universidade Federal de Juiz de Fora

Observações em Igrejas

Citação	Data	Local/Descrição
[CO1]	10 de agosto de 2014	Congregação pentecostal localizada em um estabelecimento comercial de baixa renda
[CO2]	12 de outubro de 2014	"Igreja Metodista Vila Bela": grande congregação metodista de classe média
[CO3]	13 de agosto de 2014	Comunidade Manancial *(Observação: os nomes de Igrejas e indivíduos não foram alterados porque este foi um evento público envolvendo um político nacional.)*
[CO4]	17 de agosto de 2014	"Paróquia São Inácio": pequena congregação católica de classe média baixa
[CO5]	17 de agosto de 2014	"Igreja Batista Boas Novas": grande congregação batista de classe média
[CO6]	18 de agosto de 2014	"Comunidade Santa Rita": grande comunidade católica carismática
[CO7]	22 de agosto de 2014	"Paróquia São José": grande congregação católica em um bairro de classe média
[CO8]	22 de agosto de 2014	"Iurd de Santa Amélia": grande congregação da Iurd de baixa renda
[CO9]	24 de agosto de 2014	"Iurd de Santa Amélia"
[CO10]	24 de agosto de 2014	"Igreja do Nazareno - Comunidade Esperança"
[CO11]	29 de agosto de 2014	Sessão na reunião de pastores
[CO12]	4 de setembro de 2014	"Comunidade Santa Rita"
[CO13]	7 de setembro de 2014	"Iurd de Santa Amélia"
[CO14]	7 de setembro de 2014	"Igreja do Nazareno - Comunidade da Esperança"
[CO15]	10 de setembro de 2014	Comunidade Evangélica Resgatando Vidas *(Observação: os nomes estão inalterados porque este foi um evento público.)*

Citação	Data	Local/Descrição
[CO16]	11 de setembro de 2014	"Assembleia de Deus de Juiz de Fora": Congregação da Assembleia de Deus de renda mista e tamanho médio
[CO17]	14 de setembro de 2014	Local: Comunidade Resgate, Chácara. *(Observação: os nomes de locais e palestrantes estão inalterados porque este foi um evento público envolvendo um palestrante internacional.)*
[CO18]	17 de setembro de 2014	"Comunidade Discípulos do Amor"
[CO19]	19 de setembro de 2014	"Assembleia de Deus de Juiz de Fora"
[CO20]	20 de setembro de 2014	"Paróquia São José"
[CO21]	21 de setembro de 2014	"Assembleia de Deus de Juiz de Fora"
[CO22]	22 de setembro de 2014	Pequena congregação pentecostal de baixa renda
[CO23]	23 de setembro de 2014	"Igreja Metodista Vila Bela"
[CO24]	28 de setembro de 2014	"Paróquia São Inácio"
[CO25]	28 de setembro de 2014	"Paróquia Santa Catarina": grande paróquia católica de baixa renda
[CO26]	28 de setembro de 2014	"Paróquia Santa Catarina"
[CO27]	28 de setembro de 2014	"Assembleia de Deus de Juiz de Fora"
[CO28]	29 de setembro de 2014	"Paróquia São Inácio"
[CO29]	1° de outubro de 2014	"Igreja Batista das Boas Novas"
[CO30]	5 de outubro de 2014	"UCKG de Bela Vista": congregação da Iurd de renda mista e médio porte
[CO31]	5 de outubro de 2014	"Igreja Batista das Boas Novas"
[CO32]	8 de outubro de 2014	Reunião do Comitê de Cidadania na Catedral Católica *(Observação: os nomes dos participantes estão anonimizados, mas o nome do grupo é informado.)*
[CO33]	10 de outubro de 2014	"Assembleia de Deus de Juiz de Fora"
[CO35]	22 de junho de 2017	Entrevista, diácono, "Igreja Batista das Boas Novas"
[CO36]	22 de junho de 2017	Entrevista, "Padre Miguel," "Paróquia Santa Fé"
[CO37]	22 de junho de 2017	Entrevista, "Igreja Metodista Vila Bela"

Citação	Data	Local/Descrição
[CO38]	22 de junho de 2017	Entrevista, diácono, grande paróquia católica de classe média
[CO39]	23 de junho de 2017	Entrevista, Pastor André, Assembleia de Deus de Juiz de Fora
[CO40]	23 de junho de 2017	Entrevista, pastor, "Comunidade Evangélica da Missão da Fé"
[CO41]	23 de junho de 2017	Entrevista, padre, "Paróquia São José"
[CO42]	23 de junho de 2017	Entrevista, pastor, "Iurd de Santa Amélia"
[CO43]	24 de junho de 2017	Entrevista, "Pastor Eduardo", "Igreja do Nazareno - Comunidade da Esperança"
[CO44]	25 de junho de 2017	Entrevista, "Pastor Willian", "Igreja Batista das Boas Novas"
[CO45]	25 de junho de 2017	Entrevista, pastor, "Igreja Quadrangular da Luz da Vida"
[CO46]	26 de junho de 2017	Entrevista em grupo, "Comunidade Discípulos do Amor"

Apêndice B
Protocolo do grupo focal

Na cidade fictícia de Bela Vista (RJ) em um universo não muito distante, acontecem as seguintes coisas:

1) Numa Igreja Evangélica, o Pastor Sérgio distribui um panfleto instruindo os membros da Igreja sobre a importância do voto.

2) Em outra Igreja Evangélica da cidade, o Pastor João prega aos membros da igreja: "Política não é para crentes". Ele está esperando o fim dos tempos e diz que eles deveriam se concentrar em salvar almas.

3) Em uma Igreja Católica no Bairro de São Tomás, o Padre Luiz costuma falar sobre o pecado da homossexualidade e o PT na classe de formação católica, dizendo que o PT está muito equivocado em seu ativismo legislativo.

4) Em uma Igreja Evangélica no mesmo bairro, a Pastora Eunice está coletando assinaturas de uma iniciativa popular para um projeto de lei para definir o casamento como sendo entre um homem e uma mulher.

5) Na catedral católica, no centro da cidade, o Padre Flávio tem uma reunião particular com alguns diáconos que ele conhece bem. Ele diz que apoia Dilma e se opõe à ideologia do PSDB.

6) Em uma Igreja Evangélica na cidade, um candidato evangélico pede apoio ao Pastor Ricardo. O pastor diz ao candidato que ele pessoalmente o apoia, mas que ele não pode fazer campanha para o candidato dentro da igreja. O candidato fica fora da igreja após o culto distribuindo materiais.

7) No final do mês de maio, uma Igreja Católica no Bairro São Leopoldo organiza uma marcha contra o crime. Na marcha, o Padre José Luiz prega aos participantes que o prefeito não está fazendo o suficiente para combater o crime.

8) Em uma Igreja Batista do Evangelho Quadrangular na cidade, o Pastor William apoia fortemente a candidata à presidência Marina Silva, um deputado estadual e um federal. Ele coloca cartazes para tais candidatos fora da igreja.

9) Na Igreja Universal do Reino de Deus, no centro de Bela Vista, no culto no dia da eleição, o Pastor Carlos pede a todas as pessoas presentes que repitam o nome e o código eleitoral de seu candidato a deputado estadual.

10) Em uma Igreja Católica de um bairro próximo à universidade, o Padre Carlos permite que um casal *gay* participe ativamente das atividades da Igreja. Quando alguns membros da Igreja se opõem à participação do casal, o padre responde: "Somos todos filhos de Deus".

Apêndice C
Codificação variável e informações sobre estudos

O apêndice pode ser acessado em
https://dataverse.harvard.edu/dataverse/aesmith

Referências

ABRAMOWITZ, A. (2010). *The Disappearing Center: Engaged Citizens, Polarization, and American Democracy*. Yale University Press.

ABRIL.COM (2010). "Dilma pede direito de resposta a Canção Nova por sermão de padre". *Abril*.

AGÊNCIA DIAP (2010). "Evangélicos crescem no Congresso; PSC tem mais representantes". Diap – Departamento Intersindical de Assessoria Parlamentar. http://www.diap.org.br/index.php?option=com_content&view=article&id=14637-evangelicos-crescem-no-congresso-psc-lidera-em-numero-de-parlamentares

AGÊNCIA O GLOBO (2016). "Deputado pede que Temer 'abandone satanismo' e 'a maçonaria'". *Época Negócios*, 18/11. http://epocanegocios.globo.com/Brasil/noticia/2016/11/deputado-pede-que-temer-abandone-satanismo-e-maconaria.html

ALBERTSON, B.L. (2011). "Religious Appeals and Implicit Attitudes". *Political Psychology*, 32 (1), p. 109-130.

ALBERTSON, B.L. (2014). "Dog-Whistle Politics: Multivocal Communication and Religious Appeals". *Political Behavior*, 01-24/01.

ALDRICH, J.H. (1995). *Why Parties? – The Origin and Transformation of Political Parties in America*. Chicago: University of Chicago Press.

ALEX-ASSENSOH, Y.; ASSENSOH, A.B. (2001). "Inner-City Contexts, Church Attendance, and African-American Political Participation". *Journal of Politics*, 63 (3), p. 886-901.

ALLPORT, G.W. (1979). *The Nature of Prejudice*. Basic Books.

ALONSO, A.; MISCHE, A. (2016). "Changing Repertoires and Partisan Ambivalence in the New Brasilian Protests". *Bulletin of Latin American Research*, março.

AMES, B. (2001). *The Deadlock of Democracy in Brasil*. Ann Arbor: University of Michigan Press.

AMES, B.; HUBERTS, A.; MACHADO, F.; RENNÓ, L.; SAMUELS, D.; SMITH, A.E.; ZUCCO, C. (2016). "Brasilian Electoral Panel Study: 2014 Results" IDB-TN-915. Inter-American Development Bank. http://www.iadb.org/en/research-and-data/publication-details,3169.html?pub_id=IDB-TN-915

AMES, B.; MACHADO, F.; RENNÓ, L.; SAMUELS, D.; SMITH, A.E.; ZUCCO, C. (2013). "Brasilian Electoral Panel Survey". Nota técnica IDB-TN-508. Washington, D.C.: Inter-American Development Bank. http://www.iadb.org/en/research-and-data/publication-details,3169.html?pub_id=IDB-DB-105

AMES, B.; ROJO-MENDOZA, R.T. (2014). "Urban Context and Political Behavior: Partisanship and Polarization in Two Brasilian Cities".

ANDERSON, C.J.; BLAIS, A.; BOWLER, S.; DONOVAN, T.; LISTHAUG, O. (2005). *Losers' Consent: Elections and Democratic Legitimacy*. Oxford: Oxford University Press.

ANDERSON, J. (2011). "Conservative Christianity, the Global South and the Battle over Sexual Orientation". *Third World Quarterly*, 32 (9), p. 1.589-1.605.

ANDERSON, L.R.; MELLOR, J.M. (2009). "Religion and Cooperation in a Public Goods Experiment". *Economics Letters*, 105 (1), p. 58-60.

ANG, A.; PETROCIK, J.R. (2012). "Religion, Religiosity, and the Moral Divide in Canadian Politics". *Politics and Religion*, 5 (1), p. 103-132.

ARAGÃO, J. (2016). "Jair Bolsonaro é batizado por pastor no Rio Jordão". *Gospel Prime*, 12/05. https://noticias.gospelprime.com.br/jair-bolsonaro-batizado-rio-jordao/

AUTERO, E. (2015). "Blessed Are the Prosperous but Woe to the Weak". In: MEDINA, N.; ALFARO, S. (eds.). *Pentecostals and Charismatics in Latin America and Latino Communities – Christianity and Renewal*. Interdisciplinary Studies/Palgrave Macmillan, p. 169-183.

BACARJI, A.D. (2016). "A Igreja, a homossexualidade e o clero". *Revista Encontros Teológicos*, 26 (3).

BAIOCCHI, G. (2005). *Militants and Citizens: The Politics of Participatory Democracy in Puerto Alegre*. Stanford: Stanford University Press.

BAKER, A.; AMES, B.; RENNO, L. (2006). "Social Context and Campaign Volatility in New Democracies: Networks and Neighborhoods in Brasil's 2002 Elections". *American Journal of Political Science*, 50 (2), p. 382-399.

BARABAS, J.; JERIT, J. (2010). "Are Survey Experiments Externally Valid?" *American Journal of Political Science*, 104 (2), p. 226-242.

BARRIOS, J.J.; GANDELMAN, N. (2014). "Religious Participation, Trust and Reciprocity: Evidence from Six Latin American Cities". *The B.E. Journal of Economic Analysis & Policy*, 15 (1), p. 353-376.

BARROS, A.T.; BERNARDES, C.B.; MACEDO, S.M. (2015). "Comunicação, cultura e política nas rádios do Poder Legislativo no Brasil: Identidade e perfil da programação da Rádio Senado e da Rádio Câmara". *Latin American Research Review*, 50 (1), p. 207-227.

BASEDAU, M.; FOX, J.; PIERSKALLA, J.H.; STRÜVER, G.; VÜLLERS, J. (2015). "Does Discrimination Breed Grievances – and Do Grievances Breed Violence? – New Evidence from an Analysis of Religious Minorities in Developing Countries". *Conflict Management and Peace Science*, Julho.

BASTIAN, J.-P. (1993). "The Metamorphosis of Latin American Protestant Groups: A Sociohistorical Perspective". *Latin American Research Review*, 28 (2), p. 33-61.

BBC NEWS (2018). "Costa Rica Election Goes into Runoff" *BBC News*, 05/02.

BEAN, L. (2014a). "Compassionate Conservatives? – Evangelicals, Economic Conservatism, and National Identity". *Journal for the Scientific Study of Religion*, 53 (1), p. 164-186.

BEAN, L. (2014b). *The Politics of Evangelical Identity: Local Churches and Partisan Divides in the United States and Canada*. Princeton University Press.

BEAN, L.; GONZALEZ, M.; KAUFMAN, J. (2008). "Why Doesn't Canada Have an American-Style Christian Right? – A Comparative Framework for Analyzing the Political Effects of Evangelical Subcultural Identity". *The Canadian Journal of Sociology/Cahiers Canadiens de Sociologie*, 33 (4), p. 899-943.

BEATTY, K.M.; WALTER, O. (1984). "Religious Preference and Practice: Reevaluating Their Impact on Political Tolerance". *Public Opinion Quarterly*, 48 (1B), p. 318-329.

BEBBINGTON, D.W. (1989). *Evangelicalism in Modern Britain: A History from the 1730s to the 1980s*. Unwin Hyman.

BELLO, J.; ROLFE, M. (2014). "Is Influence Mightier than Selection? – Forging Agreement in Political Discussion Networks during a Campaign". *Social Networks*, Special Issue on Political Networks, 36, p. 134-146, janeiro.

BEN-NUN BLOOM, P.; ARIKAN, G.; COURTEMANCHE, M. (2015). "Religious Social Identity, Religious Belief, and Anti-Immigration Sentiment". *American Political Science Review*, 109 (02), p. 203-221.

BERELSON, B.R.; LAZARSFELD, P.F.; McPHEE, W.N. (1954). *Voting: A Study of Opinion Formation in a Presidential Campaign*. Chicago: University of Chicago Press.

BINEHAM, J.L. (1988). "A Historical Account of the Hypodermic Model in Mass Communication". *Communication Monographs*, 55 (3), p. 230-246.

BLOOM, P.B.-N. (2013). "The Public's Compass: Moral Conviction and Political Attitudes". *American Politics Research*, 41 (6), p. 937-964.

BOAS, T.C. (2014). "Pastor Paulo *vs.* Doctor Carlos: Professional Titles as Voting Heuristics in Brasil". *Journal of Politics in Latin America*, 6 (2), p. 39-72.

BOAS, T.C. (2018). "Expanding the Public Square: Evangelicals and Electoral Politics in Latin America". In: KAPISZEWSKI, D.; LEVITSKY, S.; YASHAR, D. (eds.). *The Inclusionary Turn in Contemporary Latin America*.

BOAS, T.C.; SMITH, A.E. (2015). "Religion and the Latin American Voter". In: CARLIN, R.E.; SINGER, M.; ZECHMEISTER, E. (eds.). *The Latin American Voter*. University of Michigan Press, p. 99-121.

BOAS, T.C.; SMITH, A.E. (2015; 2019). "Looks Like Me, Thinks Like Me? – Descriptive Representation and Opinion Congruence in Brasil". *Latin American Research Review*, 54 (3).

BOB, C. (2012). *The Global Right Wing and the Clash of World Politics*. Cambridge University Press.

BOHN, S. (2004). "Evangélicos no Brasil: Perfil sócio-econômico, afinidades ideológicas e determinantes do comportamento eleitoral". *Opinião Pública*, 10 (2), p. 288-338.

BOHN, S. (2007). "Contexto político-eleitoral, minorias religiosas e voto em pleitos presidenciais (2002-2006)". *Opinião Pública*, 13 (2).

BOM, K. (2015). "I Feel the Presence of God in My Tears". *Exchange*, 44 (2), p. 177-200.

BOMPANI, B.; BROWN, S.T. (2014). "A 'religious Revolution'? – Print Media, Sexuality, and Religious Discourse in Uganda". *Journal of Eastern African Studies*, 0 (0), p. 1-17.

BOOTH, J.A.; SELIGSON, M.A. (2009). *The Legitimacy Puzzle in Latin America: Political Support and Democracy in Eight Latin American Nations*. Cambridge: Cambridge University Press.

BORGES, L. (2010). "TV católica Canção Nova exibe sermão contra voto em Dilma". *Terra.com*, 06/10. http://noticias.terra.com.br/eleicoes/2010/noticias/0,,OI4720527-EI15315,00-TV+catolica+Cancao+Nova+exibe+sermao+contra+voto+em+Dilma.html

BORNSCHIER, S. (2010). "The New Cultural Divide and the Two-Dimensional Political Space in Western Europe". *West European Politics*, 33 (3), p. 419-444. https://doi.org/10.1080/01402381003654387

BRUNEAU, T.C. (1980). "The Catholic Church and Development in Latin America: The Role of the Basic Christian Communities". *World Development*, 8 (7), p. 535-544.

BRUNEAU, T.C. (1982). *The Church in Brasil: The Politics of Religion*. Austin: University of Texas Press.

BURDICK, J. (1993a). "Struggling Against the Devil: Penetecostalism and Social Movements in Urban Brasil". In: GARRARD-BURNETT, V.; Stoll, D. (eds.). *Rethinking Protestantism in Latin America*. Filadélfia: Temple University Press.

BURDICK, J. (1993b). *Looking for God in Brasil: The Progressive Catholic Church in Urban Brasil's Religious Arena*. University of California Press.

CALEGARI, L. (2017). "O que pensam os manifestantes contra e a favor de Judith Butler". *EXAME*, 15/11/2017. https://exame.abril.com.br/brasil/o-que-pensam-os-manifestantes-contra-e-a-favor-de-judith-butler/

CALFANO, B.R.; DJUPE, P.A. (2009). "God Talk: Religious Cues and Electoral Support". *Political Research Quarterly*, 62 (2), p. 329-339.

CALFANO, B.R.; MICHELSON, M.R.; OLDMIXON, E.A. (2017). *A Matter of Discretion: The Politics of Catholic Priests in the United States and Ireland*. Rowman & Littlefield.

CALFANO, B.R.; OLDMIXON, E.A. (2016). "Remembering to Ask the Boss: Priming and the Dynamics of Priest Reliance on Bishop Cues". *Religions*, 7 (3), p. 21.

CALFANO, B.R.; OLDMIXON, E.A.; SUITER, J. (2014). "Who and What Affects the First Estate? – An Analysis of Clergy Attitudes on Cultural and Economic Issues". *Politics*, 34 (4), p. 391-404.

CAMPBELL, D.E.; GREEN, J.C.; LAYMAN, G.C. (2011). "The Party Faithful: Partisan Images, Candidate Religion, and the Electoral Impact of Party Identification". *American Journal of Political Science*, 55 (1), p. 42-58.

CAMPBELL, D.E.; GREEN, J.C.; MONSON, J.Q. (2014). *Videking the Promised Land: Mormons and American Politics*. Cambridge University Press.

CARRANZA, B. (2006). "Catolicismo midiático". In: TEIXEIRA, F.; MENEZES, R. (eds.). *As religiões no Brasil*. Petrópolis: Vozes, p. 69-88.

CARRAPATOSO, M.S. (2016). "*Impeachment* Dilma – As melhores pérolas dos deputados para justificarem o voto". *Observador*, 18/04. http://observador.pt/2016/04/18/impeachment-dilma-as-melhores-perolas-dos-deputados-justificarem-voto/

CASTRO, M.M.M. (2007). "Eleitorado brasileiro: composição e grau de participação". *Sistema político brasileiro: uma introdução*. Rio de Janeiro: Fundação Konrad Adenauer.

CHAGAS, T. (2016a). "'Partido da Universal' anuncia que votará a favor do *impeachment*". *Notícias Gospel* (blog), 14/04. https://noticias.gospelmais.com.br/partido-universal-anuncia-votara-favor-impeachment-82222.html

CHAGAS, T. (2016b). "Primeiro voto do *impeachment* foi de um evangélico". *Notícias Gospel* (blog), 18/04. https://noticias.gospelmais.com.br/primeiro-voto-impeachment-foi-evangelico-82289.html

CHAPP, C.B. (2012). *Religious Rhetoric and American Politics: The Endurance of Civil Religion in Electoral Campaigns*. Cornell University Press.

CHARLEAUX, J.P. (2016). "Qual a influência das Igrejas evangélicas na política brasileira". *Nexo Jornal*, 28/10. https://www.nexojornal.com.br/entrevista/2016/10/28/Qual-a-influ%C3%AAncia-das-igrejas-evang%C3%A9licas-na-pol%C3%ADtica-brasileira.

CHENEY, K. (2012). "Locating Neocolonialism, 'Tradition', and Human Rights in Uganda's 'Gay Death Penalty'". *African Studies Review*, 55 (2), p. 77-95.

CHESNUT, R.A. (1999). "The Salvation Army or the Army's Salvation?: Pentecostal Politics in Amazonian Brasil, 1962-1992". *Luso-Brasilian Review*, 36 (2), p. 33-49.

CHESNUT, R.A. (2003a). "A Preferential Option for the Spirit: The Catholic Charismatic Renewal in Latin America's New Religious Economy". *Latin American Politics and Society*, 45 (1), p. 55-85.

CHESNUT, R.A. (2003b). *Competitive Spirits: Latin America's New Religious Economy: Latin America's New Religious Economy.* Oxford University Press.

CHESNUT, R.A. (2009). "Charismatic Competitors: Protestant Pentecostals and Catholic Charismatics in Latin America's New Religious Marketplace". In: PENYAK, L.M.; PETRY, W.J. (eds.). *Religion and Society in Latin America.* Maryknoll: Orbis Books.

CONRADO, F.C. (2001). "Política e mídia: A Igreja Universal do Reino de Deus nas eleições". *Religião & Sociedade*, 21 (2), p. 85-111.

CONROY-KRUTZ, J. (2013). "Information and Ethnic Politics in Africa". *British Journal of Political Science*, 43 (02), p. 345-373.

CONROY-KRUTZ, J.; MOEHLER, D.C.; AGUILAR, R. (2015). "Partisan Cues and Vote Choice in New Multiparty Systems". *Comparative Political Studies*, setembro.

CONVERSE, P.E. (1964). "The Nature of Belief Systems in Mass Publics". In: APTER, D. (ed.). *Ideology and Discontent.* Londres: Free Press of Glencoe, p. 75-169.

CORRALES, J. (2017). "Understanding the Uneven Spread of LGBT Rights in Latin America and the Caribbean, 1999-2013". *Journal of Research in Gender Studies*, 7 (1), p. 52-82.

CORTEN, A. (1999). *Pentecostalism in Brasil: Emotion of the Poor and Theological Romanticism.* Nova York: St. Martin's Press.

COUTINHO, R.Z.; GOLGHER, A.B. (2014). "The Changing Landscape of Religious Affiliation in Brasil between 1980 and 2010: Age, Period, and Cohort Perspectives". *Revista Brasileira de Estudos de População*, 31 (1), p. 73-98.

COWIE, S. (2018). "Violent Deaths of LGBT People in Brasil Hit All-Time High". *The Guardian*, 22/01. http://www.theguardian.com/world/2018/jan/22/Brasil-lgbt-violence-deaths-all-time-high-new-research

COZZENS, D.B. (2000). *The Changing Face of the Priesthood: A Reflection on the Priest's Crisis of Soul.* Liturgical Press.

CUNHA, L.A. (2009). "A Educação na concordata Brasil-Vaticano". *Educação & Sociedade*, 30 (106), p. 263-280. https://doi.org/10.1590/S0101-73302009000100013

CUNHA, M.N. (2016a). "Composição da bancada evangélica". *Mídia, Religião e Cultura* (blog). http://www.metodista.br/midiareligiaopolitica/index.php/composicao-bancada-evangelica/

CUNHA, M.N. (2016b). "Frentes parlamentares de cunho religioso". *Mídia, Religião e Política* (blog). http://www.metodista.br/midiareligiaopolitica/index.php/frentes-parlamentares-de-cunho-religioso-no-congresso-nacional/

CUNHA, M.N. (2016c). "Bancada evangélica em processo de ampliação: Bolsonaro batizado em Israel". *Mídia, Religião e Política* (blog), 17/05. http://www.metodista.br/midiareligiapolitica/index.php/2016/05/17/bancada-evangelica-em-processo-de-ampliacao-bolsonaro-batizado-em-israel/

DAHL, R. (1971). *Polyarchy: Participation and Opposition*. New Haven: Yale University Press.

DALTON, R.J.; WELZEL, C. (2014). *The Civic Culture Transformed: From Allegiant to Assertive Citizens*. Cambridge University Press.

DANCYGIER, R.M. (2017). *Dilemmas of Inclusion: Muslims in European Politics*. Princeton University Press.

DANTAS, B.S.A. (2011). "Religião e política: ideologia e ação da bancada evangélica na Câmara Federal", outubro. http://tede2.pucsp.br/tede/handle/handle/16946

DEMARTINI, M. (2017). "Mackenzie abre núcleo de estudos que contesta Teoria da Evolução". *Exame*, 11/05 http://exame.abril.com.br/ciencia/mackenzie-abre-nucleo-de-estudos-que-contesta-teoria-da-evolucao/

DÍAZ DOMÍNGUEZ, A. (2006). "¿Influyen los ministros de culto sobre la intención de voto?" *Perfiles Latinoamericanos*, 28, p. 33-57.

DJUPE, P.A.; CALFANO, B. (2014). *God Talk: Experimenting With the Religious Causes of Public Opinion*. Filadélfia: Temple University Press.

DJUPE, P.A.; GILBERT, C.P. (2003). *The Prophetic Pulpit: Clergy, Churches, and Communities in American Politics*. Lanham: Rowman & Littlefield.

DJUPE, P.A.; GILBERT, C.P. (2006). "The Resourceful Believer: Generating Civic Skills in Church". *Journal of Politics*, 68 (1), p. 116-127.

DJUPE, P.A.; GILBERT, C.P. (2008). "Politics and Church: By-product or Central Mission?" *Journal for the Scientific Study of Religion*, 47 (1), p. 45-62.

DJUPE, P.A.; GILBERT, C.P. (2009). *The Political Influence of Churches*. Cambridge/Nova York: Cambridge University Press.

DJUPE, P.A.; McCLURG, S.D.; SOKHEY, A.E. (No prelo). "The Political Consequences of Gender in Social Networks". *British Journal of Political Science*.

DJUPE, P.A.; NEIHEISEL, J.R.; CONGER, K.H. (2018). "Are the Politics of the Christian Right Linked to State Rates of the Nonreligious? – The Importance of Salient Controversy". *Political Research Quarterly*, abril. 1065912918771526.

DJUPE, P.A.; SOKHEY, A.E.; GILBERT, C.P. (2007). "Present but not Accounted for? – Gender Differences in Civic Resource Acquisition". *American Journal of Political Science*, 51 (4), p. 906-920.

DOWD, R.A. (2015). *Christianity, Islam, and Liberal Democracy: Lessons from Sub-Saharan Africa*. Oxford University Press.

DOWNS, A. (1957). *An Economic Theory of Democracy*. Nova York: Harper & Row.

DUVERGER, M. (1972). *Party Politics and Pressure Groups: A Comparative Introduction*. Nova York: Thomas Y. Crowell.

ENGELI, I.; GREEN-PEDERSEN, C.; LARSEN, L.T. (2012). *Morality Politics in Western Europe: Parties, Agendas and Policy Choices*. Springer.

ENGELI, I.; GREEN-PEDERSEN, C.; LARSEN, L.T. (2013). "The Puzzle of Permissiveness: Understanding Policy Processes

Concerning Morality Issues". *Journal of European Public Policy*, 20 (3), p. 335-352.

EXAME (2013). "Os ateus no Brasil e seu medo de 'sair do armário'". *Exame*, 06/06. http://exame.abril.com.br/brasil/os-ateus-no-brasil-e-seu-medo-de-sair-do-armario/

FACCHINI, R. (2010). "Movimento Homossexual no Brasil: Recompondo um histórico". *Cadernos AEL*, 10 (18/19).

FALK, A.; FISCHBACHER, U. (2006). "A Theory of Reciprocity". *Games and Economic Behavior*, 54 (2), p. 293-315. https://doi.org/10.1016/j.geb.2005.03.001

FEDIAKOVA, E. (2012). "Evangelicals in Democratic Chile, 1990-2008: From 'Resistance Identity' to 'Project Identity'". *Religion, State and Society*, 40 (1), p. 24-48.

FERREIRA, P.; MARIZ, R. (2017). "CNE retira gênero e orientação sexual da Base Curricular". *O Globo*, 12/12. https://oglobo.globo.com/sociedade/educacao/cne-retira-genero-orientacao-sexual-da-base-curricular-22179063

FINKE, R.; IANNACCONE, L.R. (1993). "Supply-Side Explanations for Religious Change". *Annals of the American Academy of Political and Social Science*, 527 (maio), p. 27-39.

FIORINA, M.P.; ABRAMS, S.J. (2008). "Political Polarization in the American Public". *Annual Review of Political Science*, 11 (1), p. 563-588.

FIORINA, M.P.; ABRAMS, S.J.; POPE, J.C. (2005). *Culture War? – The Myth of a Polarized America*. Nova York: Pearson Education.

FLANAGAN, S.C.; LEE, A.-R. (2003). "The New Politics, Culture Wars, and The Authoritarian-Libertarian Value Change in Advanced Industrial Democracies". *Comparative Political Studies*, 36 (3), p. 235-270.

FLOCK, E. (2013). "Catholic Priests: It's 'Empirical Fact' that Many Clergy Are Gay". *US News & World Report*, 29/07. https://

www.usnews.com/news/articles/2013/07/29/catholic-priests-its-empirical-fact-that-many-clergy-are-gay

FOLHA DE S. PAULO (1994a). "'Acredito em Deus', diz Fernando Henrique". *Folha de S.Paulo*, 02/04. http://www1.folha.uol.com.br/fsp/1994/4/02/brasil/16.html

FOLHA DE S. PAULO (1994b). "Debate em 1985 afetou candidatura". *Folha de S.Paulo*, 02/04. http://www1.folha.uol.com.br/fsp/1994/4/02/brasil/17.html

FOLHA ONLINE (2009a). "AMB critica aprovação de acordo entre Brasil e Vaticano". *Folha de S. Paulo*, 17/08. http://www1.folha.uol.com.br/folha/brasil/ult96u610758.shtml

FOLHA ONLINE (2009b). "Câmara aprova estatuto da Igreja Católica e regulamenta o direito à liberdade religiosa". *Folha de S. Paulo*, 27/08. http://www1.folha.uol.com.br/poder/2009/08/615507-camara-aprova-estatuto-da-igreja-catolica-e-regulamenta-o-direito-a-liberdade-religiosa.shtml

FONSECA, A.B. (2008). "Religion and Democracy in Brasil: A Study of the Leading Evangelical Politicians". In: FRESTON, P. (ed.). *Evangelical Christianity and Democracy in Latin America Freston*. Oxford: Oxford University Press, p. 163-206.

FONSECA, A.D. (2014). "Informação, política e fé: o *Jornal Mensageiro da Paz* no contexto de redemocratização do Brasil (1980-1990)". *Revista Brasileira de História*, 34 (68), p. 279-302.

FOX, J. (2015). *Political Secularism, Religion, and the State*. Cambridge University Press.

FRESTON, P. (1993). "Brother Votes for Brother: The New Politics of Protestantism in Brasil". In: BURNETT, V.G.; STOLL, D. (eds.). *Rethinking Protestantism in Latin America*. Filadélfia: Temple University Press, p. 66-110.

FRESTON, P. (2004). "Evangelical Protestantism and Democratization in Contemporary Latin America and Asia". *Democratization*, 11 (4), p. 21-41.

G1 (2015). "71% dos futuros deputados se dizem católicos e 16%, evangélicos". *G1*, 31/01. http://g1.globo.com/politica/noticia/2015/01/71-dos-futuros-deputados-se-dizem-catolicos-e-16-evangelicos.html

GALINDO, R.W. (2016). "93% dos deputados da bancada evangélica votaram pelo *impeachment*". *Caixa Zero*, 17/04. http://www.gazetadopovo.com.br/blogs/caixa-zero/93-dos-deputados-da-bancada-evangelica-votaram-pelo-*impeachment*/

GANDINI, A. (2015). "Cerca de 75% do clero é gay, estima ex-sacerdote católico". *A Igreja Paulistana*, 30/05. http://www.igrejapaulistana.com/2015/05/cerca-de-75-do-clero-e-gay-diz-ex.html

GANS-MORSE, J.; MAZZUCA, S.; NICHTER, S. (2014). "Varieties of Clientelism: Machine Politics during Elections". *American Journal of Political Science* 58, (2), p. 415-432.

GARRARD-BURNETT, V. (2009). "'Like a Mighty Rushing Wind': The Growth of Pentecostalism in Contemporary Latin America". In: PENYAK, L.M.; PETRY, W.J. (eds.). *Religion and Society in Latin America*. Maryknoll: Orbis Books, p. 190-202.

GASKILL, N.J. (2002). "Power from on High: The Political Mobilization of Brasilian Evangelical Protestantism". Ph.D. Thesis, Austin: University of Texas at Austin. http://repositories.lib.utexas.edu/handle/2152/11613

GEDDES, B. (2003). *Paradigms and Sand Castles: Theory Building and Research Design in Comparative Politics*. Ann Arbor: University of Michigan Press.

GILL, A. (1994). "Rendering unto Caesar: Religious Competition and Catholic Political Strategy in Latin America, 1962-79". *American Journal of Political Science*, 38 (2), p. 403-425.

GILL, A. (1995). "The Institutional Limitations of Catholic Progressivism: An Economic Approach". *International Journal of Social Economics*, 22 (9-11), p. 135-148.

GILL, A. (1998). *Rendering unto Caesar: The Catholic Church and the State in Latin America*. University of Chicago Press.

GLAZIER, R.A. (2013). "Divine Direction: How Providential Religious Beliefs Shape Foreign Policy Attitudes". *Foreign Policy Analysis*, 9 (2), p. 127-142.

GONÇALVES, J. (2017). "'Queimem a bruxa!'– Visita de Judith Butler provoca manifestações nas ruas de São Paulo". *The

Intercept (blog), 07/11. https://theintercept.com/2017/11/07/judith-butler-bruxa-manifestacoes-sao-paulo-ideologia-genero/

GONÇALVES, R.B. (2011). "Bancada evangélica?: uma análise do discurso parlamentar evangélico durante a 52ª legislatura da Câmara Federal". Master's Thesis, Universidade Federal de Pelotas. http://repositorio.ufpel.edu.br:8080/handle/123456789/1591

GOREN, P.; CHAPP, C. (No prelo). "Moral Power: How Public Opinion on Culture War Issues Shapes Partisan Predispositions and Religious Orientations". *American Political Science Review*.

GOULDNER, A.W. (1960). "The Norm of Reciprocity: A Preliminary Statement". *American Sociological Review*, 25 (2), p. 161-178. https://doi.org/10.2307/2092623

GREEN, J.N. (2015). "'Mais amor e mais tesão': a construção de um movimento brasileiro de gays, lésbicas e travestis". *Cadernos Pagu*, 0 (15), p. 271-295.

GREEN, J.N.; FERNANDES, M.; REGINA, C.; MACRAE, E.; AMORIM, L.; SIMÕES, J.; FRY, P.; RODRIGUES, M. (2010). "Mesa-redonda Somos, Grupo de Afirmação Homossexual: 24 anos depois – Reflexões sobre os primeiros momentos do Movimento Homossexual no Brasil". *Cadernos AEL*, 10 (18-19). https://www.ifch.unicamp.br/ojs/index.php/ael/article/view/2509

GRIM, B.J.; FINKE, R. (2006). "International Religion Indexes: Government Regulation, Government Favoritism, and Social Regulation of Religion". *Interdisciplinary Journal of Research on Religion*, 2.

GROSSMAN, G. (2015). "Renewalist Christianity and the Political Saliency of LGBTs: Theory and Evidence from Sub-Saharan Africa". *The Journal of Politics*, 77 (2), p. 337-351.

GRZYMAŁA-BUSSE, A. (2015). *Nations under God: How Churches Use Moral Authority to Influence Policy*. Princeton University Press.

GUIAME (2011). "Bolsonaro: Sou um católico que frequentou a Igreja Batista por 10 anos – Notícias Gospel". *Guiame*, 04/07.

http://guiame.com.br/gospel/mundo-cristao/bolsonaro-sou-um-catolico-que-frequentou-a-igreja-batista-por-10-anos.html

GURR, T.R. (1970). *Why Men Rebel*. Princeton: Princeton University Press.

GUTMANN, A.; THOMPSON, D. (1996). *Democracy and Disagreement*. Cambridge: Belknap Press/Harvard University Press.

HAGOPIAN, F. (2008). "Latin American Catholicism in an Age of Religious and Political Pluralism: A Framework for Analysis". *Comparative Politics*, 40 (2), p. 149-168.

HALE, C. (No prelo). "Religious Institutions and Collective Action: The Catholic Church and Political Activism in Indigenous Chiapas and Yucatán". *Politics and Religion*.

HENRICH, J.; ENSMINGER, J.; McELREATH, R.; BARR, A.; BARRETT, C.; BOLYANATZ, A.; CARDENAS, J.C. et al. (2010). "Markets, Religion, Community Size, and the Evolution of Fairness and Punishment". *Science*, 327 (5972), p. 1.480-1.484.

HETHERINGTON, M.J. (2001). "Resurgent Mass Partisanship: The Role of Elite Polarization". *American Political Science Review*, 95 (3), p. 619-631.

HETHERINGTON, M.J.; WEILER, J. (2009). *Authoritarianism and Polarization in American Politics*. Cambridge: Cambridge University Press.

HEUMANN, S.; DUYVENDAK, J.W. (2015). "When and Why Religious Groups Become Political Players". In: JASPER, J.M.; DUYVENDAK, J.W. (eds.). *Players and Arenas: The Interactive Dynamics of Protest*. Amsterdam University Press.

HOLMAN, M.R.; SHOCKLEY, K. (2017). "Messages from Above: Conflict and Convergence of Messages to the Catholic Voter from the Catholic Church Hierarchy". *Politics and Religion*, julho, p. 1-22.

HUCKFELDT, R.; PLUTZER, E.; SPRAGUE, J. (1993). "Alternative Contexts of Political Behavior: Churches, Neighborhoods, and Individuals". *The Journal of Politics*, 55 (2), p. 365-381.

HUCKFELDT, R.; SPRAGUE, J. (1995). *Citizens, Politics, and Social Communication: Information and Influence in an Election Campaign*. Cambridge: Cambridge University Press.

HUNTER, J.D. (1992). *Culture Wars: The Struggle to Control the Family, Art, Education, Law, and Politics in America*. Basic Books.

INGLEHART, R. (1990). *Culture Shift in Advanced Industrial Society*. Princeton: Princeton University Press.

INGLEHART, R. (1997). *Modernization and Postmodernization*. Princeton: Princeton University Press.

INGLEHART, R.; NORRIS, P. (2003). *Rising Tide: Gender Equality & Cultural Change around the World*. Cambridge: Cambridge University Press.

IRELAND, R. (1993). "The Crentes of Campo Alegre and the Religious Construction of Brasilian Politics". In: GARRARD-BURNETT, V.; STOLL, D. (eds.). *Rethinking Protestantism in Latin America*. Filadélfia: Temple University Press, p. 45-65.

IRELAND, R. (1999). "Popular Religions and the Building of Democracy in Latin America: Saving the Tocquevillian Parallel". *Journal of Interamerican Studies and World Affairs*, 41 (4), p. vi-136.

IYENGAR, S.; WESTWOOD, S.J. (2015). "Fear and Loathing across Party Lines: New Evidence on Group Polarization". *American Journal of Political Science*, 59 (3), p. 690-707.

JACOB, C.R.; HEES, D.R.; WANIEZ, P. (2013). *Religião e território no Brasil, 1990-2010*. Rio de Janeiro: PUC-Rio.

JACOBS, A. (2016). "Brasil is Confronting an Epidemic of Anti-Gay Violence". *The New York Times*, 05/07, Americas. https://www.nytimes.com/2016/07/06/world/americas/Brasil-anti-gay-violence.html

JACOBY, W.G. (2014). "Is There a Culture War? Conflicting Value Structures in American Public Opinion". *American Political Science Review*, 108 (04), p. 754-771.

JELEN, T.G. (1992). "Political Christianity: A Contextual Analysis". *American Journal of Political Science*, 36 (3), p. 692-714.

JENKINS, P. (2002). *The Next Christendom: The Rise of Global Christianity*. Nova York: Oxford University Press.

KAOMA, K. (2009). "Globalizing the Culture Wars: U.S. Conservatives, African Churches, and Homophobia". Somerville: Political Research Associates.

KAOMA, K. (2014). "The Paradox and Tension of Moral Claims: Evangelical Christianity, the Politicization and Globalization of Sexual Politics in Sub-Saharan Africa". *Critical Research on Religion*, 2 (3), p. 227-245.

KECK, M.E. (1992). *The Workers' Party and Democratization in Brasil*. New Haven: Yale University Press.

KING, G.; KEOHANE, R.O.; VERBA, S. (1994). *Designing Social Inquiry: Scientific Inference in Qualitative Research*. Princeton: Princeton University Press.

KITSCHELT, H. (2000). "Linkages between Citizens and Politicians in Democratic Polities". *Comparative Political Studies*, 33 (6-7), p. 845-879.

KOLEVA, S.P.; GRAHAM, J.; GRAHAM, R.I.; DITTO, P.H.; HAIDT, J. (2012). "Tracing the Threads: How Five Moral Concerns (Especially Purity) Help Explain Culture War Attitudes". *Journal of Research in Personality*, 46 (2), p. 184-194.

KURU, A.T. (2008). "Passive and Assertive Secularism: Historical Conditions, Ideological Struggles, and State Policies toward Religion". *World Politics*, 59 (4), p. 568-594.

KURU, A.T. 2009. *Secularism and State Policies toward Religion: The United States, France, and Turkey*. Nova York: Cambridge University Press.

LAAKSO, M.; TAAGEPERA, R. (1979). "'Effective' Number of Parties: A Measure with Application to West Europe". *Comparative Political Studies*, 12, p. 3-27.

LANKINA, T.; GETACHEW, L. (2012). "Mission or Empire, Word or Sword? – The Human Capital Legacy in Postcolonial Democratic Development". *American Journal of Political Science*, 56 (2), p. 465-483.

LASSWELL, H.D. (2011). *Politics: Who Gets What, When, How*. Literary Licensing, LLC.

LAYMAN, G.C.; CARSEY, T.M. (2002). "Party Polarization and 'Conflict Extension' in the American Electorate". *American Journal of Political Science*, 46 (4), p. 786-802.

LAYMAN, G.C.; CARSEY, T.M.; HOROWITZ, J.M. (2006). "Party Polarization in American Politics: Characteristics, Causes, and Consequences". *Annual Review of Political Science*, 9 (1), p. 83-110.

LAYMAN, G.C.; GREEN, J.C. (2006). "Wars and Rumours of Wars: The Contexts of Cultural Conflict in American Political Behaviour". *British Journal of Political Science*, 36 (1), p. 61-89.

LAZARSFELD, P.F.; BERELSON, B.R.; GAUDET, H. (1948). *The People's Choice: How the Voter Makes up His Mind in a Presidential Campaign*. Nova York: Columbia University Press.

LEMOS, C.; TAVOLARO, D. (2007). *O bispo – A história revelada de Edir Macedo*. Larousse do Brasil.

LEVINE, D.H. (2009). "The Future of Christianity in Latin America". *Journal of Latin American Studies*, 41, p. 121-145.

LEVINE, D.H. (2012). *Politics, Religion & Society in Latin America*. Boulder: Lynne Rienner.

LEVITSKY, S.; ZIBLATT, D. (2018). *How Democracies Die*. Crown/Archetype.

LEWIS, A.R. (2017). *The Rights Turn in Conservative Christian Politics: How Abortion Transformed the Culture Wars*. Cambridge University Press.

LISBOA, F.A. (2010). "Qual o papel da religião nas últimas eleições?" *O Jornal Batista*.

LØLAND, O.J. (2015). "The Position of the Biblical Canon in Brasil: From Catholic Rediscovery to Neo-Pentecostal Marginalisation". *Studies in World Christianity*, 21 (2), p. 98-118.

LUPU, N. (2013). "Party Brands and Partisanship: Theory with Evidence from a Survey Experiment in Argentina". *American Journal of Political Science*, 57 (1), p. 49-64.

MAINWARING, S. (1986). *The Catholic Church and Politics in Brasil, 1916-1985*. Stanford University Press.

MAINWARING, S.; MENEGUELLO, R.; POWER, T.J. (2000). *Partidos conservadores no Brasil contemporâneo: quais são, o que defendem, quais são suas bases*. São Paulo: Paz e Terra.

MALDONADO, A. (2011). "Compulsory Voting and the Decision to Vote". 63. Barômetro das Américas Insights. Latin American Public Opinion Project, Vanderbilt University.

MALI, T. (2014). "Candidatos evangélicos crescem quase 50%". *Época*, 16/09. http://epoca.globo.com/tempo/eleicoes/noticia/2014/09/bcandidatos-evangelicosb-crescem-quase-50.html

MALTA, M. (2014). "Speech to the Brasilian Federal Senate". Brasília, 20/08. https://www25.senado.leg.br/web/atividade/pronunciamentos/-/p/texto/409272

MARGOLIS, M.F. (2016). "Cognitive Dissonance, Elections, and Religion How Partisanship and the Political Landscape Shape Religious Behaviors". *Public Opinion Quarterly*, junho.

MARGOLIS, M.F. (2018). *From Politics to the Pews: How Partisanship and the Political Environment Shape Religious Identity*. University of Chicago Press.

MARIANO, R. (2011). "Laicidade à brasileira: católicos, pentecostais e laicos em disputa na esfera pública". *Civitas – Revista de Ciências Sociais*, 11 (2), p. 238-258.

MARIANO, R.; PIERUCCI, A.F. (1992). "O envolvimento dos pentecostais na eleição de Collor". *Novos Estudos Cebrap*, 34, p. 92-106.

MARIETTA, M. (2008). "From My Cold, Dead Hands: Democratic Consequences of Sacred Rhetoric". *The Journal of Politics*, 70 (3), p. 767-779.

MARIZ, C.L. (2006). "Catolicismo no Brasil contemporâneo: reavivamento e diversidade". In: TEIXEIRA, F.; MENEZES, R. (eds.). *As religiões no Brasil*. Petrópolis: Vozes, p. 53-68.

MARIZ, C.L.; MACHADO, M.D.C. (1997). "Pentecostalism and Women in Brasil". In: CLEARY, E.L.; STEWART-GAMBI-

NO, H.W. (eds.). *Power, Politics, and Pentecostals in Latin America*. Boulder: Westview Press.

MARSHALL, R. (2009). *Political Spiritualities: The Pentecostal Revolution in Nigeria*. Chicago/Londres: University of Chicago Press.

MARTIN, B. (2006). "Pentecostal Conversion and the Limits of the Market Metaphor". *Exchange*, 35 (1), p. 61-91.

MARTIN, D. (1993). *Tongues of Fire: The Explosion of Protestantism in Latin America*. Wiley.

MASON, L. (2015). "'I Disrespectfully Agree': The Differential Effects of Partisan Sorting on Social and Issue Polarization". *American Journal of Political Science*, 59 (1), p. 128-145.

MASON, L. (2018). *Uncivil Agreement: How Politics Became Our Identity*. University of Chicago Press.

MAYRL, D. (2016). *Secular Conversions: Political Institutions and Religious Education in the United States and Australia, 1800-2000*. Cambridge University Press.

McADAMS, E.S.; LANCE, J.E. (2013). "Religion's Impact on the Divergent Political Attitudes of Evangelical Protestants in the United States and Brasil". *Politics and Religion*, 6 (03), p. 483-511.

McCLENDON, G.; RIEDL, R.B. (2015). "Religion as a Stimulant of Political Participation: Experimental Evidence from Nairobi, Kenya". *Journal of Politics*, 77 (4), p. 1.045-1.057.

McCLENDON, G.; RIEDL, R.B. (2018). *From Pews to Politics in Africa and Beyond* [manuscrito].

McCLURG, S.D. (2006). "The Electoral Relevance of Political Talk: Examining Disagreement and Expertise Effects in Social Networks on Political Participation". *American Journal of Political Science*, 50 (3), p. 737-754.

McCRUDDEN, C. (2015). "Transnational Culture Wars". *International Journal of Constitutional Law*, 13 (2), p. 434-462.

McDERMOTT, M.L. (2009). "Religious Stereotyping and Voter Support for Evangelical Candidates". *Political Research Quarterly*, 62 (2), p. 340-354.

MENCHIK, J. (2016). *Islam and Democracy in Indonesia: Tolerance without Liberalism*. Cambridge University Press.

MIGHELI, M. (2016). "The Gospel and Economic Behaviour: Experimental Evidence from a Trust Game". *Annals of Public and Cooperative Economics*, agosto. https://doi.org/10.1111/apce.12139

MIR, L. (2007). *Partido de Deus: fé, poder e política*. São Paulo: Alaúde.

MIRANDA, R. (2008a). "Eleições 2008: carta divulgada". *Tribuna de Minas*.

MIRANDA, R. (2008b). "Evangélicos querem um quarto das cadeiras da câmara". *Tribuna de Minas*.

MORA, G.C. (2008). "Marketing the 'Health and Wealth Gospel' across National Borders: Evidence from Brasil and the United States". *Poetics, Religion and Culture*, 36 (5-6), p. 404-420.

MORA TORRES, J.E. (2010). "The Political Incorporation of Pentecostals in Panama, Puerto Rico and Brasil: A Comparative Analysis". *Doctoral Dissertations*, janeiro, p. 1-341.

MORAES, M.R. (2010). "Eleições 2010: Democracia *versus* iniquidade: o purismo religioso à disposição do retrocesso democrático". *Novos Diálogos: Jornal de Justiça, Espiritualidade e Cultura*.

MORGAN, W.; WINSHIP, C. (2007). *Counterfactuals and Causal Inference*. Cambridge: Cambridge University Press.

MORRISON, P.K. (2010). "Democracy 'At Risk'? – Governmental and Non-Governmental Organizations, 'At Risk' Youth and Programming in Juiz de Fora, Brasil". Pitesburgo: University of Pittsburgh. http://d-scholarship.pitt.edu/9046/

MOSELEY, M.; LAYTON, M.L. (2013). "Prosperity and Protest in Brasil: The Wave of the Future for Latin America?" 93. Barômetro das Américas Insights.

MOSELEY, M.W. (2015). "Contentious Engagement: Understanding Protest Participation in Latin American Democracies". *Journal of Politics in Latin America*, 7 (3), p. 3-48.

MUCINHATO, R.M.D. (2014). "Quem são os deputados brasileiros? – Um balanço do perfil biográfico de 1986 a 2012". In: MOISÉS, J.Á. (ed.). *O Congresso Nacional, os partidos políticos e o sistema de integridade: representação, participação e controle interinstitucional no Brasil contemporâneo*. Rio de Janeiro: Fundação Konrad Adenauer, p. 61-88. http://www.kas.de/wf/doc/13743-1442-5-30.pdf

NETO, J. (2015). "Dilma promete a pastores isentar Igrejas da CPMF e deputado critica: 'um tiro no pé' – Notícias Gospel". *Guiame*, 02/10. http://guiame.com.br/gospel/mundo-cristao/dilma-se-reune-com-pastores-para-propor-isencao-da-cpmf-e-deputado-critica-um-tiro-no-pe.html

NETTO, G.F. (2016). "Quando o dinheiro importa menos: uma análise do financiamento de campanhas eleitorais dos candidatos evangélicos". Universidade de São Paulo. http://www.teses.usp.br/teses/disponiveis/8/8131/tde-08042016-132507/

NICHTER, S. (2008). "Vote Buying or Turnout Buying? – Machine Politics and the Secret Ballot". *American Political Science Review*, 102 (1), p. 19-31.

NICKERSON, D.W. (2008). "Is Voting Contagious? – Evidence from Two Field Experiments". *American Political Science Review*, 102 (1), p. 49-57.

NIELSEN, R.A. (2017). *Deadly Clerics: Blocked Ambition and the Paths to Jihad*. Cambridge University Press.

NISHIMURA, K.M. (2004). "Conservadorismo social: opiniões e atitudes no contexto da eleição de 2002". *Opinião Pública*, 10 (2).

NORRIS, P.; INGLEHART, R. (2004). *Sacred and Secular: Religion and Politics Worldwide*. 2. ed. Cambridge: Cambridge University Press.

NOVAES, R.R. (2002). "Crenças religiosas e convicções políticas: fronteiras e passagens". In: FRIDMAN, L.C. (ed.). *Política e cultura: século XXI*. Rio de Janeiro: Relume Dumará.

OFFUTT, S. (2015). *New Centers of Global Evangelicalism in Latin America and Africa*. Cambridge University Press.

OLIVEIRA, A.W.; COOK, K.L. (2018). "Evolution Education and the Rise of the Creationist Movement in Brasil". In: DENIZ, H.; BORGERDING, L.A. (eds.). *Evolution Education Around the Globe*. Springer International Publishing.

OLIVER, M. (2012). "Transnational Sex Politics, Conservative Christianity, and Antigay Activism in Uganda". *Studies in Social Justice*, 7 (1), p. 83-105.

OLSON, M. (1971). *The Logic of Collective Action: Public Goods and the Theory of Groups*. Cambridge: Harvard University Press.

ORO, A.P. (2003a). "A política da Igreja Universal e seus reflexos nos campos religioso e político brasileiros". *Revista Brasileira de Ciências Sociais*, 18 (53).

ORO, A.P. (2003b). "Organização eclesial e eficácia política: o caso da Igreja Universal do Reino de Deus". *Civitas – Revista de Ciências Sociais*, 3 (1), p. 97-109.

ORO, A.P. (2006). "Religião e política no Brasil". In: ORO, A.P. (ed.). *Religião e política no Cone Sul: Argentina, Brasil e Uruguai*. São Paulo: Attar.

ORRICO, A. (2016). "De onde vem essa história de que Michel Temer é satanista?" *BuzzFeed* (blog), 16/05. https://www.buzzfeed.com/alexandreorrico/michel-temer-satanista

PAPA FRANCISCO (2013). "*Evangelii Gaudium*: Apostolic Exhortation on the Proclamation of the Gospel in Today's World". Vaticano: Santa Sé. http://w2.vatican.va/content/francesco/en/apost_exhortations/documents/papa-francesco_esortazione-ap_20131124_evangelii-gaudium.html

PATEMAN, C. (1970). *Participation and Democratic Theory*. Cambridge: Cambridge University Press.

PETTY, R.E.; CACIOPPO, J.T. (1986). "The Elaboration Likelihood Model of Persuasion". In: KINNEAR, T.C. (ed.). *Advances in Experimental Social Psychology*, 19, p. 123-192.

PEW RESEARCH CENTER (2006). "Spirit and Power: A 10-Country Survey of Pentecostals". Washington, D.C.: Pew Forum on Religion and Public Life. http://pewforum.org/Christian/Evangelical-Protestant-Churches/Spirit-and-Power.aspx

PEW RESEARCH CENTER (2011). "Global Christianity: A Report on the Size and Distribution of the World's Christian Denominations". http://www.pewforum.org/2011/12/19/global-christianity-traditions/

PHILLIPS, D. (2015). "Afro-Brasilian Religions Struggle against Evangelical Hostility". *The Washington Post*, 05/02. http://www.washingtonpost.com/world/the_americas/afro-Brasilian-religions-struggle-against-evangelical-hostility/2015/02/05/b6a30c6e-aaf9-11e4-8876-460b1144cbc1_story.html

PHILPOTT, D. (2007). "Explaining the Political Ambivalence of Religion". *The American Political Science Review*, 101 (3), p. 505-525.

PHILPOTT, D. (2009). "Has the Study of Global Politics Found Religion?" SSRN Scholarly Paper ID 1416404. Rochester: Social Science Research Network.

PIERUCCI, A.F.; PRANDI, R. (1995). "Religiões e voto: a eleição presidencial de 1994". *Opinião Pública*, 3 (1), p. 32-63.

PITKIN, H.F. (1967). *The Concept of Representation*. Berkeley: University of California Press.

POLÊMICA PARAÍBA (2016). "*Veja* Vídeo – Marcelo Crivella Diz 'gay é fruto de aborto malsucedido'". *Polêmica Paraíba*. http://www.polemicaparaiba.com.br/politica/veja-video-marcelo-crivella-diz-gay-e-fruto-de-aborto-malsucedido/

POWER, T.J. (2009). "Compulsory for Whom? – Mandatory Voting and Electoral Participation in Brasil, 1986-2006". *Journal of Politics in Latin America*, 1 (1), p. 97-122.

POWER, T.J.; RODRIGUES-SILVEIRA, R. (2018). "The Political Right and Party Politics". In: *The Routledge Handbook of Brasilian Politics*. AMES, B. Routledge.

POWER, T.J.; ZUCCO, C. (2012). "Elite Preferences in a Consolidating Democracy: The Brasilian Legislative Surveys, 1990-2009". *Latin American Politics and Society*, 54 (4), p. 1-27.

PRZEWORSKI, A. (1999). *Democracy and the Market Political and Economic Reforms in Eastern Europe and Latin America*. Nova York: Cambridge University Press.

PUTNAM, R.D.; CAMPBELL, D.E. (2011). *American Grace: How Religion Divides and Unites Us*. Nova York: Simon & Schuster.

RANQUETAT JÚNIOR, C.A. (2016). *Laicidade à brasileira: um estudo sobre a controvérsia em torno da presença de símbolos religiosos em espaços públicos*. Paco.

RAYSIDE, D.; WILCOX, C. (2011). *Faith, Politics, and Sexual Diversity in Canada and the United States*. UBC Press.

REDAÇÃO PRAGMATISMO (2016). "Maluf e bancada evangélica declaram apoio ao *impeachment* de Dilma". *Pragmatismo Político* (blog), 07/04. https://www.pragmatismopolitico.com.br/2016/04/maluf-e-bancada-evangelica-declaram-apoio-ao-*impeachment*-de-dilma.html.

REICH, G.; SANTOS, P. (2013). "The Rise (and Frequent Fall) of Evangelical Politicians: Organization, Theology, and Church Politics". *Latin American Politics and Society*, 55 (4), p. 1-22.

RINK, A. (2017). "Do Protestant Missionaries Undermine Political Authority? – Evidence From Peru". *Comparative Political Studies*, julho.

ROBBINS, J. (2004). "The Globalization of Pentecostal and Charismatic Christianity". *Annual Review of Anthropology*, 33 (1), p. 117-143.

RYAN, T.J. (2014). "Reconsidering Moral Issues in Politics". *Journal of Politics*, 76 (02), p. 380-397.

RYFE, D.M. (2005). "Does Deliberative Democracy Work?" *Annual Review of Political Science*, 8 (1), p. 49-71.

SADGROVE, J.; VANDERBECK, R.M.; ANDERSSON, J.; VALENTINE, G.; WARD, K. (2012). "Morality Plays and Money Matters: Towards a Situated Understanding of the Politics of Homosexuality in Uganda". *The Journal of Modern African Studies*, 50 (1), p. 103-129.

SALAZAR, C. (2017). "Voto por diputados evangélicos se triplicó en cinco elecciones". *La Nación*, 26/06. http://www.nacion.

com/gnfactory/investigacion/2017/partidos-evangelicos/index. html?desktop=true

SAMPAIO, T.S. (2016). "A influência das organizações não governamentais na política brasileira de direitos humanos LGBT+". *Entre o global e o local.* Rio de Janeiro.

SAMUELS, D.; ZUCCO, C. (2018). *Partisans, Anti-Partisans, and Non-Partisans: Voting Behavior in Brasil.* Cambridge University Press.

SANDAL, N.A. (2017). *Religious Leaders and Conflict Transformation: Northern Ireland and Beyond.* Cambridge University Press.

SANT'ANNA, L. (2010). "Eleição mostra influência das Igrejas". *O Estado de S. Paulo.*

SANTOS, A.L. (2009). "O processo de formação das atitudes políticas dos jovens da Assembleia de Deus em Porto Alegre/RS". *Revista Historiador*, 2 (2).

SARTORI, G. (1976). *Parties and Party Systems: A Framework for Analysis.* Vol. 1. Cambridge: Cambridge University Press.

SCHIAVON, F. (2009). "Acordo de Brasil e Vaticano é aprovado em comissão". *Consultor Jurídico*, 13/08. http://www.conjur.com.br/2009-ago-13/acordo-entre-brasil-vaticano-aprovado-comissao-camara

SCHWARTZ, M.A.; TATALOVICH, R. (2009). "Cultural and Institutional Factors Affecting Political Contention over Moral Issues". *Comparative Sociology*, 8 (1), p. 76-104.

SERBIN, K.P. (2000). *Secret Dialogues: Church-State Relations, Torture, and Social Justice in Authoritarian Brasil.* Pitesburgo: University of Pittsburgh Press.

SERBIN, K. (2006). *Needs of the Heart: A Social and Cultural History of Brasil's Clergy and Seminaries.* University of Notre Dame Press.

SHARIFF, A.F.; RHEMTULLA, M. (2012). "Divergent Effects of Beliefs in Heaven and Hell on National Crime Rates". *PLoS ONE*, 7 (6), p. e39048.

SIMONI JUNIOR, S.; MUCINHATO, R.M.D.; MINGARDI, L.M. (2015). "O perfil biográfico do 'alto clero' da Câmara dos Deputados no Brasil (1995-2010)". *Elites e poder político*. Porto Alegre.

SIMONI JUNIOR, S.; MUCINHATO, R.M.D.; MINGARDI, L.M. (2016). "A elite parlamentar brasileira de 1995 a 2010: até que ponto vai a popularização da classe política?" *Colombia Internacional*, 87, p. 109-143.

SINGH, S. (2011). "How Compelling Is Compulsory Voting? – A Multilevel Analysis of Turnout". *Political Behavior*, 33 (1), p. 95-111. https://doi.org/10.1007/s11109-010-9107-z,.

SMITH, A.E. (2016). "Talking it Out: Political Conversation and Knowledge Gaps in Unequal Urban Contexts". *British Journal of Political Science*, janeiro, p. 1-19.

SMITH, A.E. (2018). "Religion, Politics, and the Secular State". In: AMES, B. *The Routledge Handbook of Brasilian Politics*. Routledge.

SMITH, G.A. (2008). *Politics in the Parish: the Political Influence of Catholic Priests*. Washington: Georgetown University Press.

SMITH, T.A.; TATALOVICH, R. (2003). *Cultures at War: Moral Conflicts in Western Democracies*. Peterborough: University of Toronto Press/Higher Education Division.

SOUZA, A.R. (2007). "Igreja Católica e mercados: a ambivalência entre a solidariedade e a competição". *Religião & Sociedade*, 27 (1), p. 156-174.

SOUZA, L.M.F. (2016). "The 2008 Concordat in Brasil: 'Modern Public Religion' or Neo-Corporatism?" In: CARLING, A. (ed.). *The Social Equality of Religion or Belief*. Springer.

SOUZA, S.D. (2013). "Política religiosa e religião política: os evangélicos e o uso político do sexo". *Estudos de Religião*, 27 (1), p. 177-201.

SOUZA, S.D. (2014). "'Não à ideologia de gênero!' – A produção religiosa da violência de gênero na política brasileira". *Estudos de Religião*, 28 (2), p. 188-204.

STAHLHOEFER (2016). "O batismo de Bolsonaro". *Xadrez Verbal* (blog), 16/05.

STARK, R.; BAINBRIDGE, W.S. (1996). *A Theory of Religion*. Rutgers University Press.

STEIGENGA, T.J. (2003). *The Politics of the Spirit: The Political Implications of Pentecostalized Religion in Costa Rica and Guatemala*. Lexington Books.

STEIGENGA, T.J.; CLEARY, E.L. (2007). *Conversion of a Continent: Contemporary Religious Change in Latin America*. Rutgers University Press.

STOCKWELL, E.L. (1995). "Open and Closed: Protestantism in Latin America". *Christian Century*, 112 (10).

STOKES, S.C.; DUNNING, T.; NAZARENO, M.; BRUSCO, V. (2013). *Brokers, Voters, and Clientelism: the Puzzle of Distributive Politics*. Nova York: Cambridge University Press.

STOLL, D. (1990). *Is Latin America Turning Protestant?: The Politics of Evangelical Growth*. University of California Press.

STROOP, C. (2016). "A Right-Wing International? – Russian Social Conservatism, the World Congress of Families, and the Global Culture Wars in Historical Context". *The Public Eye*, inverno.

STUDLAR, D.T. (2012). "The USA and Western Europe Compared: How the 'God Gap' Led the USA to Join the Religious World of Morality Politics". In: ENGELI, I.; GREEN-PEDERSEN, C.; LARSEN, L.T. (eds.). *Morality Politics in Western Europe*. Palgrave Macmillan, p. 161-184.

STUDLAR, D.T.; BURNS, G.J. (2015). "Toward the Permissive Society? – Morality Policy Agendas and Policy Directions in Western Democracies". *Policy Sciences*, 48 (3), p. 273-291.

STUDLAR, D.T., CAGOSSI, A.; DUVAL, R.D. (2013). "Is Morality Policy Different? – Institutional Explanations for Post--War Western Europe". *Journal of European Public Policy*, 20 (3), p. 353-271.

SUGDEN, R. (1984). "Reciprocity: The Supply of Public Goods Through Voluntary Contributions". *The Economic Journal*, 94 (376), p. 772-787.

TAN, J.H.W.; VOGEL, C. (2008). "Religion and Trust: An Experimental Study". *Journal of Economic Psychology*, 29 (6), p. 832-848.

TARROW, S. (1998). *Power in Movement: Social Movements and Contentious Politics*. Cambridge University Press.

TAVARES, F. (2014). "O jeito evangélico de pedir votos e fazer política". *Época*, 21/09. http://epoca.globo.com/tempo/eleicoes/noticia/2014/09/o-jeito-bevangelicob-de-pedir-votos-e-fazer-politica.html

THE ECONOMIST (2018). "Latin America's Human-Rights Court Moves into Touchy Territory". *The Economist*, 01/02. https://www.economist.com/news/americas/21736199-ruling-favour-gay-marriage-will-provoke-resistance-latin-americas-human-rights-court

TOCQUEVILLE, A. (2010). *Democracy in America*. Trad. de James T. Schleifer. Indianápolis: The Liberty Fund.

TOFT, M.D.; PHILPOTT, D.; SHAH, T.S. (2011). *God's Century: Resurgent Religion and Global Politics*. Nova York: W.W. Norton & Company.

TOFT, M.D.; ZHUKOV, Y.M. (2015). "Islamists and Nationalists: Rebel Motivation and Counterinsurgency in Russia's North Caucasus". *American Political Science Review*, 109 (02), p. 222-238.

TREJO, G. (2009). "Religious Competition and Ethnic Mobilization in Latin America: Why the Catholic Church Promotes Indigenous Movements in Mexico". *American Political Science Review*, 103 (03), p. 32-342.

TREJO, G. (2014). *Popular Movements in Autocracies: Religion, Repression, and Indigenous Collective Action in Mexico*. Reimpr. Cambridge University Press.

TRIBUNAL SUPERIOR ELEITORAL (2012). *Recurso Especial Eleitoral 35724*. https://tse.jusbrasil.com.br/jurisprudencia/22421031/recurso-especial-eleitoral-respe-35724-pa-tse/inteiro-teor-110697019

TRIBUNAL SUPERIOR ELEITORAL (2014). *Instruções do TSE: Eleições 2014: #vempraurna*. Brasília: Tribunal Superior Eleitoral do Brasil. http://www.tse.jus.br/hotsites/catalogo-publicacoes/pdf/instrucoes_eleitorais/instrucoes-tse-eleicoes-2014.pdf

TUÑÓN, G. (2018). "When the Church Votes Left: How Progressive Religion Hurts Gender Equality".

VALLE, V.S.M. (2013). "Pentecostalismo e lulismo na periferia de São Paulo: estudo de caso sobre uma Assembleia de Deus na eleição municipal de 2012". Universidade de São Paulo. https://doi.org/10.11606/D.8.2013.tde-10042014-120558

VEJA (2017). "Bolsonaro é acusado de racismo por frase em palestra na Hebraica". *Veja*, 06/04. http://veja.abril.com.br/brasil/bolsonaro-e-acusado-de-racismo-por-frase-em-palestra-na-hebraica/

VERBA, S.; SCHLOZMAN, K.L.; BRADY, H.E. (1995). *Voice and Equality: Civic Voluntarism in American Politics*. Harvard University Press.

VIANNA, C.P. (2015). "O movimento LGBT e as políticas de educação de gênero e diversidade sexual: perdas, ganhos e desafios". *Educação e Pesquisa*, 41 (3), p. 791-806. https://doi.org/10.1590/s1517-97022015031914

WAINSCOTT, A.M. (2017). *Bureaucratizing Islam: Morocco and the War on Terror*. Cambridge University Press.

WALD, K.D.; OWEN, D.E.; HILL, S.S. (1988). "Churches as Political Communities". *American Political Science Review*, 82 (2), p. 531-548.

WALD, K.D.; OWEN, D.E.; HILL, S.S. (1990). "Political Cohesion in Churches". *Journal of Politics*, 52 (1), p. 197-215.

WEBER, C.; THORNTON, M. (2012). "Courting Christians: How Political Candidates Prime Religious Considerations in Campaign Ads". *The Journal of Politics*, 74 (02), p. 400-413.

WEBSTER, S.W.; ABRAMOWITZ, A.I. (2017). "The Ideological Foundations of Affective Polarization in the U.S. Electorate". *American Politics Research*, 45 (4), p. 621-647.

WESTERN, B.; BLOOME, D. (2009). "Variance Function Regressions for Studying Inequality". *Sociological Methodology*, 39 (1), p. 293-326.

WILSON QUARTERLY (2010). "The Parishioner Is Always Right". *Wilson Quarterly*, 34 (1), p. 76-77.

WOLF, J.G. (1989). *Gay Priests*. São Francisco: Harpercollins.

WOLFE, A. (1999). *One Nation, After All: What Middle-Class Americans Really Think About: God, Country, Family, Racism, Welfare, Immigration, Homosexuality, Work, the Right, the Left, and Each Other*. Penguin Books.

ZALLER, J.R. (1992). *The Nature and Origins of Mass Opinion*. Cambridge University Press.

ZORZANELLI, M. (2016). "Após ser citado por todos os deputados pró-*impeachment*, Deus será investigado pelo ministério público". 17/04. https://www.sensacionalista.com.br/2016/04/17/apos-ser-citado-por-todos-deputados-pro-*impeachment*-deus-sera-investigado-pelo-ministerio-publico/

Índice remissivo

Aborto 52, 55, 317
  e a Igreja Católica Romana 131
  e Dilma Rousseff 55
  opinião pública 23, 51, 185, 195, 203, 205, 214, 216, 220
  status legal no Brasil 24, 184, 205
  troca de religião/conversão 210
  visões
  - de legisladores 295, 297, 307
  - do clero 139
  - religiosas da elite 139, 140
Afetiva
  polarização 95, 265, 266, 270
Alckmin, Geraldo 227
Aldrich, John H. 326
Almeida, Ronaldo 289
Alvarado, Presidente Carlos (da Costa Rica) 310
Assembleia de Deus 49, 92, 163, 165, 170, 199, 300
Assembleia Nacional Constituinte (1987-1988) 49
Ateísmo e agnosticismo 143, 269, 292

Bancada
  evangélica 49, 226, 290
  no Congresso Nacional 291
Bélgica 99
Bento XVI, papa 55
Bolsonaro, Eduardo 288
Bolsonaro, Jair 295, 333

Câmara dos Deputados 25, 56, 71, 288, 292, 300
   liderança 292
Campanhas
   2002, eleições gerais 226
   2006, eleições gerais 226
   2008, eleições locais, Juiz de Fora 105, 228, 229
   2010, eleições gerais 55, 171, 228, 239, 241
   2014, eleições gerais 56, 57, 228, 239
Campos, Eduardo 57
Canadá 68
Cardoso, Fernando Henrique 56, 292
Casamento entre pessoas do mesmo sexo
   opinião pública 195, 199, 201, 214, 219
   oposição a movimentos sociais 258
   status legal 27, 68, 153, 184, 258
   visões
   - Costa Rica, visões 309
   - de legisladores 294, 307
   - latino-americanas 313
   cf. tb. Homosexualidade
Castidade
   visões do clero 138
Catolicismo
   carismático 43, 82, 143, 215, 257, 291
   e a transição para a democracia 49
   endossos do clero 168
   guias de votação 168
   no Chile 314
   tendências da democracia 41, 42, 44, 144
   - na América Latina 310
   vínculos partidários 70, 170, 171, 206
Caxias do Sul 227
Chile 311, 312, 314
Clero
   ensinamentos religiosos 83, 133, 144
   envolvimento 97, 99, 161, 165, 166, 168, 232, 233
   Igreja Católica Romana, apoio 55, 59, 239

influência sobre
- a elegibilidade de um candidato 245
- a escolha de voto de congregados 238, 240, 249
motivações 75, 140, 145
regras eleitorais 57, 88, 173, 300
restrições sobre a fala 138
socialização 85
visões políticas 136

Clientelismo 181, 286, 303, 305, 308, 324
em congregações 287
normas para cidadãos 175

Colômbia 311, 314, 325

Comunidades Eclesiais de Base 50

Comunismo
oposição ao 170

Concordata (Brasil e Santa Sé, 2009) 89

Conferência Nacional dos Bispos do Brasil 49, 52

Congregações
apresentando políticos 302
concorrência 115, 178
crescimento e declínio 113, 116, 128, 140, 143
diversidade política (interna) 181, 249
divulgação 114
influência social 196, 212, 217, 235, 240, 250

Conservadorismo doutrinal 95, 97, 129, 190, 220

Constituição do Brasil 50, 88, 258

Convenção Americana sobre Direitos Humanos 309

Corte Interamericana de Direitos Humanos 309

Costa Rica 310, 312, 314

Crivella, Bispo Marcelo 52, 53, 289

Cunha, Eduardo 56, 288

Dancygier, Raphaela 99

Democracia 316
apoio
- do clero à 28, 127, 147, 259

- público à 60, 147, 255, 258, 261, 287, 319, 327, 332
deliberativa 254, 264
indicadores do nível de 60
"terceira onda" 285
transição para 49, 50

Dias, Pastor Everaldo 234, 296

Downs, Anthony 143

Dualismo; cf. Mal, percepções do

Economia religiosa 33, 48, 76, 77, 314
livres-mercados (religiosos) 80

Educação
cívica 91, 286, 319
escolas públicas
- currículo central 51
- evolução 54
- educação religiosa 50, 90, 198
- educação sexual 24, 90

Endossos do clero 161, 163, 165, 168, 169, 172, 176, 179, 231, 238
normas para cidadãos 173, 174, 176, 183

Espiritismo (religião) 44, 106

Estados Unidos 25, 66, 67, 68, 80, 88, 172, 201, 238, 269

Evangelismo
definição 39, 197, 317
e a Assembleia Nacional Constituinte (1987-1988) 49
e religiões afro-brasileiras 44, 53, 291
frequência religiosa 43
posicionamento ideológico no Brasil 195
tendências demográficas 39, 41, 44
- na América Latina 310

Evangelização
restrições sobre 207

Evolução 54

Família tradicional
visões do clero 138

Feliciano, Pastor Marco 289
Finanças de campanhas 30, 287, 302
Fórum Nacional Permanente do Ensino Religioso 50
França 65, 80
Francisco, Papa 168
Frente Parlamentar em Defesa dos Povos Tradicionais de Matriz Africana 291
Frente Parlamentar Evangélica; cf. Bancada evangélica

Garotinho, Anthony 227
Gill, Anthony 50, 76, 315
Guatemala 310
Guerra(s)
  culturais
  - causas 32, 66, 69
  - definição 25, 66
  espiritual 42, 322

Homosexualidade 317
  candidatos *gays*
  - atitudes em relação a 270
  discriminação e crimes de ódio 51, 153
  entre o clero católico 144
  igrejas favoráveis a *gays* no Brasil 322
  leis e discurso antiódio 208
  movimento pelos direitos dos *gays* 67, 150, 310
  opinão pública 195, 197, 199, 201, 203
  terapia de conversão 204
  visões
  - de políticos 128
  - do clero 28, 127, 130, 134, 138, 141, 163
  cf. tb. Casamento entre pessoas do mesmo sexo
Horário eleitoral gratuito 107
Hunter, James Davison 25, 66

Identificação ideológica
  opinião pública 205
  visões de legisladores 297

Ideologia de gênero 23, 153, 184
Igreja Metodista 36
Igreja Universal do Reino de Deus (Iurd) 162, 224
   apoio a candidatos 71, 172, 231, 300
   estabelecimento e crescimento 41
   influência sobre congregados 29, 238
   políticos 289, 290
   práticas de campanha 49, 55, 301, 321
   visões sobre aborto 52, 138
Intermediários eleitorais 98, 102, 305, 307, 324

Juiz de Fora 105, 301
   Conselho de Pastores 107, 130
   eleições locais de 2008 105
   política de 50

Kassab, Gilberto 108

Legisladores; cf. Políticos
Legitimidade
   de políticos
   - opinião pública 264
   percepções do Estado 254
   - opinião pública 59, 254, 259, 261, 262
   - visões do clero 127, 151, 156
Liberalismo teológico 323
Lobbying (defesa legislativa) por igrejas 51, 54, 178, 275, 302
Lula (Luiz Inácio Lula da Silva) 89, 227

Macedo, Bispo Edir 52, 138
Mal
   percepções do 131, 257, 266, 317, 332
Malafaia, Pastor Silas 163
Malta, Senador Magno 53
Mattos, Custódio 107, 228

MBL (Movimento Brasil Livre) 325
MDB (Movimento Democrático Brasileiro) 71, 296
Metodismo 301
México 238
Missão Integral (movimento evangélico) 137
Modelos hipodérmicos de persuasão 223
Movimentos sociais
   visões do clero 164, 179
Mudança de religião ou conversão 210

Não identificação religiosa na América Latina 311
Neopentecostalismo 42, 81
Neves, Aécio 57
Nicarágua 314
Noraldino Lúcio Dias Júnior 301

Operação Lava Jato 30, 54, 59, 72, 289

Papéis de gênero
   opinião pública 214, 220
Participação política 274, 320
   contactando políticos 287, 303
   discussão do clero 161, 164, 167, 185, 188, 189, 230, 231, 234, 274
   e petições 276
   mobilização congregacional 235, 255, 275, 277
   sociedade civil 276
   taxas de 235
Partidarismo 61, 70, 267
   antipetismo 149, 163, 169
   católicos 35, 54, 168, 171, 195, 207
   evangélicos 54, 169, 207
   petismo 59, 61, 251
Partido dos Trabalhadores (PT) 33, 50, 52, 54, 60, 70, 106, 153, 169, 171, 206

385

Pentecostalismo
  definição 37, 40, 197
  estilos de campanhas 181
  e teologia da prosperidade 135
  na África 72
  tendências demográficas 41
Pereira, Pastor Everaldo Dias 57, 228
Pessoas que não se identificam com uma religião 44, 80, 143, 277
Pitkin, Hanna Fenichel 285
Política(s)
  econômicas
  - opinião pública 204
  - visões de legisladores 295
  fiscal no Brasil 53
  social (política antipobreza)
  - opinião pública 204
  - visões de legisladores 295
Políticos
  afiliações religiosas 286, 290
  base de apoio 287, 302
  dinastias políticas 287, 302
  vínculos
  - com o clero 286, 298, 301, 302
  - partidários 296, 302
  - pessoais com eleitores 287, 302, 307
  visões de 288, 295
  cf. tb. Bancada evangélica; Representação
PRB (Partido Republicano Brasileiro), Republicanos 289, 296
Proteção do meio ambiente
  opinião pública 195, 204
  visões do clero 139
Protestantismo
  carismático 39, 82
  definição 38, 39, 197
  tendências demográficas 39, 41
Protestos 58, 279
  visões

- católicas 279
- do clero 278
- evangélicas 279

PSC (Partido Social Cristão) 296
PSD (Partido Social Democrático) 296
PSDB (Partido da Democracia Social Brasileira) 55, 71
PT; cf. Partido dos Trabalhadores

Questões raciais
  opinião pública 195, 206
  visões
  - de legisladores 295
  - do clero 136, 138
Quilombolas 295

Referendos 259
Regime militar 333
Regras de votação compulsória e voluntária 175, 235
Reino Unido 99
Reis, Washington 288
Relações entre Igreja e Estado 24, 83, 152, 154, 201, 318
  no Chile 315
  opinião pública 195, 209, 214
  percepções de 154, 187
  portarias sobre ruídos 256
  preferências de legisladores 297
Religião(ões)
  afro-brasileiras 40, 44, 54, 291
  do Santo Daime 164

Religiosas
  estruturas 94
Representação 98, 99, 297
  descritiva 285
  proporcional de lista aberta 99, 289, 300, 316

   simbólica 285
   substantiva 285, 305
   cf. tb. Políticos
Resultado; cf. Participação política
Rio de Janeiro, governo municipal 53, 289
Ríos Montt, General Efraín 311
Rossi, Padre Marcelo 43, 92
Rousseff, Presidente Dilma 51, 55, 57, 108
   apoio de eleitores 227
   impeachment 54, 59, 164, 171, 288
Russomano, Celso 290

Salomão, Margarida 107, 184, 228
São Paulo 292
Seca 150
Secularismo 316
   definição 80, 82, 86
   desenvolvimento de 89
   no Chile 314
   normas 94, 195, 197, 201, 208, 214, 245, 251
   política estatal brasileira 48, 87, 89
   preferências de legisladores 297
Senado 292, 317
Serra, José 55, 322
Silva, Marina 55, 57, 228, 255
Sistema
   eleitoral 29, 99, 290, 299, 305, 316
   partidário 24, 29, 33, 305, 308, 316
   - partidos evangélicos 31, 296
   - partidos de direita 71, 296
Sociedade civil; cf. Participação política
Stokes, Susan C. 98, 102
Supremo Tribunal Federal 68, 153, 184, 258

Temer, Michel 60, 171, 257
   crença incorreta de que Temer é satanista 257, 266, 322
Teologia
   da Libertação 50, 76
   da Prosperidade (evangelho da prosperidade) 43, 82, 135, 162
   do Fim dos Tempos (escatologia) 134, 145, 257
   maniqueísta; cf. Mal, percepções do
Tocqueville, Alexis de 65, 329
Tolerância política 32, 264, 266, 322
   externa 147, 271
   interna 147, 271
   visões do clero 127, 147, 149
Trejo, Guillermo 77, 87, 315
Tribunal Superior Eleitoral 57, 90, 172
Turquia 80

Uganda 73

Voto consciente 91
   discussão do clero 161, 167, 184, 230
   normas para cidadãos 174

Zaller, John R. 92, 222, 230, 234

Conecte-se conosco:

 facebook.com/editoravozes

 @editoravozes

 @editora_vozes

 youtube.com/editoravozes

 +55 24 2233-9033

www.vozes.com.br

Conheça nossas lojas:

www.livrariavozes.com.br

Belo Horizonte – Brasília – Campinas – Cuiabá – Curitiba
Fortaleza – Juiz de Fora – Petrópolis – Recife – São Paulo

  Vozes de Bolso

EDITORA VOZES LTDA.
Rua Frei Luís, 100 – Centro – Cep 25689-900 – Petrópolis, RJ
Tel.: (24) 2233-9000 – E-mail: vendas@vozes.com.br